萃他山之石　润己玉之泽

——山东大学(威海)学术报告集锦

第一卷

王湘云　主编

山东大学出版社

·济南·

图书在版编目(CIP)数据

萃他山之石 润己玉之泽:山东大学(威海)学术报告集锦. 第一卷 / 王湘云主编. —济南:山东大学出版社,2021. 5

ISBN 978-7-5607-6889-2

Ⅰ. ①萃… Ⅱ. ①王… Ⅲ. ①社会科学—文集 Ⅳ. ①C53

中国版本图书馆 CIP 数据核字(2021)第 081440 号

责任编辑 祝清亮
文案编辑 冯敬远
封面设计 牛 钧

出版发行 山东大学出版社
社 址 山东省济南市山大南路 20 号
邮政编码 250100
发行热线 (0531)88363008
经 销 新华书店
印 刷 山东和平商务有限公司
规 格 720 毫米×1000 毫米 1/16
14.5 印张 268 千字
版 次 2021 年 5 月第 1 版
印 次 2021 年 5 月第 1 次印刷
定 价 52.00 元

《萃他山之石　润己玉之泽》

——山东大学（威海）学术报告集锦

编委会

前　言

学术报告既是学者了解各学科领域前沿研究的重要渠道，也是其交流学术思想的主要平台。高等学校邀请国内外知名专家学者，就他们的研究方向、研究方法、研究成果以及国内外相关领域的前沿研究进行学术交流，不但便于高校师生了解相关学科领域的前沿动态和发展趋向，培养学生的学术思维，提升其研究能力，而且还可以加强高校和研究单位之间的交流与合作，促进科学研究的良性发展，更可以丰富教师的跨学科意识，促进学科的交叉研究，进而促进新兴学科学术带头人、科研骨干的培养与发展。

自2005年以来，山东大学威海校区一直致力于对外学术交流，年均举办学术报告百场以上。本文集精选了2016～2019年的学术报告近20篇，涵盖文、理、工、经、管、法等学科，既有宏观理论的回望与前瞻，也有解决具体问题的具体方法的探究；既有感性的艺术与文学形象，也有理性的物理与数学之光；既有专业领域的深入挖掘，也有雅俗共赏的理论普及，触目之处皆琳琅珠玉。这些报告，不仅为莘莘学子构建了一个良好的学术氛围，让学生近距离领略大师的风采，感受学术的无限魅力，而且还成为校区不忘“学术报国”初心的重要表征。

在山东大学一体发展框架下，威海校区坚守山东大学“为国育贤”的办学初心，秉持“为天下储人材，为国家图富强”的办学宗旨，践行“学无止境，气有浩然”的校训，不负“为中华之崛起而读书”的使命担当，加快发展步伐，进一步完善基础教学设备，深化教育教学改革，提高人才培养质量，优化科研环境，提升学术竞争力和社会影响力，致力于打造山东大学加快创建世界一流大学的新亮点。

本文集出版之际，正是迎山东大学建校 120 周年之时，愿以此文集迎接山东大学百廿华诞。

编　者

2020 年 11 月

目 录

第一编 厚植信仰 坚定道路

我们今天如何为马克思作辩护 …………………………………………… 何中华(3)

改革开放 40 年与新时代中国特色社会主义 ……………………………… 崔桂田(29)

多元视角中的马克思

——从马克思到 21 世纪世界马克思主义 ……………………………… 王凤才(39)

坚持中国特色社会主义文化自信

——从毛泽东运用中华优秀传统文化治党治国治军到习近平治国理政

…………………………………………………………………………………… 薛庆超(46)

改革开放以来中国马克思主义哲学研究回眸与前瞻 ……………………… 何中华(70)

中国道路与中华民族的伟大复兴 ………………………………………… 刘先春(96)

通识教育视角下的社会主义核心价值观 ……………………………… 周 可(104)

第二编 良法善治 济世安邦

恶意串通的法律规制问题初探 ………………………………………… 张平华(117)

社会转型中的当代中国家庭:挑战与应对 ……………………………… 程胜利(131)

法治思维与法治方法 ……………………………………………………… 门中敬(144)

国家治理现代化与行政程序法典的制定 ………………………………… 王万华(154)

新兴科技风险、责任伦理与国家监管

——以人类基因编辑风险为例 …………………………………………… 张海柱(172)

人民安全视角下政府供给范式的服务转型 ……………………………… 杨华锋(182)

网络空间安全问题与现状 ………………………………………………… 颜松远(202)

第三编　文明互鉴　文化共享

当前印度政治经济发展的趋势及其影响 ………………………………… 陈金英(215)

第一编

厚植信仰　坚定道路

我们今天如何为马克思作辩护

（2018年10月16日）

何中华*

我今天作的这个报告，主要包括以下三个方面的内容：一是马克思学说所面临的历史处境；二是为马克思学说作辩护需要我们“练好内功”；三是今天我们如何看待共产主义才恰当？下面我就按照这个顺序展开说明，不妥之处敬请批评。

一、马克思学说所面临的历史处境

我们今天首先必须直面的问题是：诞生在19世纪40年代的马克思主义，到了21世纪的今天，究竟还有没有价值？还有没有自身的生命力？还有没有足够的正能量？我们的回答无疑是肯定的。马克思学说并未过时，相反，随着时间的推移，马克思的形象越发显示出他穿透历史的熠熠光辉。在思考马克思学说未来命运的时候，特别是思考马克思学说在中国的未来前景的时候，20世纪留给我们的巨大遗产，是无论如何也绕不开的。

一个诞生在19世纪上半叶的学说，到了21世纪，人们自然会提出这样的疑问，即马克思学说是否已经过时了？一个19世纪的产物，在21世纪是否显得太过陈旧了？马克思早就说过，任何真正的哲学都是自己时代精神的精华。马克思的学说作为这样的哲学，可以说当之无愧。马克思是怎么把握住时代精神的？当然是通过反思的功夫。哲学越是在表面现象上切近自己的时代，那么它也就越是在本质上游离自己的时代；反之，哲学越是在本质上切近自己的时代，那么它也就越

* 何中华，国家“万人计划”哲学社会科学领军人才，山东大学首批关键岗位教授。现任山东大学哲学与社会发展学院教授、博士研究生导师，兼任中国辩证唯物主义研究会常务理事。系全国文化名家暨“四个一批”人才、教育部新世纪优秀人才、全国模范教师。出版《社会发展与现代性批判》《历史地思：马克思哲学新诠》等著作，其论文曾被《中国社会科学》（英文版）《新华文摘》等刊物转（译）载，有些论点被收入《中国百科年鉴》《中国哲学年鉴》等工具书，多次获山东省社会科学优秀成果奖。

是在现象上超越自己的时代。马克思并不是通过感性的直观，而是通过批判性的反思，去把握自己的时代。正因如此，马克思能够在对现存的事物把握中看到它的暂时性，以其超然的态度批判地看待现存的一切。这就使得他不仅像黑格尔所谓的“密纳发的猫头鹰”那样“从后思索”，同时也正因此他又能够像“高卢的雄鸡”那样，在黎明到来之前引吭高唱，昭示未来。在《黑格尔法哲学批判导言》中，马克思说过：“我们德国人在思想中、在哲学中经历了自己的未来的历史。”[①]在《共产党宣言》中，马克思和恩格斯则强调，无产阶级在从事现实运动的同时又代表着运动的未来。马克思学说的超越性，还在于它把自身的“过时”推向了未来。这意味着马克思学说只能“过时”于自身的“实现”。马克思曾说过，哲学的实现也就是哲学的丧失。在他看来，所谓“哲学的实现”，就意味着哲学的世界化和世界的哲学化。这充分表明，只要共产主义尚未来临，马克思的学说就不会丧失其批判尺度的价值和反思能力的意义。在这个意义上，马克思的学说并不存在被证伪的可能性。

从历史的长时段来看，社会主义从空想到科学，又从科学的理论变成具体的实践，乃至成为一种实际的制度安排，这一进程不能不说是马克思主义的一种具有世界历史意义的巨大成功。它的这一发展，对资本主义世界形成了强有力的冲击和解构之势，给资本主义带来了致命的威胁，以至于遭到了资本主义世界格外强烈的抵制和反弹。

更具有挑战性的是，20 世纪末发生的苏东剧变，让社会主义运动看起来似乎像是一场不成功的“乌托邦”试验，使国际共产主义运动严重受挫。这一历史的曲折和反复，一时间让一些资产阶级学者和资本主义卫道士幸灾乐祸，以至于弹冠相庆，欢呼雀跃，急于宣布科学共产主义的“历史性失败”和“寿终正寝”。似乎他们赢得了同马克思主义的世界性和世纪性的历史博弈，但他们高兴得未免有些过早。其实，历史的复杂性在于，实践上的挫折并不必然地证伪理论的真理性。新自由主义思想家，诸如米塞斯、哈耶克、波普尔等人，利用社会主义国家的失误和错误的事实，试图以此作为“证伪”理论的“证据”，解构马克思学说本身的合法性。这是资产阶级学者和辩护士们的一个惯用的手法。但他们至少犯了一个错误，就是把理论指导下的具体实践的失误，直接归咎于理论本身的缺陷。殊不知，这种做法显然是把问题过于简单化了。这种简单化的处理是极不严肃的，也是不符合他们本身所宣称的原则的。即使是在自然科学领域，也并不是在提出一个理论模型之后，一旦遇到反例，就立即放弃这个模型，宣布它被证伪；而是首先检讨实验本身，并通过增

---

① 《马克思恩格斯全集》第 1 卷，人民出版社 1995 年版，第 7 页。

加若干必要的附加解释，来化解掉这种理论同实验数据之间的不相侔。正确的理论并不一定在实践上必然产生正面的结果。新自由主义思想家们把社会主义实践同指导它的理论本身完全混为一谈，拿实践上的挫折直接作为否定理论的理由，的确过于简单化和表面化地看问题了。如果这不是出于偏见，就是出于无知。

资本主义的原始积累，西方资本主义的殖民统治对东方国家的征服、控制和掠夺，20 世纪发生的两次世界大战，美国起飞时期非洲黑人的贩运以及美国南北战争的惨烈等等，这一切血腥的历史，不是出于历史的错误，而是出于资本主义制度安排的内在必然性。但它却为资本主义所创造出来的“繁荣”和“文明”的一面所掩饰。似乎没有人去追问资本主义的这一系列“原罪”。然而，社会主义的历史实践出现的失误和挫折，却被某些反马克思主义的人刻意地加以渲染和放大。这除了能够说明偏见之大之深以外，还能够说明什么呢？况且，社会主义历史实践出现的问题，并非社会主义制度安排本身所固有的必然性造成的，恰恰相反，在多数情况下，它正是由于违背了马克思学说的基本原理所导致的。

我们知道，社会主义乃是前无古人的伟业。资本主义在历史上的出现，经历了大致 500 年的历史，社会主义不过百年，有什么理由苛求社会主义的实践不得出现偏差和闪失，必须百分之百地成功，否则就宣布指导它的学说已经被证伪、毫无意义？否定的关键在于这种问题是前进中的问题，还是命定的无法摆脱的宿命？资本主义在历史上是伴随着血与火的洗礼而逐渐形成并崛起的，历史的巨大代价被它后来的“完善”和“光鲜”的一面掩盖了，人们很容易遗忘早期资本主义的血腥。即使是当代的晚期资本主义，作为人类历史上的最后一种剥削制度，它所导致的人的异化，也不过是改变了表现形式罢了，并没有真正摆脱异化本身。而且这种改变，仅仅是使人的异化变得更加隐蔽，从而不再那么赤裸裸、不再那么直观罢了。从另一个方面看，这种隐蔽性也恰恰说明导致人的异化的资本主义在今天变得更加虚伪，更具有欺骗性了。

一种全新的社会制度在历史上的形成，不是那么容易和简单的，何况社会主义又是结束人类历史上一切可能的阶级压迫和经济剥削的新型制度安排。从这个意义上说，出现某种迂回甚至挫折，在所难免。从历史的长时段看，这也是正常的，是完全可以理解的。根据一次挫折，就宣告一种制度安排的失败，宣告使这种制度安排获得合法性的学说的失效，是目光短浅的表现。有道是“风物长宜放眼量”，从历史的大周期、大节奏、长时段着眼，资本主义的制度安排在历史上站住脚，又经历了怎样的反复和磨难？我们没有理由要求社会主义一出生就健壮如牛、天下无敌。这并不是逃避历史责任，而仅仅是提醒我们在检讨历史责任的同时，不能因为出现了挫折甚至失误，就动摇共产主义信念，放弃对马克思主义的信仰。

对马克思及其学说缺乏信心，乃是一种极其浅薄的态度。对于我们这个时代来说，马克思依然具有不可替代和不可超越的意义和价值。对此，即使那些怀有这样、那样成见的西方思想家也无法否认。让我们看看西方的那些有足够代表性的思想家，是怎么看待和评论马克思的吧。这些人当然不是站在无产阶级的立场上，相反还存在着深刻的阶级偏见。但即使如此，对于他们来说，马克思的巨大思想魅力仍然是不得不正视的精神财富。譬如，尽管萨特抱怨马克思学说中有一个“人学的空场”，但他仍然要肯定马克思的时代价值。他在那本著名的《辩证理性批判》中，为了回应梅洛-庞蒂的指责，极力强调马克思主义的时代价值，公开承认：“马克思主义非但没有衰竭，而且还十分年轻，几乎是处于童年时代：它才刚刚开始发展。因此，它仍然是我们时代的哲学：它是不可超越的，因为产生它的情势还没有被超越。”[①]麦克莱伦甚至惊呼：“萨特对马克思主义持如此令人吃惊的肯定态度！”[②]在萨特的这篇“方法研究”中，作者把马克思学说置于西方哲学演进的大脉络中予以审视和定位，以便凸显他的历史地位和价值。正是在这本《辩证理性批判》中，萨特甚至试图把自己的存在主义同马克思主义调和起来。海德格尔也强调说：“马克思在体会到异化的时候深入到历史的本质性的一度中去了，所以马克思主义关于历史的观点比其余的历史学优越。”[③]他甚至认为，“但因为胡塞尔没有，据我看来萨特也没有在存在中认识到历史事物的本质性，所以现象学没有、存在主义也没有达到这样的一度中，在此一度中才有可能有资格和马克思主义交谈”[④]。在海德格尔看来，马克思哲学所内蕴的强烈的历史感，恰恰是它最突出的特点，也是它优越于其他哲学的地方。具有这种历史感，乃是同马克思对话的一种“资格”；而无论是现象学还是存在主义，都没有这种对话的资格。这显然是对马克思学说的褒扬，因为这一褒扬是合乎马克思思想实际的，而不是违心的奉承，所以是真实的。即使是后现代思想家德里达，也不得不承认：“不能没有马克思，没有马克思，没有对马克思的记忆，没有马克思的遗产，也就没有将来；无论如何得有某个马克思，得有他的才

---

① [法]萨特：《辩证理性批判》(上)，林骧华等译，安徽文艺出版社 1998 年版，第 28 页。

② [英]麦克莱伦：《马克思以后的马克思主义》，李智译，中国人民大学出版社 2004 年版，第 367 页。

③ [德]海德格尔：《关于人道主义的书信》，孙周兴选编：《海德格尔选集》上卷，上海三联书店 1996 年版，第 383 页。

④ [德]海德格尔：《关于人道主义的书信》，孙周兴选编：《海德格尔选集》上卷，上海三联书店 1996 年版，第 383 页。

华，至少得有他的某种精神。”[①]

世界上似乎还没有一个人能够像马克思那样，在实践上如此深刻地改变了人类社会的轨迹，如此深刻地改变了人类历史的命运。可以说，迄今为止无出其右者。在“世纪换千”的当口，也就是 1999 年 9 月，英国广播公司（BBC）推出的“过去一千年最伟大的思想家”评选中，通过网友自发的投票，一共选出 10 位思想家，而马克思位居榜首。2005 年 7 月，BBC 又以“谁是现今英国人心目中最伟大的哲学家”为题作了一次调查，约有 3 万名听众参与，结果是马克思以 27.93％的得票率再次荣登榜首。这大概不是偶然的，不是无缘无故的。尽管一些反马克思主义的人最大限度地淡化这个结果，但它深刻的象征意义是无法被抹杀的。

其实，“保卫马克思”也好，“为马克思辩护”也好，这本身就意味着马克思在当代遇到了种种挑战。基于这一情境，在对待马克思学说的态度问题上，存在着必须正视的一些误区。

一是“神化马克思”，也就是把马克思完美化、神圣化、偶像化。

这种态度显然不能以平常心去看待马克思。把马克思当成一个不食人间烟火的神，加以人为地拔高，而不是把他当成一个活生生的也有喜怒哀乐的人。这种态度表面看起来或者主观上是在肯定马克思，但实则恰恰是在毁弃马克思。因为神化马克思乃是教条主义的温床，把马克思偶像化，是一种准宗教情结的反映，而马克思恰恰是批判宗教的。其实，越神化就越不真实，他也就越容易被攻击。真实才是力量。“神化马克思”主要表现在两个方面：一是对马克思人格本身的神化；二是对马克思著作和思想的神化。马克思是人不是神，但又不是凡人，而是伟人。这就是我们对于马克思的基本定位。人们在阐释马克思的时候，凡是遇到想不通的地方，总是毫无例外地怀疑作为读者的我们的“低能”，而从来不愿或不敢正视马克思的“文本”本身也有可能由于各式各样的原因存在着某种相互抵牾之处。值得深思的是，马克思为什么拒绝承认自己是一个“马克思主义者”？他的用心当然是多方面的：防止人们把对他的误读当成是他本人的思想，防止把马克思的学说变成一种神圣的教条、一种意识形态，防止人们错误地对待哲学，使之沦为一种知识论建构，而应把它理解为一种只有在实际地运思中才能显现的运思方式。其中显然包含着避免自己被神化的用心。

二是“庸俗化马克思”，也就是把马克思平庸化，把他看作俗人。

---

① 转引自李昆明：《马克思主义基本原理研究报告（2010～2012）》，人民出版社 2013 年版，第 59 页。

伟人诚然有常人的一面,但就像列宁所援引的那句俄国作家克雷洛夫的寓言所说的:“鹰有时比鸡飞得低,但鸡永远不能飞得像鹰那样高。”[①]这就是伟人同凡人的差别。用庸俗的眼光去看马克思,是很难领会马克思的用心和境界的。这可能是常人之所以读不懂马克思的主观方面的原因。正像歌德所说的那样,一个人必须自己是个人物,才会感觉到一种伟大人格而且尊敬它。凡是不肯承认欧里庇得斯崇高的人,不是自己够不上认识这种崇高的可怜虫,就是无耻地冒充内行的骗子。从这个意义上说,只有伟大的心灵才能理解伟大的心灵。一个龌龊的心灵是无法读懂伟大的心灵的。马克思的确在“自白”中承认,他最喜欢的格言就是“人所具有的我都具有(nihil humani a me alienumputo)”。但马克思援引这句话,究竟是出于怎样的考虑呢?难道它仅仅是马克思借此对自己作出的一种纯粹客观的描述吗?回答恐怕是否定的。马克思很可能是为了避免人们把他神化的,但它不应充当把马克思庸俗化的借口和理由。英国学者保罗·约翰逊写的《所谓知识分子》,其中有一章是专门写马克思的,可谓是极尽贬低之能事,其叙事和评论带有明显的偏见。罗素认为,马克思的学说其实不过是马克思所属的那个阶级的特有情绪的某种学术修辞罢了,它所体现的仅仅是一种偏见或者是一种隐蔽的偏见,而不是超越狭隘阶级利益及其偏见的真理。罗素写道:“马克思和其余人一样,相信自己的学说是真实的;他不认为它无非是19世纪中叶一个性喜反抗的德国中产阶级犹太人特有的情绪的表现。”[②]罗素甚至认为“在他(指马克思——引者注)所写的所有的东西里面都隐含着他的那些貌似科学的预言的感情基础”[③]。罗素的这种对马克思所作的庸俗化理解,其本身就是充满严重成见的。马克思如果代表的是中产阶级的不满,就不可能对于作为现代性的历史基础的资本主义制度安排进行根本性的解构。马克思超越了他所处的那个时代的局限,从而得出了革命性的结论。正因此,他才能“从暂时性的角度”看待一切现存的事物。

三是“矮化马克思”,即贬低马克思的价值,甚至怀疑马克思的哲学家资格。

罗素就曾责备马克思并不是一位哲学家,因为他未曾关注宇宙。罗素说:“把马克思纯粹当一个哲学家来看,他有严重的缺点。他过于尚实际,过分全神贯注在他那个时代的问题上。他的眼界局限于我们的这个星球,在这个星球范围之内,又局限于人类。自从哥白尼以来已经很显然,人类并没有从前人类自许的那种宇宙

① 《列宁选集》第4卷,人民出版社1995年版,第643页。

② [英]罗素:《西方哲学史》(下),马元德译,商务印书馆1982年版,第386页。

③ [英]罗素:《西方哲学史》(下),马元德译,商务印书馆1982年版,第386页。

重要地位。凡是没彻底领会这个事实的人，谁也无资格把自己的哲学称作科学的哲学。”[①]马克思立足于人的在场性，关注他所处的那个时代，竟然变成了马克思哲学的致命缺陷，以至于在罗素眼中连纯正的哲学家都算不上。其实，表面上看，马克思仅仅盯着实际，仅仅盯着人的此在性，这似乎是体现了非常典型的人的自我中心化的倾向；但罗素的那种所谓“纯正”的哲学家标准，即立志打通宇宙真理的诉求，不恰恰是一种真正的自大狂式的自我中心化倾向的流露和表达吗？

四是刻意“妖魔化马克思”。

马克思在今天遇到的挑战，已不仅仅是在当代“是否过时”的问题，而是马克思的学说被指责为在当时就不符合事实。一批资本主义辩护士编造出来的一个新的神话是：马克思为了“制造”革命的借口，故意“歪曲”资本主义的实际状况。他们声称：“挑选一些能够打动人的有关社会不幸的证据，编纂出一篇描写剥削的生动故事，当然要容易得多。”[②]他们甚至认为：“辩证的革命，理性主义精神，对人的剥削，人的贪婪——这些都是100多年间积累下来的流行的套话，复仇的狂热，迷乱的情绪！”[③]哈特威尔考察了1800～1850年期间的英格兰人的生活水平，认为“由于人均收入一直在提高，由于并不存在不利于工人的分配趋势，由于（1815年以后）价格下跌而货币工资保持不变，由于人均食品和其他消费品的消费量在增加，由于政府越来越多地干预经济生活以图保护或提高生活水平，因而，在1800年到1850年间，多数英格兰工人的实际工资在提高”[④]。他补充说：“尽管上升的趋势是不平稳的……但到1830年，人均收入也已经提高了50％。即使篡改这些数据也不可能证明，生活在恶化。”[⑤]然而，正如法国经济学家托马斯·皮凯蒂所披露的那样：“事实上，今天我们所掌握的所有历史数据表明……从19世纪的第一到第六个10年中，工人的工资一直停滞在非常低的水平——接近甚至不如18世纪及其之前的水平。据我们的观察，英国和法国在这漫长的工资停滞阶段停留得更久，因为在这一时期他们的经济增长正在加速。”[⑥]我们究竟该相信谁呢？其实，看劳资之间的作为阶级的不平等，除了要看雇佣劳动者的绝对贫困之外，还要看他们的相对贫困。

事实上，无论是贬低还是拔高，都离开了本真的马克思，都是对马克思的不尊

---

① ［英］罗素：《西方哲学史》（下），马元德译，商务印书馆1982年版，第375页。

② 李子旸：《市场的力量》，华夏出版社2010年版，第246页。

③ ［英］哈耶克：《资本主义与历史学家》，秋风译，吉林人民出版社2011年版，第29页。

④ ［英］哈耶克：《资本主义与历史学家》，秋风译，吉林人民出版社2011年版，第189页。

⑤ ［英］哈耶克：《资本主义与历史学家》，秋风译，吉林人民出版社2011年版，第189页。

⑥ ［法］托马斯·皮凯蒂：《21世纪资本论》，巴曙松等译，中信出版社2014年版，第8页。

重。我们需要的是客观的“解读”，使一个真实的马克思“现身”。

我们今天如何才能为马克思作出有效的辩护，如何才能真正做到保卫马克思？我们必须发现马克思的真正价值和意义。在今天这个特定的历史语境下，马克思的真正价值和意义究竟是什么，又在哪里？中国究竟为什么依然需要马克思？我们今天回答这些问题，归根结底取决于马克思能够给未来的中国带来什么样的可预期的建设性的改变，又能够给中国带来怎样的希望和愿景。

马克思主义是我们对于自己所处的时代保持批判的反思能力的需要。马克思主义是一种批判的力量。没有这样一种力量，我们的生活和时代就不可能保持生机和活力，就不可能有朝向未来的开放性和希望。今天的人们对自己所处的这个时代，越来越感到陌生化，越来越缺乏把握感，越来越失去洞察力。那么，造成这种状况的原因何在呢？是由于这个时代过于复杂多变，还是因为这个时代已不再有其本质，它所呈现的就是它的一切（这有点后现代的味道）？从根本上说恐怕都不是。它的最深刻的原因大概在于我们当代人遗忘了锐利的思想武器。当我们丧失把握感的时候，我们就只能在时代的浪潮中随波逐流，不再能够成为迎击时代挑战的“弄潮儿”。就此而言，对于当下的中国，马克思的意义在于，我们仍然需要马克思作为精神资源，以便对现存的一切保有批判性的反思的能力。因为中国不得不经历并承受现代性之重，所以依然需要马克思。对于中国的发展来说，如何恰当地对待和处置现代性，乃是一种严峻的历史考验。不扬弃并超越现代性，我们就没有未来。既没有社会主义的未来，也没有我们现实生活的出路。中国正在经历一场广泛而深刻的现代性建构。在这一历史进程中，我们如何才能保有对现代性进行批判反思的能力？如何才能保持这种反思的诉求和冲动？离开了马克思，我们就不可能找到批判的尺度，也不可能获得反思的能力。具体地说，我们如何在利用市场经济拯救社会主义的过程中保持对现实的批判和反思的能力，而不至于被“现存的一切”吞噬掉从暂时性角度去看待事物的辩证法立场？除了马克思的学说之外，我们无法找到这样一种有效的思想武器。如此一来，我们就有可能沉湎于同现实的妥协，把市场逻辑看成是“历史的最高成就”。

马克思主义不仅对于我们扬弃现代性来说是不可或缺的思想武器，而且对于我们摆脱后现代主义的虚无化结局来说也是至关重要的。就批判现代性而言，马克思被后现代主义引为“同道”，并不是他的“荣誉”；因为马克思主义同后现代主义之间存在的异质性在于，它们在对待未来的态度上有明显分野。马克思主义的未来意识，绝不是虚无主义的。这是它不同于后现代主义的一个本质差别。因为马克思试图“在批判旧世界中发现新世界”[①]，从而拒绝那种“后现代式”的绝对的解构和纯粹的颠覆。

如何恰当地看待马克思主义对未来的预见？卡尔·波普尔在其生前最后一次接受访谈中，对马克思主义历史观作了一如既往的抨击，他质疑说：“你不能预见未来。未来不是确定的，而是开放的。……你无法预见我什么时候死；我也许今天就死，也许还能再活5年——对此你无法预见。……如果你不能预见我什么时候死，你怎么有可能对整个社会作出预见呢？”[②]但请注意，马克思预言了资本主义及其制度的“死亡”，但仅仅是在“死”与“不死”之间作出判断，而不是在今天“死”还是在未来的某个时刻“死”之间作出判断。要知道，在马克思的那个时代，作出资本主义的死亡判决书是非常不容易的。它的难度，不仅在于需要非凡的勇气（他必须具有“孤往”的精神），而且在于需要睿智而深刻的洞察力。显然，波普尔关于“未来的开放性”信念，对马克思历史观提出了过分的要求，因为它基于对马克思思想的误解。正是资产阶级的辩护士“把资本主义制度不是看作历史上过渡的发展阶段，而是看作社会生产的绝对的最后的形式”[③]。正是针对这一点，马克思的关于资本主义的病理“诊断书”和“死亡判决书”的下达以及对于共产主义的科学预言，就变得有积极的批判性同时也兼具建设性的意义了。与波普尔相类似，罗素也责怪“相信过去的历史服从于一种逻辑三段论的格式”[④]的马克思，“没有预见到氢弹，而且迄今为止也没有任何一种编造出来的人类发展的学说，使我们能够预见到这一精巧装置的后果”[⑤]。诚然，马克思没有预见到氢弹的出现及其后果，但他却揭示了科学技术在资本主义制度条件下的历史作用和异化的必然性；马克思没有预见到我们今天这个时代的每一个细节，但他却预言了“历史向世界历史的转变”[⑥]，预言了全球化的历史进程的来临；他也未曾预见到20世纪“全球性问题”的出现，但他却从理论上深刻地阐明了人与自然的紧张关系及其可能出现的负面后果以及走出这一困境的历史出路。马克思的这种预期，显然是为那些经验主义者及其秉持的判断标准所难以理解的。期望马克思对未来历史的细节作出预言，这是对马克思的一种

---

① 《马克思恩格斯全集》第1卷，人民出版社1995年版，第806页。

② ［英］卡尔·波普尔：《二十世纪的教训：卡尔·波普尔访谈演讲录》，王凌霄译，广西师范大学出版社2004年版，第172页。

③ 《马克思恩格斯文集》第5卷，人民出版社2009年版，第16页。

④ ［英］罗素：《走向幸福——罗素精品集》，王雨等译，中国社会出版社1997年版，第30页。

⑤ ［英］罗素：《走向幸福——罗素精品集》，王雨等译，中国社会出版社1997年版，第158页。

⑥ 《马克思恩格斯选集》第2卷，人民出版社1995年版，第28页。

额外的要求。马克思的确没有作出这种意义上的预言，但这绝不是他的思想的失败，而恰恰折射出对这种预言的非法期待本身的虚妄。

马克思不是任何意义上的“算命先生”，但这并不妨碍他对于未来具有能动的筹划能力。马克思不可能给出一个未来具体要做什么或未来具体怎么发展的时刻表和“菜单”，但他能够为未来提供发展的基本判断。期待马克思就未来告诉我们一切，绝对是一种非分的要求，是违背马克思思想本性及其所该担当的使命和责任的。解释过去易，预测未来难。解释过去，就有一点类似老太太“圆梦”，也有一点类似于射箭，先射出去一支箭，然后再在箭的落点上画上靶心，其风险为零。作为一种事后解释，这不过是“马后炮”而已，它不需要有什么先见之明，可以很容易地逃避被“证伪”。马克思当年之所以能够产生世界性和世纪性的巨大影响，归根结底不在于他的学说解释了过去，而在于他的学说建构了未来，创造了现实的历史。因此，在今天，对马克思的真正考验，在于马克思的学说对于未来还有没有足够的筹划能力。

21 世纪等待马克思去回应的问题有很多。20 世纪 60 年代提出的所谓“全球性问题”，诸如生态失衡、环境恶化、能源短缺、淡水资源匮乏、全球范围内的贫富两极分化、核威胁、道德滑坡……到了 21 世纪的今天，一个都没有显示出解决的迹象。不仅如此，随着人类存在方式的重构，特别是新科技革命的来临和全球范围的政治、军事、经济、文化的博弈和冲突的加剧，这些问题变得愈加复杂而棘手。马克思的学说正是在不断地回答时代拷问与质询中获得存在感和生命力，从而体现自身价值的。应该说，面对当代人类生存困境，这既是马克思学说遇到的考验，也是体现其睿智和远见的历史机遇。

在 21 世纪，人与自然之间的博弈和紧张不仅没有消除，反而愈演愈烈，以至于日益具有敌对的性质。它的一个历史后果，将是我们这个地球越来越不适合人类居住。无论是资本主义国家还是社会主义国家都遇到了相似的难题。这究竟意味着什么呢？它表明人类利用现代科学技术的后果内在地蕴含着走向异化的必然性，从而带有超出不同社会制度之间差别的普遍性质，还是表明社会主义在借鉴并利用资本主义时资本主义制度痼疾的一种衍生表现呢？按照马克思的学说，要解决人与自然的矛盾，除了改进和优化作为人与人的关系维度的规定构成人与自然的关系的中介环节的社会制度，还必须扬弃科学以及作为科学的物化或外化形态的技术所造成的异化，因为马克思说过科学在其发展中也不得不完成“非人化”。

在人与人关系维度上的矛盾，进入 21 世纪以来不仅没有得到缓解，反而是愈加紧张。全球范围内的贫富两极分化，使得整个世界日益撕裂化。人与人的不平等已经达到了危及人类和平共处的程度。马克思在《关于自由贸易的演说》中指出:“在任何个别国家内的自由竞争所引起的一切破坏现象,都会在世界市场上以更大的规模再现出来。”[①]后来,马克思在《1857～1858 年经济学手稿》中又指出,“世界市场”使“资产阶级社会越出国家的界限”。[②] 资本主义国家内部的劳资关系所固有的“零和等局”,通过“历史向世界历史的转变”,已在全球范围内得到复制和放大,表征为世界范围内的“中心—边缘”关系。全球范围内的“零和等局”使“马太效应”愈演愈烈,它导致世界意义上的不平等日益加剧。2011 年 9 月,美国纽约发生的“占领华尔街”运动,凸显出“99% vs 1%”的问题。虽然它的象征意义远远大于实际意义,但它无疑是对经济不平等现象的实践上的抗议。通过全球化,我们也见识到了马克思当年所说的“资本的权力”在世界范围内的扩张。从某种意义上说,当启蒙现代性解构掉传统社会的“政治利维坦”之后,人类又不得不面对“经济利维坦”的宰制和支配。据报道,国际慈善机构乐施会(Oxfam)最近根据《福布斯》及瑞士信贷银行(Credit Suisse)的资料,提供了一份叫作《99%人的经济》的报告,指出世界经济论坛(WEF)连续 4 年把贫富悬殊列为对社会稳定的最大威胁,但贫富差距却呈日益扩大的趋势。报告称,自 2015 年起,全球最富有的 1%人口,身家已超越其余所有人的财产总和。如以全球半数贫穷人口作为指标,2010 年时,这半数人口身家仍可抵得上全球前 43 名富豪的家产;但报告显示,2016 年全球贫富悬殊已达空前严重的地步,8 大富豪身家竟等同于 36 亿贫穷人口(占全球总人口一半)的总财产。皮凯蒂写的那本轰动一时的《21 世纪资本论》,对全球不平等经济关系,作了相当深入的刻画和揭示。皮凯蒂指出:“的确,人们还是乐于坚持这个事实,即今天财富还是高度集中的:在欧洲最上层 10%的人占有总财富的 60%,在美国则占到 70%。而且贫穷的半数人口现在和以往一样贫穷,2010 年占有不到 5%的总财富,情况和 1910 年一样。”[③]在这样一种不平等达到如此严重的情形下,我们今天这个世界还是稳态的吗?皮凯蒂认为,以总收入不平等为例,如果最上层 10%人群占有年产出的 90%(和财富分配情形一样,最上层 1%占有 50%),就可能发生革命,除非有特别有效的压制手段阻止它发生。问题在于,解决不平等关系日趋剧烈的症结,其根本出路究竟何在?倘若不触及造成不平等的深刻的社会根源,所有的“药方”都不过是一种廉价的安慰罢了。在揭露这种根源及其基础上的根本改造

① 《马克思恩格斯选集》第 1 卷,人民出版社 1995 年版,第 228 页。

② 参见《马克思恩格斯全集》第 30 卷,人民出版社 1995 年版,第 220 页。

③ [法]托马斯·皮凯蒂:《21 世纪资本论》,巴曙松等译,中信出版社 2014 年版,第 218 页。

路径方面，就其彻底性和深刻性而言，我们还能找到取代马克思的别的什么学说吗？

在人与自我的关系问题上，21 世纪同样面临着日益棘手的难题。最典型的乃是人与自我的疏离，也就是人的自我陌生化、异己化趋势。对于心灵上无家可归的当代人来说，如何找到安心立命之所，已成为最为紧迫的问题。存在主义的“处方”是个人的自我拯救，但这一“诊疗学方案”能否奏效？这种危机虽然表现在个体的人的心灵世界，但治疗的方法却并不指向个体的人本身。因为“症状”是个体性的，但造成病状的原因却并非个人，而是社会。因此，倘若没有“一揽子解决方案”，所有的单纯针对个人的疗治，也都不过是“隔靴搔痒式”的治标不治本的暂时缓解而已。马克思的学说正是着眼于社会层面，以扬弃并超越人的个体与类的互为外在的对立为旨归和历史目标，其结果则是个体的人与作为类的人的同时解放，是个人与共同体的同时拯救。有人指责马克思的学说忽视人，存在着一个所谓的“人学空场”。这是极大的误解。其实，马克思学说的终极旨归和总体取向恰恰就是致力于人的历史解放的，它只是没有在存在主义的意义上重视人罢了。因为在马克思看来，立足于人的个体感受这一狭隘视野和温情主义，最多也不过是宣泄一种空洞的人本学激情，而无法走向人的真正解放。只有着眼于人的解放的历史条件，这种解放才能变成现实，从而才具有真实性。马克思从来都未曾漠视个体的人的此在性的感受，离开了对雇佣劳动者异化命运的感同身受，怎么可能使他对现代私有制和资本主义生产方式进行病理学解剖？但马克思认为，对个体的拯救，不能仅仅通过个体本身来完成，而是必须通过整个社会的改造。

从某种意义上说，马克思学说已经先行地为中国社会（无论是过去还是将来）筹划了发展路径。马克思有一种“世界历史”的眼光，这种眼光“烛照”了中国作为全球化语境中的东方大国发展的可能轨迹，它深深地植根于马克思全部学说所昭示的内在可能性。这一点不仅对于中国革命来说是有效的——它已经为历史所证明，而且对于中国建设来说同样有效——这一点也已经并将继续为中国崛起的历史所证明。当然，马克思学说的这种筹划，不能代替中国发展的实践探索，中国发展的实践也必将丰富马克思学说的内涵。正是在这种建设性互动中，马克思主义的中国化和中国的马克思主义化，既向未来敞开，又同时取得了成就。

二、为马克思作辩护需要我们“练好内功”

必须承认，与时代的呼唤和要求相比，我们的哲学和哲学工作者自身尚存在着某些不相适应的问题。马克思主义哲学需要“练好内功”，在回应时代的挑战中完成其“双重”的使命：一方面实现自我超越和自我更新，另一方面为我们时代的发展昭示可能的方向。只有真正"练好内功"，才能配享尊重。具体地说，大致包括如下几个方面：

第一，我们为马克思辩护，"保卫马克思"，必须提高自身的辩护水平，只有这样的辩护才是有效的。如何才能提高辩护水准？一是必须作元哲学辩护，即在马克思主义哲学原初基础层面上进行辩护。反马克思主义思潮提出的挑战和质疑，已不再仅仅局限于某些个别结论，而是直接针对并怀疑使一切可能的结论得以成立的那个先行有效的前提本身。而且今天发生的很多争论，倘若不清算使具体观点赖以成立的前提，就无法真正解决问题的症结，而只能跌入彼此否定的知性的相对主义陷阱之中。所以，再重申那些具体结论已无济于事，只有在元哲学层面上为先行有效的原初基础作出恰当辩护，才能获得说服力。二是反马克思主义思潮质疑马克思，不再是"是否过时"的问题，而是当时是否正确的问题。哈耶克就认为，马克思为了"制造"革命而故意"妖魔化"资本主义。我们要对马克思作出有效辩护，就必须证明马克思的学说当时就是正确的。

第二，捍卫并保持马克思主义哲学的理论彻底性。马克思说："理论一经掌握群众，也会变成物质力量。理论只要说服人，就能掌握群众；而理论只要彻底，就能说服人。所谓彻底，就是抓住事物的根本。"[①]马克思主义哲学需要理论的彻底性，需要一种逼人的逻辑力量。这是哲学"说服人"，从而"掌握群众"，进而最终"变成物质力量"的绝对前提。马克思在大英博物馆所从事的艰苦卓绝的思想劳作，就是为锻造"批判的武器"而进行的"武器的批判"。在马克思看来，"理论"的"实践能力的明证"，归根结底有赖于"理论的彻底性"本身。为了迎合现实需要而牺牲理论上的完备性，无疑是实用主义的表现。习近平同志指出："对待马克思主义，不能采取教条主义的态度，也不能采取实用主义的态度。"[②]在一个务实的时代，我们需要格外地注意避免陷入实用主义误区。

第三，捍卫并保持马克思主义哲学的超越指向。就马克思的共产主义的彼岸意识而言，就马克思主义哲学追求人的存在的历史展开及其完成而言，就马克思把人的彻底解放作为终极诉求而言，马克思主义哲学是最富有远见的。这种超越的视野使它能够洞察事物表象背后的实质和脉络，预先把握其未来的发展走向和趋势。这正是哲学的历史穿透力所在。马克思之所以能够打破那种把资本主义生产方式看作"永恒的自然必然性"的资产阶级的"狭隘眼界"，从而把它理解为"暂时的

---

① 《马克思恩格斯选集》第1卷，人民出版社1995年版，第9页。

② 习近平：《在哲学社会科学工作座谈会上的讲话》，人民出版社2016年版，第13页。

必然性”，一个重要原因就在于马克思通过哲学所获得的视野上的这种历史穿透力。只有自觉地把握马克思主义哲学的超越指向，才能在洞察历史、瞻望未来时体现出足够的睿智和远见。

第四，正确处理“照着讲”和“接着讲”的关系。习近平同志说：“什么都用马克思主义经典作家的语录来说话，马克思主义经典作家没有说过的就不能说，这不是马克思主义的态度。”[①]因此，必须反对那种对待马克思主义哲学的“原教旨主义”立场。对于马克思主义哲学，我们不仅应“照着讲”，更应该“接着讲”。“接着讲”实质上意味着创造性地诠释马克思。当然，“重读马克思”不能以牺牲马克思主义哲学的特质为代价，而应以凸显其特点和优点为旨趣。这需要在两个方面下功夫：一是自觉捕捉和把握现时代的问题，并作出新的回应，以体现原创性、时代性。人类社会发展到今天，正面临着巨大的不确定性，经济风险、金融风险、社会风险、文化风险、生态风险空前加剧。如何有效地规避风险，从而把社会发展的代价降到最低限度，就成为我们必须回答的时代课题。二是进一步推进马克思主义哲学的中国化，使其更具中国特色、中国风格、中国气派，以体现继承性、民族性。把西方哲学的特殊形态泛化为一般哲学的普遍标准，以此来裁决其他文化传统中的思想，拒绝其哲学身份，这其实是思想狭隘的表现，是一种独断立场。让马克思主义哲学“讲中国话”，无疑是“接着讲”的题中应有之义。

第五，锻造坚持和发展马克思主义哲学的主体条件。从一定意义上说，只有伟大的心灵才能理解伟大的心灵，也只有伟大的心灵才有资格、有能力延续伟大的心灵。读懂马克思其实并不容易，是有条件的，它不仅需要精湛的专业造诣，而且还需要开放的眼界和胸怀，更需要崇高的人格境界。我们在“重读马克思”的时候，需要扪心自问，自己是否达到了马克思当年曾经达到过的学问高度。此外，我们还要像马克思那样，拥有开放的视野和心态，能够不断地与他者对话，包括前人和他人的学说、理论、观念、思想等，从而批判地吸收其中的积极成分，以丰富自己的哲学内涵。哲学不仅仅是一种学术，即使是作为学术，也不仅仅是一种工具。马克思当年在这方面为我们树立了光辉榜样。他的一生很多时候是在贫病交加中度过的，他的“普罗米修斯式”的人格，感天地、泣鬼神，他的伟大的牺牲精神，几乎感动了所有的人，甚至包括他的敌人。对于这种人格境界，只有心存敬畏、心向往之，我们才有可能达成与马克思在思想上的契合，从而获得创造性地阐释马克思的资格。

---

① 《习近平新时代中国特色社会主义思想学习纲要》，学习出版社、人民出版社 2019 年版，第 36 页。

三、今天我们如何看待共产主义

从广义上说，马克思的整个学说都是关于共产主义的理论。但马克思对共产主义的直接论述就有许多，这些论述存在时间上的先后，因而有成熟程度上的不同，也存在着眼点和侧重点的差别，因而有视野和重心上的不同。但它们作为一个有机整体，却共同构成马克思共产主义思想的完整叙事。就马克思主义哲学而言，实践是其初始范畴，自由（人的历史解放）是其逻辑归宿，这二者统一于共产主义。马克思把“真实的共同体”“自由人的联合体”“自由王国”与“共产主义”看作同义词。

科学共产主义学说自诞生之日起，就伴随着对它的种种误解和曲解。早在《共产党宣言》中，马克思和恩格斯已就“资产阶级对共产主义的种种责难”作出过深刻而有力的反驳。从某种意义上说，共产主义学说正是在同各色各样的误解和曲解的斗争中发扬光大的。在今天，进一步澄清对共产主义的种种误解和曲解，不仅有其深刻的学理价值，而且还具有强烈的现实针对性。当然，为共产主义所作的最有效的辩护乃是实践的辩护。建设有中国特色的社会主义事业在实践上取得成功，就是在今天的历史语境中实现马克思所谓的“实践能力的明证”。这是最有说服力的辩护。除此之外，还有必要从学理上讲清楚共产主义的深刻内涵和道理所在，作出具有逼人的逻辑力量的理论辩护。

第一，共产主义是虚无缥缈、遥不可及的目标，是一种不切实际的空想吗？

有人认为共产主义虚无缥缈、遥不可及，因而是一种不切实际的空想。这种“共产主义渺茫论”是基于一种严重的误解而得出的错误判断。共产主义的含义是多维度的：就其作为历史的展现来说，它表征为一个现实的过程；就其作为追求的目标来说，它是一种崇高的理想；就其作为制度安排来说，它是一种完美的社会形态；就其作为自觉的信仰来说，它是一种超越的价值指向；就其作为应然的尺度来说，它又是一种批判的范式；就其作为一种科学的理论来说，它又是一种严谨的学说体系……需要强调的是，这些内涵并不是彼此割裂的，而是内在统一的。这种统一当然无法在知性思维的范围内被理解。早在 1843 年，马克思就已提出，“我们的任务不是推断未来和宣布一些适合将来任何时候的一劳永逸的决定”，而是“要对现存的一切进行无情的批判”。[①] 因此，他宣布：“我不主张我们竖起任何教条主义

① 参见人民出版社编：《马克思主义经典作家论反对教条主义》，人民出版社 1958 年版，第 1 页。

的旗帜。"[①]为了凸显共产主义的现实性，马克思特别强调："我们所称为共产主义的是那种消灭现存状况的现实的运动。"[②]共产主义就是正在进行着的现实运动，"反对现存的一切"的"改变世界"，就是共产主义的实践活动，是实践着的共产主义。但是，马克思和恩格斯在《共产党宣言》中又明确强调："共产党人为工人阶级的最近的目的和利益而斗争，但是他们在当前的运动中同时代表运动的未来。"[③]显然，在马克思看来，把现实与理想、实然与应然、现有与应有知性地割裂开来、机械地对立起来去理解共产主义，就犯了一个方法论上的致命错误。马克思在《资本论》第一卷第2版跋中之所以说自己受到了两方面的攻击，既从否定的方面表明马克思恰恰同时具备两方面优势，也折射出指责者的片面性和狭隘性。马克思写道："人们对《资本论》中应用的方法理解得很差，这已经由对这一方法的各种互相矛盾的评论所证明。"[④]他举例说："巴黎的《实证论者评论》一方面责备我形而上学地研究经济学，另一方面责备我——你们猜猜看！——只限于批判地分析既成的事实，而没有为未来的食堂开出调味单(孔德主义的吗?)。"[⑤]这种评论认为马克思的学说既过于形而上学，又过于经验的实证，其实马克思正是在实践的基础上把这两者及其对立同时克服了。马克思在谈到辩证法时指出，在看到事物存在的同时又要看到它的暂时性。这意味着马克思立场的超越性之所在。马克思从来就没有仅仅局限于对现存事物的确认，相反，他坚决反对那种达到对现存事物的"正确理解"的保守立场，这也正是他不能接受费尔巴哈的重要原因之一。总之，在现实性与理想性之间保持必要的张力，正是马克思对待共产主义的辩证态度。这种张力其实也是动力，正是它推动着实践的建构，使人们的历史存在不断地实现着由实然走向应然。局限于实然而放弃应然诉求，就将丧失对现实的批判能力；反之，仅仅局限并固守于应然诉求，而脱离其实然基础即历史的现实运动过程，又必将陷入空想主义的"乌托邦"。

第二，共产主义是否定个人自由的集体至上主义吗？

有人质疑，共产主义是集体至上主义的，因而会伤害个人自由。事实上，这恰恰反映了自由主义的偏见。马克思的历史目标和逻辑归宿，在于对人的个体和类

---

① 人民出版社编:《马克思主义经典作家论反对教条主义》，人民出版社1958年版，第1页。

② 《马克思恩格斯选集》第1卷，人民出版社1995年版，第87页。

③ 《马克思恩格斯选集》第1卷，人民出版社1995年版，第396页。

④ 《马克思恩格斯文集》第5卷，人民出版社2009年版，第19页。

⑤ 《马克思恩格斯文集》第5卷，人民出版社2009年版，第19页。

的矛盾、特殊利益与普遍利益的对立的扬弃和超越。马克思的共产主义学说，既未曾固守于个体的人，也未曾固守于抽象的集体，而是致力于寻求对这两者互为外在的对立的克服。马克思深刻地揭示了“偶然的个人”与“虚幻的共同体”之间的对立及其社会根源。他认为，这种对立的外在表现就是市民社会与政治国家的二元分裂，其实质是特殊利益同普遍利益的矛盾，其思辨的规定则是人的实存与人的本质、人的个体与类的互为外在的对立。在这种对立的格局中，人就不得不受到作为异己的他者的力量的外在的支配和制约，从而陷入奴役状态，表现为人的自由的丧失。马克思为自己确立的任务，就是从哲学上揭示扬弃这种对立的内在必然性和历史前提。早在《1844年经济学哲学手稿》中，马克思提出的人的个体和类的矛盾及其解决，就已经思辨地预言了人的个体自由的丧失和重获的哲学含义。到了《德意志意识形态》那里，则演绎为政治国家（虚幻的共同体）与市民社会（偶然的个人）之间的紧张及其超越，其实质是人的普遍利益与特殊利益的冲突及其解决。在《论犹太人问题》中，马克思写道：“在国家中，即在人被看做是类存在物的地方……他被剥夺了自己现实的个人生活，却充满了非现实的普遍性。”①在与市民社会外在地分离的政治国家中，人所体现的普遍性是那种未经特殊性中介的，或者说是不包含特殊性于自身的普遍性，它必然沦为抽象的普遍性。这种普遍性作为一种外在的异己的力量支配着个人，从而使个体的人成为丧失自由的“偶然的个人”。在马克思的语境中，个人的自由与共同体的自由恰恰是互为中介和互为条件的。在马克思看来，个人自由的条件不仅不是摆脱共同体，相反，它只能在共同体中才能获得并得以实现。马克思指出：“只有在共同体中，个人才能获得全面发展其才能的手段，也就是说，只有在共同体中才可能有个人自由。”②当然，作为个人自由条件的共同体，是马克思所谓的“真正的共同体”，而不是那种“冒充的共同体”或“虚幻的共同体”。所以，马克思认为，“在真正的共同体的条件下，各个人在自己的联合中并通过这种联合获得自己的自由”③。在《共产党宣言》中，马克思和恩格斯写道：“代替那存在着阶级和阶级对立的资产阶级旧社会的，将是这样一个联合体，在那里，每个人的自由发展是一切人的自由发展的条件。”④在这个意义上，毋宁说，共产主义正是对个人自由和集体自由的同时肯定。

---

① 《马克思恩格斯文集》第1卷，人民出版社2009年版，第31页。
② 《马克思恩格斯选集》第1卷，人民出版社1995年版，第119页。
③ 《马克思恩格斯选集》第1卷，人民出版社1995年版，第119页。
④ 《马克思恩格斯选集》第1卷，人民出版社1995年版，第119页。

第三，共产主义是妨碍人的个性的吗？

有人指责说共产主义不尊重人的个性，个人在共同体中仅仅充当了“一颗螺丝钉”。这种责难也是不能成立的。由“偶然的个人”到“有个性的个人”的过渡，恰恰是马克思的理想。马克思说：“有个性的个人与偶然的个人之间的差别，不是概念上的差别，而是历史事实。”①马克思心目中的理想社会，正是使人们获得真正的个性的历史条件。所谓“偶然的个人”，也就是处在异化状态中的个人，他受到作为异己规定的外在关系的支配和奴役。按照黑格尔的观点，凡是由他者决定的状态都属于偶然性。其实这也暗示了凡是由自我决定的状态都表征为必然性。由此可见，黑格尔所谓的“必然性”与自由是内在一致的。因为内在必然性亦即自我决定，自己为自己立法，这正是自由的最原初的也是最本真的含义。因此，马克思把共产主义理解为“自由人的联合体”或曰“自由王国”。正是它为人们具有真正的个性提供了历史条件，从而使其获得现实可能性。马克思和恩格斯在《共产党宣言》中说的那种所谓资产阶级的“个性”，不过是资本的人格化的任性罢了。这种个性乃是一种伪个性，它不具有真实的内涵。真正的个性应该是自由与必然性的内在统一。马克思和恩格斯深刻地揭露道：“在资产阶级社会里，资本具有独立性和个性，而活动着的个人却没有独立性和个性。而资产阶级却把消灭这种关系说成是消灭个性和自由！”②马克思把资本主义社会称作“现代奴隶制”，倘若不超越“主-奴关系”模式本身，即使是作为统治者的资产阶级也不可能获得真正的个性。

第四，共产主义会导致人们的普遍懒惰吗？

马克思和恩格斯当年就曾直面资产阶级学者针对共产主义提出的种种质疑，其中之一就是：“有人反驳说，私有制一消灭，一切活动就会停止，懒惰之风就会兴起。”③这种担忧恰恰折射出担忧者的褊狭。的确，“共产党人可以把自己的理论概括为一句话：消灭私有制”④，这也是从《1844年经济学哲学手稿》到《德意志意识形态》，从《共产党宣言》到《资本论》，马克思的一贯立场和主张。但是，资产阶级学者永远都不能理解，共产主义的诞生意味着劳动性质的根本改变。他们只能在劳动的旧有性质的意义上去想象共产主义的情形。因此，才会产生诸如此类的质疑和诘难。按照马克思的观点，共产主义意味着“消灭劳动”，亦即超越劳动的旧有性

---

① 《马克思恩格斯选集》第1卷，人民出版社1995年版，第119页。

② 《马克思恩格斯选集》第1卷，人民出版社1995年版，第286页。

③ 《马克思恩格斯选集》第1卷，人民出版社1995年版，第288页。

④ 《马克思恩格斯选集》第1卷，人民出版社1995年版，第286页。

质。劳动作为谋生手段的性质不再是唯一的规定，劳动更多的是已成为人的自我实现的方式，是对人的存在的肯定，而不再是剥夺和否定。这个时候，劳动不仅是自由的象征，而且还是人的自我实现的确证。因此，按照马克思的设想，在共产主义条件下，劳动不再是人的一种负担，而是变成了人的享受和乐趣，成为人们的"生活的第一需要"。当现代私有制被消灭之后，人们既不可能也不需要有私利可以追求，自私自利从而变得多余。如此一来，还需要私有制作为人的劳动的动力之源吗？按照资产阶级学者的狭隘想象，一旦没有了私有制，人们的劳动热情和冲动也就会随之消失，从而变得普遍懒惰。这除了折射和暴露出他们极其贫乏的想象力之外，还能表明任何别的什么呢？当年李大钊就在《社会主义释疑》中指出："有些人以为社会主义制度成立之后，人民就要发生怠工的现象，因此他说社会主义制度是不能施行。"[①]他强调说："他不知道在社会主义制度底下做工，是很愉快的，很舒服的，并不像现在资本主义制度下的工作，非常劳苦，同那牛马一样，得不到一点人生的乐趣。"[②]更深刻的在于，李大钊进一步揭露了这种责难在方法论上的缺陷，他一针见血地指出："一般人以为工作是苦事，亦是拿现在生活下的眼光，去观察那将来的社会，其实社会主义实行后的社会的劳动，已和现在的社会的劳动不同了。"[③]在资产阶级法权的狭隘视野内，是无法理解劳动在共产主义社会的全新性质的，因为"在共产主义者那里，劳动和享乐之间的对立的基础消失了"[④]。

第五，既然我们眼下要大力发展市场经济，为什么还要坚持共产主义理想？

人们有疑问，马克思学说是以超越市场经济为其旨归的，那么我们信仰共产主义，为什么还要发展市场经济？既然必须发展市场经济，那么是不是就应该放弃共产主义理想呢？马克思主义理论本身和现实的历史经验教训都告诉我们："商品经济是社会发展的一个不可逾越的历史阶段。"[⑤]这一论断构成改革开放的全部合法性根据。我们今天固然是搞市场经济，但在马克思主义哲学看来，它仅仅是人的存在的历史展现的一个内在的必要环节和步骤而已，这与自由主义和市场原教旨主义视野内的市场经济完全不可同日而语。马克思告诫我们，要从暂时性的角度去看待现存事物，这正是历史辩证法的要求。他在谈到"取消货币"时曾指出："如果取消货币，那么人们或者会倒退到生产的较低的阶段（和这一阶段相适应的，是起

① 中国李大钊研究会编注：《李大钊全集》第4卷，人民出版社2006年版，第354页。

② 中国李大钊研究会编注：《李大钊全集》第4卷，人民出版社2006年版，第354页。

③ 中国李大钊研究会编注：《李大钊全集》第4卷，人民出版社2006年版，第354页。

④ 中国李大钊研究会编注：《李大钊全集》第4卷，人民出版社2006年版，第354页。

⑤ 何中华：《历史地思马克思哲学新诠》，山东人民出版社2013年版，第270页。

附带作用的物物交换），或者前进到更高的阶段，在这个阶段上，交换价值已经不再是商品的首要规定，因为以交换价值为代表的一般劳动，不再表现为只是间接地取得共同性的私人劳动。”①不经过市场经济的历史洗礼，我们就只能退回到“粗陋的共产主义”，而不可能前进到真正的共产主义。因此，我们必须大力发展市场经济，这正是历史本身真正走向成熟的条件。但这决不同于那些资本主义辩护士和市场原教旨主义者，把市场经济及其制度安排当作“历史的最高成就”所持的保守主义立场。马克思把人类社会划分为彼此相继的三大形态，即以人的依赖性为特点的社会、以物的依赖性为特点的社会和以人的自由自觉为特点的社会，从经济基础角度说亦即自然经济、市场经济和产品经济。显然，市场经济不过是一个承前启后的过渡环节罢了。不能因为我们眼下需要建立社会主义市场经济体制，就拒绝以超然的眼光、从暂时性的角度去看待市场经济，进而放弃共产主义的超越指向和远大理想。这正是信仰共产主义的共产党人，同资产阶级学者的本质不同所在。列宁当年在谈到新经济政策时就曾说过：“事情似乎很奇怪：社会主义共和国怎么能依靠资本主义来改善自己的状况呢？”②当年，就有好多人难以理解或不能接受利用资本主义来拯救社会主义。人们担心，社会主义面临被同化的危险。其实，正如列宁所说的：“我们应当有本事根据资本主义世界的特点，利用资本家对原料的贪婪使我们得到好处，在资本家中间——不管这是多么奇怪——来巩固我们的经济地位。”③

其实，重要的不是有多少当代人声称马克思没有过时，而是马克思的学说本身所固有的逼人的逻辑力量和“实践能力的明证”，能否被作为“此在”的我们所真正地开显出来。我们回应对共产主义的各式各样的误解和曲解，回应对共产主义的各式各样的责难和质疑，这本身就是为共产主义所作的一种辩护。但也必须指出，真正有力的辩护乃是实践的辩护。建设有中国特色的社会主义事业的成功实践本身，就是在今天的历史语境中的“实践能力的明证”（马克思语）。这是最有说服力的辩护。当然，除此之外，还必须从学理上讲清楚共产主义的深刻内涵和道理所在，作出具有逼人的逻辑力量的理论辩护。

人们之所以对共产主义产生不同的甚至截然相反的理解，其原因固然是多方

---

① 《马克思恩格斯全集》第 46 卷（上），人民出版社 1979 年版，第 165 页。

② 《列宁论新经济政策》，人民出版社 2020 年版，第 35 页。

③ 列宁：《在全俄工会中央理事会共产党党团会议上关于租让问题的报告》（1921 年 4 月 11 日），《列宁全集》第 41 卷，人民出版社 1986 年版，第 162～163 页。

面的，包括立场的、利益的、理论背景的、个人偏好的等等。另外，国际共产主义运动遭遇的挫折、处于低潮，实践上的市场经济发展的现实，也是其中的重要原因。但是，人们在方法论上存在着的种种误区，无疑是一个不容忽视的原因。因此，我们需要从方法论的角度，为澄清种种误解和曲解提供必要的前提。大致说来，这主要包括：

第一，习得马克思"从后思索"的运思方式。马克思在《关于费尔巴哈的提纲》中说："旧唯物主义的立脚点是市民社会，新唯物主义的立脚点则是人类社会或社会的人类。"[①]这意味着马克思运思的参照系是理想中的社会，而不是像马克思所批评的旧唯物主义那样，把当下的市民社会当作不能被超越的终极参照来进行思考。后来在《政治经济学批判》"导言"中，马克思又说："人体解剖对于猴体解剖是一把钥匙。反过来说，低等动物身上表露的高等动物的征兆，只有在高等动物本身已被认识之后才能理解。"[②]其实，马克思早在《黑格尔法哲学批判》中就说过："民主制是君主制的真理，君主制却不是民主制的真理。……君主制不能从自身中得到理解，而民主制则可以从自身中得到理解。"[③]既然"民主制是君主制的真理"，那就意味着可以从民主制去了解君主制；但逆命题不能成立，因为"君主制却不是民主制的真理"，因此不能从君主制去了解民主制。这个顺序是不能颠倒的。在这里，也可以看出马克思"从后思索"的运思方式之端倪。它表明，高级形态以扬弃的方式包含了低级形态，正因此成为理解低级形态的关键；但不能相反，从低级形态无法去理解高级形态。这就是马克思所提示的"从后思索"的运思方式。正是这样一种运思方式，使得我们能够"在对现存事物的肯定的理解中同时包含对现存事物的否定的理解"[④]，也就是"对每一种既成的形式都是从不断的运动中，因而也是从它的暂时性方面去理解"[⑤]。如此一来，当然就不会把商品经济及其市场逻辑当作"历史的最高成就"，把它看成"永恒的自然必然性"而加以捍卫，使我们能够突破"资产阶级的狭隘眼界"的局限。在一定意义上，人们之所以理解不了共产主义，就是因为他们总是囿于这种狭隘眼界，从而严重地束缚了自己的想象力和思维空间，就像"刻舟求剑"一样。马克思何以能够超越和突破资产阶级狭隘眼界的局限呢？除了阶级立场外，其哲学上的原因就在于他所坚持的反思方法和辩证方法。马克

① 《马克思恩格斯选集》第1卷，人民出版社2012年版，第136页。
② 《马克思恩格斯选集》第2卷，人民出版社1995年版，第23页。
③ 《马克思恩格斯全集》第3卷，人民出版社2002年版，第39页。
④ 《马克思恩格斯选集》第2卷，人民出版社1995年版，第281页。
⑤ 《马克思恩格斯选集》第2卷，人民出版社1995年版，第113页。

思的新唯物主义的立足点实现了根本的转变：它不再像旧唯物主义那样立足于市民社会，而是立足于社会化的人类或人类社会。只有在这个基础上，"从后思索"的运思方式才能被真正地确立起来。

第二，坚持"辩证逻辑"对"形式逻辑"的超越性。从方法论的角度看，资产阶级学者理解不了辩证法，例如悉尼·胡克、卡尔·波普尔等就是这样。悉尼·胡克指责道："辩证法的各个基本规律，被认为是辩证法概念的主要东西……这些规律违反了逻辑、科学方法的基本原则，而且处处违反了首尾一贯的造句法的基本原则。"[①]卡尔·波普尔则批评说："很容易证明，如果接受矛盾，就要放弃任何一种科学活动，这就意味着科学的彻底瓦解。这一点可以这样来证明：如果承认了两个互相矛盾的陈述，那就一定要承认任何一个陈述；因为从一对矛盾陈述中可以有效地推导出任何一个陈述来。"[②]可见，无论是胡克还是波普尔，说到底都不过是在拿形式逻辑去批评辩证逻辑罢了。这种批评严格地说不是真正的批评，而是一种误解。就像用初等数学去嘲笑和责难高等数学一样，是虚妄和无聊的。由此也可以看出，一个经验论者领会辩证思维是何其困难和不着边际。他不是在反驳辩证法，而是在误解辩证法。恩格斯当年对形而上学加以批评，写道："他们（指形而上学者——引者注）在绝对不相容的对立中思维；他们的说法是：'是就是，不是就不是；除此以外，都是鬼话'。"[③]这种观点不能理解除了"非此即彼"之外，还必须承认"亦此亦彼"。对于作为思维方式的形而上学而言，它唯一能够理解并相信的，乃是"是就是，不是就不是"。殊不知，这种思维方式恰恰陷入了知性逻辑而不能自拔，因为它在认识论上把知性当作再也无法实现自我扬弃的终极环节来确认，从而永远理解不了什么是辩证法。只有辩证法才能真正理解"既是又不是"何以可能。所以，辩证法除了承认"非此即彼"之外，同时还承认"亦此亦彼"。对共产主义的恰当理解，适用的是辩证逻辑，而不是形式逻辑。在恩格斯看来，辩证逻辑与形式逻辑的关系，就类似于高等数学与初等数学的关系。资产阶级学者总是喜欢拿形式逻辑去反对和指责辩证逻辑，与其说这是一种严肃的批评，倒不如说是一种严重的误解更恰当些。恩格斯在《自然辩证法》中曾经说过，对于科学的小买卖来说，形而上学是必要的和有效的，因而十分有用。因此，科学需要形式逻辑，但并不是辩证法违反

---

① [美]胡克：《理性、社会神话和民主》，金克等译，上海人民出版社2006年版，第186页。

② [英]卡尔·波普尔：《猜想与反驳：科学知识的增长》，傅季重等译，中国美术学院出版社2003年版，第404页。

③ 《马克思恩格斯选集》第3卷，人民出版社1995年版，第734页。

了它，而是辩证法以扬弃的方式包含了它。辩证逻辑并非外在地拒绝形式逻辑，而只是以扬弃的方式包含了形式逻辑。当我们正确地把握了它们之间的这种关系之后，并从辩证逻辑的高度去领会共产主义，那么关于共产主义的现实性与理想性之间的纠结，至少在方法论层面就可以不再称其为问题了。

第三，把握"共产主义"所固有的实践本性。在马克思那里，"实践的唯物主义者"与"共产主义者"是同义词。共产主义本质上是实践的。共产主义既是过程也是目标，它们统一于当下的实践。实践作为人所特有的感性活动，决不同于动物的活动。人的实践活动是自觉的和自为的，是有目的性介入和引导的活动。正因此，我们才可以理解，马克思何以把"共产主义者"同"实践的唯物主义者"视作同义词。从历史上看，马克思的真正贡献不在于批判本身，而在于提供了一种真正有效的批判方式。马克思所处的那个时代，无疑是一个批判的时代。但在他之前，几乎所有的批判都未能超出两种方式：一是思辨的批判，以黑格尔学派为代表；二是道德的批判，这以费尔巴哈的人本主义为代表。在马克思看来，这些批判方式都是苍白无力的，因而是无效的。因为马克思相信，思想并不能实现什么，"物质力量只能用物质力量来摧毁"。所以，他立志"使现存世界革命化，实际地反对并改变现存的事物"[①]。这也正是马克思何以"首先是一位革命家"的根本原因。马克思在历史上首次确立了一种全新的批判方式，那就是实践的批判。从某种意义上可以说，没有实践的批判，就不可能有共产主义。列宁在批判地借鉴黑格尔思想的基础上，提出了实践的"双重品格"说，即实践不仅具有普遍性的品格，而且还具有直接现实性的品格。实践的双重品格内在地统一于此在性的实践活动之中。它启示我们，共产主义的经验性和超越性，正是实践所固有的双重品格的体现和表征，割裂它们，就将无法整体性地看待实践活动本身。

在马克思那里，现有与应有的统一、唯物—唯心之对立的超越、此岸与彼岸之间的和解是一脉相承的，它们的实现归根结底也离不开实践本身。对共产主义的理解和领会，应该在这个大的语境中来进行。其实，马克思关于人的本性的思想，同样有着经验与超验的张力。马克思一方面说："整个历史也无非是人类本性的不断改变而已"[②]；另一方面又说："首先要研究人的一般本性，然后要研究在每个时代历史地发生了变化的人的本性。"[③]这里显然也有一种紧张，即"人的一般本性"

① 《马克思恩格斯选集》第1卷，人民出版社1995年版，第75页。

② 《马克思恩格斯选集》第1卷，人民出版社1995年版，第172页。

③ 马克思：《资本论》第1卷，人民出版社2004年版，第704页。

和人的本性的“不断改变”之间的不相侔。问题在于，这种紧张和不相侔所造成的矛盾，只有通过实践及其所建构的人类历史的不断展开才能得到解决。

马克思说：“千百万无产者或共产主义者”，“他们的‘存在’同他们的‘本质’完全不符合”，从而“根本不满意他们的生活条件”，那么，“他们将在适当时候，在实践中，即通过革命使自己的‘存在’同自己的‘本质’协调一致”。[①] 在这里，马克思显然是批判地继承了黑格尔的现象学方法，即本质是通过存在“在”出来的，但马克思的超越之处在于，他把这种本质的生成即存在与本质之统一的实现，诉诸人的感性活动亦即实践这一原初基础。在批判施蒂纳时，马克思写道：“在‘施蒂纳’那里，‘共产主义’是从寻找‘本质’开始的；它又作为善良的‘青年’，只‘洞察事物的底蕴’。而共产主义是用实际手段来追求实际目的的最实际的运动……”[②]注意这里所谓的“三个实际”，即所谓的“实际手段”“实际目的”和“实际运动”它们显然都是实践的性质并统一于实践本身。正因此，马克思才说：“实际上，而且对实践的唯物主义者即共产主义者来说，全部问题都在于使现存世界革命化，实际地反对并改变现存的事物。”[③]

青年马克思就反对割裂应有的东西与现有的东西，而是致力于追求它们二者的逻辑的和历史的统一。马克思认为，脱离了可能性的应然诉求是苍白的，不真实的，所以他反对康德的道德意志。在马克思看来，康德的应然的道德命令脱离了历史的现实根基，不过是一厢情愿的虚幻规定而已。但是，马克思也并不信任个人在道德上得救，认为那并不真实，只有通过历史本身的成熟，道德诉求才能变成现实从而失去其意义，所以马克思认为共产主义既不是自我牺牲，也不是自私自利，而是对它们及其对立的同时超越。

马克思说共产主义不是确立的状况和理想，我们不应竖立起教条主义旗帜，而是主张实践地批判。实践就是普遍性与直接现实性的统一，必须在这两极之间保持必要的张力，这种张力其实也是动力，正是它推动着实践的建构使人们的历史性的存在不断地由实然走向应然。局限于实然而放弃应然追求，就将丧失对现实的批判性；反之，仅仅局限并固守于应然诉求，而脱离它的实然基础即历史的现实运动过程，又必将陷入空想主义的“乌托邦”。马克思把共产主义理解为以往历史的全部运动的结果。为什么？宗教立场指责马克思过于唯物主义，这表明它根本不可能读懂马克思。在这种观点看来，马克思的共产主义学说似乎过于唯物主义，缺

---

① 参见《马克思恩格斯文集》第1卷，人民出版社2009年版，第549～550页。

② 《马克思恩格斯全集》第3卷，人民出版社1960年版，第236页。

③ 《马克思恩格斯选集》第1卷，人民出版社1995年版，第75页。

乏任何超越性，缺乏足够的理想主义。其实这同样是极大的误解。

在《资本论》第三卷中，虽然看似马克思强调自由王国（其实也就是共产主义）的彼岸性，但这一彼岸性的来临的条件却是非常现实的，即“工作日的缩短”，没有生产力的充分发展，没有劳动生产率的极大提高，这一彼岸性目标就不可能“兑现”。可见，在马克思的语境中，此岸与彼岸是有机地、辩证地统一于实践及其所造成的现实的历史之中的，它们的关系充满着辩证法。对其所作的任何知性的、非此即彼的、机械的理解，都是不恰当的。

早在1843年，青年马克思在给卢格的信中就已经提出，“新思潮的优点又恰恰在于我们不想教条地预期未来，而只是想通过批判旧世界发现新世界”[①]。基于这一基本立场，他确认：“我们的任务不是构想未来并使它适合于任何时候”，而是“要对现存的一切进行无情的批判”。[②] 因此，马克思宣布：“我不主张我们树起任何教条主义的旗帜……”[③]对于马克思意义上的共产主义而言，“现有”与“应有”之间决不存在一个“非此即彼”的断裂和鸿沟；相反，它们恰恰是在实践的基础上统一起来。对此所作的任何知性的理解，都是不恰当的。对共产主义的理解，适用的是辩证逻辑，而不是形式逻辑。这也是马克思把“共产主义者”与“实践的唯物主义者”内在地联系起来的最深刻的学理上的原因。马克思在给卢格的信中还批评了卡贝、德萨米和魏特林等人的教条主义的共产主义。马克思批评道：“这种共产主义本身只不过是社会主义原则的一种特殊的片面的实现。”[④]而按照人道主义原则，人类历史的整个过程则被看作是“‘人’的发展过程，从而把‘人’强加于迄今每一历史阶段中所存在的个人，并把他描述成历史的动力”[⑤]。马克思还批评了傅立叶、蒲鲁东式的空想社会主义，因为这类学说无视社会主义的历史条件和现实基础。

共产主义的现实性与理想性之间的张力，其历史基础归根结底在于人的实存与本质之间的分裂和紧张。这种对立的历史扬弃，即人的异化状态的克服，也就意味着共产主义历史运动的完成。这种完成正是现实性与理想性之间张力的彻底消解。它的实现归根结底依赖于人的实践及其所塑造的历史本身的成熟。

从历史上看，马克思的形象无疑经历了一个“祛魅化”过程。这种“祛魅化”充满辩证性，它有其真实的一面，也有其虚妄的一面。真实的一面在于，我们经过历史实

---

① 《马克思恩格斯文集》第10卷，人民出版社2009年版，第7页。

② 参见《马克思恩格斯文集》第10卷，人民出版社2009年版，第7页。

③ 《马克思恩格斯文集》第10卷，人民出版社2009年版，第7页。

④ 《马克思恩格斯文集》第10卷，人民出版社2009年版，第8页。

⑤ 《马克思恩格斯全集》第1卷，人民出版社1995年版，第130页。

践的拷问和淘洗，祛除了罩在马克思头上的虚幻光环，这种光环是被神化和夸大了的，可谓是“洗尽铅华也从容”，可谓是“绚烂至极，归于平淡”，这是马克思主义的“返璞归真”，也正是“回到马克思”口号的真正用意所在。虚妄的一面在于，那些敌视和反对马克思主义的人们，总是试图利用社会主义历史实践的挫折和失误来解构马克思。这种态度就是那种所谓的“告别马克思”口号所隐藏的动机和取向。

随着历史不断地向纵深发展，人类所面临的矛盾将愈加错综复杂、起伏跌宕。在应对当代人类所面临的各种各样的挑战和难题的时候，我们不得不一次又一次地回眸马克思。在当今这个时代，马克思必将经历一个“返魅化”的过程，重新焕发出自身应有的生命力，大放光彩。当然，这种“甦生”只能是凭借马克思学说本身的“理论的彻底性”和“实践能力的明证”，而不是利用任何外在的修饰和美化。

在21世纪，马克思并没有过时。马克思的真正高明之处，恰恰在于他把自己学说的“过时”诉诸它的“实现”。青年马克思就说过：“哲学的实现同时也就是它的丧失。”[①]而所谓的“哲学的实现”，就是马克思意义上的“世界的哲学化和哲学的世界化”。它把自己的被证伪推向了朝向未来的无限可能性。只要共产主义尚未来临，马克思就一天也不会过时，马克思的学说就不会失去其对于现实的批判和反思的能力，就不会失去其转化为实践力量的能力。种种反马克思主义思潮和势力的“围剿”，这本身就从反面表明了马克思是没有办法被无视和抹杀的。

（本报告主体部分后同题发表于《山东大学报》2019年6月26日）

① 《马克思恩格斯全集》第1卷，人民出版社1995年版，第76页。

改革开放40年与新时代中国特色社会主义

（2018年11月20日）

崔桂田*

各位老师同学，大家好！改革开放40年的成就举世瞩目，可以从不同的层面来解读。但我想说，40年改革开放的最大成就是开辟了中国特色社会主义道路，从理论、道路、制度的有机统一不断推进和深化中国特色社会主义，使中国特色社会主义进入新时代。党的十九大报告的一个最大亮点和贡献，就是把习近平新时代中国特色社会主义思想确立为党的指导思想，提出中国特色社会主义进入了新时代。在阐释中国特色社会主义进入新时代的内涵和意义时，党的十九大报告指出，这"意味着科学社会主义在二十一世纪的中国焕发出强大生机活力，在世界上高高举起了中国特色社会主义伟大旗帜"①，"在世界社会主义发展史上、人类社会发展史上也具有重大意义"②。今天，我想以21世纪世界社会主义发展为视野，从中国化马克思主义的历史发展、世界共产主义运动的振兴、世界社会主义格局的变化三大层面，对新时代中国特色社会主义在21世纪世界社会主义格局中的历史地位和重大意义进行分析研究。

---

* 崔桂田，山东大学政治学与公共管理学院教授、博士生导师，教育部重点研究基地山东大学当代社会主义研究所所长，政治学与公共管理学院学术委员会副主任，山东大学政党研究所副所长，山东省科社学会常务理事、中国科社学会国外社会主义专业委员会副会长。主要研究领域为当代世界社会主义、当代国外共产党的理论与实践。主持多项国家社科基金项目及教育部社会科学研究基地重大项目。主要代表作品为《当代社会主义发展模式比较研究》《马克思主义执政党防范执政风险研究》等。

① 习近平：《决胜全面建成小康社会 夺取新时代中国特色社会主义伟大胜利——在中国共产党第十九次全国代表大会上的报告》，人民出版社2017年版，第10页。

② 习近平：《决胜全面建成小康社会 夺取新时代中国特色社会主义伟大胜利——在中国共产党第十九次全国代表大会上的报告》，人民出版社2017年版，第12页。

一、中国化马克思主义历史进程中的新时代中国特色社会主义

以习近平新时代中国特色社会主义思想为旗帜的新时代中国特色社会主义，既是中国化马克思主义的有机组成部分和历史承传，又实现了中国化马克思主义的新飞跃，实现了中国特色社会主义的“阶段性质变”，把中国特色社会主义推向制度完善和内涵提高的新境界。

首先，新时代中国特色社会主义实现了中国化马克思主义的新飞跃。党的十九大一个最大贡献和标志性成果，就是提出习近平新时代中国特色社会主义思想，实现了中国化马克思主义的新飞跃。在中国化马克思主义发展史上，毛泽东思想解决了新民主主义革命的重大问题，提出了社会主义革命和建设的重大构想，不仅使中国人民站起来，而且还为中国改革开放奠定了根本政治前提和制度基础。邓小平解决了“什么是社会主义，如何建设社会主义”的问题，提出了“中国特色社会主义”的命题，开创了中国改革开放的伟大实践，不仅使中国人民富起来，而且还为新时代中国特色社会主义奠定了坚实的理论和实践基础。江泽民、胡锦涛在世界风云变幻、中国改革处于紧要关头之际，提出了“建设什么样的党，如何建设党”“什么是发展，为谁发展，如何发展”的问题，在世情、国情、党情发生重大变化的现实背景下，不仅使中国改革开放稳中有进，而且还为新时代中国特色社会主义提供了稳定的政治局面。党的十八大以来，习近平总书记围绕“坚持和发展什么样的中国特色社会主义，怎样坚持和发展中国特色社会主义”这一时代课题，提出了一系列新理念、新思想和新战略，不仅“解决了许多长期想解决而没有解决的难题，办成了许多过去想办而没有办成的大事，推动了党和国家事业发生历史性变革”[①]，而且还形成了习近平新时代中国特色社会主义思想，使中国化马克思主义实现了新飞跃、进入了新境界，为中国人民强起来提供了新的行动指南。正如党的十九大报告指出的，“新时代中国特色社会主义思想，是对马克思列宁主义、毛泽东思想、邓小平理论、‘三个代表’重要思想、科学发展观的继承和发展，是马克思主义中国化最新成果，是党和人民实践经验和集体智慧的结晶，是中国特色社会主义理论体系的重要组成部分，是全党全国人民为实现中华民族伟大复兴而奋斗的行动指南，必须长期坚持并不断发展”[②]。

---

① 阮青主编：《中国特色社会主义理论体系建设40年》，人民出版社2018年版，第17页。

② 习近平：《决胜全面建成小康社会　夺取新时代中国特色社会主义伟大胜利——在中国共产党第十九次全国代表大会上的报告》，人民出版社2017年版，第20页。

其次，新时代中国特色社会主义是中国特色社会主义制度完善的“关键期”，是人民获得感、幸福感的“收获季”。从党的十二大正式提出中国特色社会主义这个命题，至今已有35年了。中国特色社会主义从最初的道路探索发展到道路、理论、制度“三位一体”，建设目标也由经济、政治、文化“三位一体”延伸到经济、政治、文化、社会、生态文明“五位一体”，从改革之初对物质文明的追求到1986年提出精神文明、2002年提出政治文明、党的十六届四中全会提出社会文明、党的十八大提出生态文明，使中国特色社会主义经济、政治、文化、社会、生态发生了深刻变化，实现了从传统社会主义模式向中国特色社会主义模式的转换，实现了从计划经济体制向社会主义市场经济体制的转变。目前，我国经济总量已跃居世界第二位，人民生活水平也由解决温饱到基本建成小康。我们必须承认，一方面，中国特色社会主义制度的优越性得到了较大程度的发挥和展现，比如中国共产党的领导是中国特色社会主义最本质特征和最大制度优越性已经成为共识，人民代表大会制度不断完善，中国政党制度和协商民主的特色优势日益凸显，以公有制为主体、多种所有制共同发展的基本经济制度不断完善等。但另一方面，中国特色社会主义制度优越性的发挥不仅在上述政治层面还存在不充分、不完善、支撑力不足的问题，而且与民生相关、与人民对美好生活向往相符的优越性还没有充分发挥出来，人民日益增长的美好生活需要与不平衡不充分的发展之间的矛盾已经成为新时代中国社会的主要矛盾，中国特色社会主义制度自信的支撑力还不够。正因如此，党的十八届三中全会提出，深化改革的首要目标就是完善中国特色社会主义制度。中国特色社会主义制度的优越性最终要体现在人民群众的获得感、幸福感、美好生活需要满足程度以及真正实现人的自由全面发展上。苏东剧变时，老百姓讲“不管什么样的党，让我过上好日子就是好党；不管什么样的主义，让我生活得好就是好主义”，对我们就是一个警示。因此党的十九大指出：“中国特色社会主义进入新时代，我国社会主要矛盾已经转化为人民日益增长的美好生活需要和不平衡不充分的发展之间的矛盾。”①“着力解决好发展不平衡不充分问题，大力提升发展质量和效益，更好地满足人民在经济、政治、文化、社会、生态等方面日益增长的需要，更好地推动人的全面发展、社会全面进步”②，“使人民获得感、幸福感、安全感更加充实、更有

① 习近平：《决胜全面建成小康社会　夺取新时代中国特色社会主义伟大胜利——在中国共产党第十九次全国代表大会上的报告》，人民出版社2017年版，第11页。

② 习近平：《决胜全面建成小康社会　夺取新时代中国特色社会主义伟大胜利——在中国共产党第十九次全国代表大会上的报告》，人民出版社2017年版，第12页。

保障、更可持续”[1]。只有这样，才能真正实现中国共产党“为中国人民谋幸福，为中华民族谋复兴”的使命，才能全方位地展示中国特色社会主义的优越性，才能充满底气地讲社会主义优越性，才能真正坚定对中国特色社会主义的“四个自信”。

第三，新时代中国特色社会主义将引领中国改革走出“深水区”和“经济新常态”，完成民族复兴大业，步入世界舞台中央。我国改革开放40年的成就是辉煌的，我们比历史上任何时期都更接近民族伟大复兴的伟大目标，但我们面临的挑战、困难和问题也是空前的。一方面，在反全球化运动形成风潮、民粹主义和民族主义盛行的当下，中国特色社会主义建设面临的外部环境大有恶化趋势；另一方面，随着我国改革步入“深水区”和“经济新常态”，不仅存在许多至今尚未破解的难题，即习近平总书记所说的“难啃的骨头”，而且经济发展也进入了由高速增长向中低速发展的“换挡期”，转方式、调结构，创新驱动的压力大、任务重。尽管党的十八大以来我国进行了历史性变革，提出了“四个全面”战略布局和新的五大发展理念，以“中国梦”为导向，以全面建成小康社会为目标，以全面从严治党为突破口，以创新驱动和供给侧改革为主干，以精准扶贫为辅助，解决了许多过去想解决而没有解决的难题，做成了许多过去想做而没有做成的事，但仍存在着一些深层次问题亟待解决，如信仰危机、精神缺钙、价值整合难的问题，收入差距拉大、阶层分化、共享难的问题，腐败问题以及权力监督制衡制约难的问题等。因此，党的十九大强调：必须清醒地看到，我们的工作还存在许多不足，也面临不少困难和挑战，中华民族伟大复兴，绝不是轻轻松松、敲锣打鼓就能实现的。[2] 针对这些难题和挑战，新时代中国特色社会主义承前启后、继往开来，提出了“八个明确”“十四个坚持”的全新方略，铺就了“突出重围”、走出“深水区”的新路，“迎来了从站起来、富起来到强起来的伟大飞跃，迎来了实现中华民族伟大复兴的光明前景”[3]。

当然，中国特色社会主义刚刚进入新时代，中国特色社会主义制度的优越性主要还是在收获“昨天的红利”，亟待根据新的时代条件和目标要求不断进行理论和实践创新，既要不断推进21世纪中国化马克思主义的发展，又能“再立新功”、全方位地展现出中国特色社会主义的优越性。

---

① 习近平：《决胜全面建成小康社会　夺取新时代中国特色社会主义伟大胜利——在中国共产党第十九次全国代表大会上的报告》，人民出版社2017年版，第45页。

② 参见习近平：《决胜全面建成小康社会　夺取新时代中国特色社会主义伟大胜利——在中国共产党第十九次全国代表大会上的报告》，人民出版社2017年版，第9页。

③ 参见习近平：《决胜全面建成小康社会　夺取新时代中国特色社会主义伟大胜利——在中国共产党第十九次全国代表大会上的报告》，人民出版社2017年版，第10页。

二、世界共产主义运动中的新时代中国特色社会主义

新时代中国特色社会主义既是在21世纪世界共产主义运动“触底反弹”之际强势崛起的，又是对正在奋发向上的世界共产主义运动的“空中加油”。

21世纪世界共产主义运动的“触底反弹”主要表现在：

第一，除中国之外的其他社会主义国家执政共产党也在不断深化变革，进一步推进改革开放。越南共产党继2016年十二大规划了新时期发展蓝图后，在2017年5月和10月召开十二届五中和六中全会，通过了《关于完善越南社会主义定向市场经济体制》《关于继续朝着精干、高效方向推进政治体制革新》等决议，对完善社会主义定向市场经济和进一步推进政治体制改革进行了新规划和布置。越南国会也于2016年6月和10月先后召开十四届第三次和第四次会议，共商国家社会发展重大问题，不断推进“社会主义定向市场经济”的建设质量和现代转型，选举民主有声有色，“法权国家”建设不断提速，革新开放引人注目。老挝人民革命党坚定推进“有原则的革新开放”，把摆脱不发达状态、实现工业化作为党的主要目标。古巴2017年6月召开全国人民政权代表大会特别会议，通过了《古巴社会主义发展的经济社会模式概念》《到2030年的国家经济和社会发展计划：国家愿景、优先及战略领域》等重要文件，确定了古巴继续走社会主义道路、对社会经济模式不断“更新”的发展方向，使民生改革和模式更新全面展开，政治生活逐渐步入正常化。朝鲜劳动党2017年11月召开七届二中全会，对朝鲜面临的复杂国际国内形势和重大问题进行了评估，提出了未来新的革命路线、经济发展方向及战略任务。2017年4月举行的朝鲜第13届最高人民会议第五次会议，通过了《为执行国家经济发展五年战略内阁在2016年的工作情况及2017年的任务》以及相关预算、人事变动和任命等议题。

第二，非执政共产党在困境中奋进，亮点颇多。由尼泊尔共产党（联合马列）和尼泊尔共产党（毛主义中心）结成的左翼联盟，在刚刚结束的2017年大选中独占鳌头，无论在联邦议会选举层面还是省议会选举层面都获得了压倒性胜利，上台执政已经毫无悬念。从2017年1月至11月，日本共产党、俄罗斯共产党、南非共产党、巴西共产党等相继召开全国代表大会，就党的重大理论与现实问题、未来发展方向和目标等作出了新的决定和规划。2017年11月，世界103个国家的共产党代表团聚集俄罗斯圣彼得堡，举办了以“伟大的十月社会主义革命100周年：共产主义运动的理想、振兴反对帝国主义战争、争取和平与社会主义的斗争”为主题的第19届共产党和工人党国际会议。印度共产党2017年10月也开展了主题为“伟大的俄

罗斯十月社会主义革命100周年：过去及当今社会主义制度建设过程中所积累的经验及当代世界共产主义者应吸取的教训及制定的战略”的国际研讨会。拉美左翼政党为寻求应对右翼和新自由主义重新抬头的对策，在2017年召开了“拉美进步政党大会”和“拉美共产党大会”，其中“拉美共产党大会”重申了社会主义的基本原则和方向，强调社会主义意味着独立、正义、平等、公平分配、尊重环境、人民自主、民主决策，是反对资本主义的唯一选择，号召“为建立社会主义而斗争”。世界共产党的适应性变革及其对社会主义新道路的探索，既与新时代中国特色社会主义形成呼应，又相互学习和借鉴。

新时代中国特色社会主义为奋发向上的世界共产主义运动“空中加油”主要表现在：

第一，新时代中国特色社会主义回应了21世纪科学社会主义发展的重大问题，为21世纪科学社会主义理论和实践的发展提供了“新形态”。综观科学社会主义170年的发展历史，为了实现无产阶级和人类解放这一使命，它是在不断回应和解决重大时代问题的过程中与时俱进、创新发展的。马克思和恩格斯实现了社会主义由空想到科学的飞跃，为世界无产阶级和人类解放树立了旗帜、明确了目标、指明了道路。列宁实现了科学社会主义由理论到一国实践的飞跃，解决了帝国主义时代无产阶级革命和无产阶级专政的一系列重大问题，创立了经济文化落后国家如何向社会主义过渡、如何建设社会主义的新理论。斯大林在世界社会主义历史上第一次创立了实践科学社会主义的社会主义模式，推动实现了社会主义由一国到多国的发展。邓小平第一次真正解决了社会主义与市场经济的关系问题，引领了社会主义国家的第三次改革浪潮，推动世界社会主义由一种模式向多种模式发展。党的十八大以来，习近平总书记在经济全球化、信息化和网络化迅猛发展的背景下，围绕“坚持和发展什么样的中国特色社会主义，如何坚持和发展中国特色社会主义”时代课题，提出一系列新理念、新思想和新战略，形成新时代中国特色社会主义思想，第一次解决了科学社会主义发展史上经典作家“没有留下一句明白的话”、现实社会主义国家没有真正解决好的特色社会主义发展问题，推动科学社会主义理论和实践进入新的发展境界。

第二，新时代中国特色社会主义成为21世纪世界共产主义运动发展的引领者和一面旗帜。综观世界社会主义和国际共产主义运动历史，向来有一个领导中心主导和影响着世界社会主义和国际共产主义运动的发展，这个领导中心通常是以其自身的创造力、感召力和影响力自然形成的。19世纪国际共产主义运动的中心在西欧。法国曾以1848年六月起义和1871年巴黎公社成为革命风暴的中心，德国曾以科学社会主义故乡与和平革命道路的开辟成为领导中心。在20世纪，俄国及后来的苏联以其建立世界第一个社会主义国家、第一个社会主义模式成为世界共产主义运动和社会主义运动的领导中心。进入21世纪，中国特色社会主义的崛起和新时代中国特色社会主义思想的形成，肩负着推动世界社会主义和共产主义运动复兴的使命，以中国特色社会主义理论创新和伟大实践为世界社会主义和国际共产主义运动打上了鲜明的中国烙印，使中国特色社会主义站在了世界社会主义和国际共产主义运动的中心，成为21世纪世界社会主义和国际共产主义运动复兴的引领者。当然，这种引领与过去斯大林那种“一个中心、一个模式、一条道路”是根本不同的，它更多是一种责任和使命，而不是强权和干涉，更不是苏联共产党大党主义、大国主义错误的重演。

第三，作为新时代中国特色社会主义的执政党，中国共产党全面从严治党和治国理政的成就，极大地鼓舞着世界共产党人的信心和士气。党的十八大以来，中国共产党把全面从严治党和治国理政有机地结合起来，使之相互促进，经过五年的历史性变革取得了巨大成就。在治国理政方面，经济建设取得重大成就，全面深化改革获得重大突破，民主法治建设迈出重大步伐，思想文化建设取得重大成果，人民生活不断改善，生态文明建设成效显著，强军兴军开创新局面，港澳台工作取得新进展，全方位外交布局深入开展。在全面从严治党方面成就更加显著。五年来，全国共查处违反中央“八项规定”精神事件17.61万起，处理党员干部23.9万人，给予党纪政纪处分12.8万人，平均每天约有140人受到处分。国家统计局的社情民意调查显示，94.8%的受访者肯定中央“八项规定”的成效，85.5%的人认为身边党员干部工作作风有改进，89.5%的人认为党员干部工作作风带动了社会风气改进。党内法规制度体系建设取得重大进展，共修订颁布党内法规88部，占现行188部中央党内法规的47%。不断提高党的建设质量，把中国共产党建设成为始终走在时代前列、人民衷心拥护、勇于自我革命、经得起各种风浪考验、朝气蓬勃的马克思主义执政党。这些成就不仅改变了世人对中国共产党形象的看法，而且对世界共产党人也是莫大的鼓舞和支持，有些国家共产党甚至呼吁中国共产党在国际共产主义运动中“扛旗”和领头。

三、世界社会主义多极格局中的新时代中国特色社会主义

新时代中国特色社会主义既受世界社会主义格局的制约，也影响着世界社会主义格局的变化，在21世纪世界社会主义格局中具有重要的地位和作用。

首先，新时代中国特色社会主义是21世纪世界社会主义格局的“定海神针”，

是世界社会主义振兴发展的主要推手。21世纪世界社会主义格局呈现出运动多样化发展、思潮流派“百花齐放,百家争鸣”、发展有所升温的基本态势,共产党及其科学社会主义、社会党及其民主社会主义、民族政党及其民族社会主义以及市场社会主义、生态社会主义、新社会主义等争奇斗艳、亮点纷呈,但也喜忧参半。其中,欧洲社会民主党及其民主社会主义运动在欧洲政坛举足轻重,目前进入稳中有升的发展时期,例如英国工党在2017年6月大选中所获席位由2015年的232席增加到262席,虽无法组阁但虽败犹荣;丹麦社会民主党在2017年11月地方选举中获得的支持率从2013年的29.5%提升到32.5%,赢得5个行政大区议会主席职位中的4个,以较大优势胜出;法国社会党在2017年6月议会选举中仅获得9.51%的选票,遭到惨败;德国社民党在2017年9月联邦议院选举中虽保住第二大党地位,但仅获得20.5%的选票,是该党历史上最差的战绩。在拉美地区,厄瓜多尔左翼政党——主权祖国联盟运动在2017年4月总统选举中获胜,莫雷诺当选新一届总统;尼加拉瓜左翼执政党——桑地诺民族解放阵线在2017年11月全国市政选举中获胜;圣保罗论坛第23次会议于2017年7月在尼加拉瓜首都马那瓜举行,有来自拉美32个国家和世界多国的102个政党和左翼团体的300多名代表出席;巴西劳工党遭受重创,其前领导人卢拉、罗塞夫及多名党员在2017年9月受到巴西总检察院的腐败案指控;阿根廷左翼政党领导人、前总统德基什内尔于2017年4月因“非法勾结”“洗钱”罪名受到联邦法院正式起诉;委内瑞拉统一社会主义党领导下的政局也持续动荡。在这种态势下,有着8900万党员、奉行科学社会主义的中国共产党则把中国特色社会主义带入新时代,提出决胜全面建成小康社会、用两个十五年建成富强民主文明和谐美丽的社会主义现代化强国,并提出了可行的建设路线和方略,这本身就是对世界社会主义运动的巨大贡献,给世界上信奉社会主义的人们吃了一颗“定心丸”,为21世纪的世界社会主义注入了新的活力。

其次,新时代中国特色社会主义将改变资本主义、社会主义“两制竞争”的格局,“资强社弱”的力量对比悄然发生着有利于世界社会主义运动的新变化。从经济成就方面看,中国特色社会主义在不断增加着两制竞争和较量中社会主义一方的砝码。据世界银行统计,1978～2015年间,与美国、日本、英国等发达国家相比,中国GDP增长速度几乎在所有年份都遥遥领先,经济总量已跃居世界第二位,对世界经济增长的贡献率超过30%。1981年中国的GDP是美国的6%,到2015年中国的GDP已是美国的60%。在人均名义收入上,1990年中国与印度两国相当,到2008年印度的人均收入已不及中国的1/3。在对世界经济发展的贡献上,据美国经济学家斯蒂芬·罗奇《全球增长仍为“中国制造” 美国仅贡献了中国的1/4》一文提供的数据：如果2016年中国GDP增长率达到6.7%，那么中国将为世界GDP增长贡献1.2个百分点。这意味着其中中国的贡献接近39%。如此比重令其他主要经济体黯然失色。[①] 美国2016年的GDP增长率只有2.2%，只为世界GDP增长贡献0.3个百分点，即中国贡献的1/4；停滞的欧洲经济预计只给全球经济增长贡献了0.2个百分点，日本恐怕连0.1个百分点都达不到。事实上，中国对全球经济增长的贡献要比所有所谓“发达经济体”的贡献之和（0.8个百分点）还高出50%。随着新时代中国特色社会主义的进一步推进和发展，中国特色社会主义的优越性将更充分地发挥出来，中国经济发展会登上新的台阶，经济总量早晚有一天会成为世界第一，那时两大社会制度的力量对比就会发生重要转折，“资强社弱”的态势就会逆转。

最后，“中国道路”“中国智慧”“中国方案”对那些致力于现代化建设又不想被西方控制的发展中国家来说，具有越来越大的感召力和影响力，与美国推行的“新自由主义”形成鲜明对照。党的十八大以来，从人类命运共同体理念到“一带一路”倡议的提出；从杭州G20会议到北京“一带一路”高端论坛的召开，再到中共与世界政党高峰对话，中国特色社会主义的世界影响空前，对发展中国家的感召力和影响力前所未有。“越来越多的外国政府和政党，惊叹于‘中国道路’带来的巨大发展成就，开始从中国领导人和执政党身上汲取治国理政的智慧。尤其是不少发展中国家，在多元并起、非西方世界快速发展的历史大格局中，希望借鉴中国的发展经验，思考自己的安身立命之道。”[②]2016年10月，非洲一个独立无党派调查机构发布了一篇题为《中国在非洲影响力持续加强 赢得广泛积极评价》的研究报告，其中指出：大部分非洲人认为中国在非洲的经济和政治活动为各自国家的发展作出了贡献，并开始把中国视为第二受欢迎的非洲国家发展样板。[③] 英国《金融时报》网站2017年6月15日发表《埃塞俄比亚制造业增长奇迹》一文，认为这一奇迹的出现是因为“遵循了中国成功践行的国家主导大力投资的发展模式”。对此，埃塞俄

① 参见[美]斯蒂芬·罗奇：《全球增长仍为“中国制造” 美国仅贡献了中国的1/4》，2016年8月31日，http://hainan.ifeng.com/a/20160831/4925959_0.shtml。

② 王晓梅：《一部中国著作的世界回响——从〈习近平谈治国理政〉泰国、柬埔寨、巴基斯坦三国首发式说起》，2017年4月16日，http://www.xinhuanet.com/mrdx/2017-04/16/c_136211928.htm。

③ 参见赵姝婷、石松：《民意调查显示中国在非洲影响力赢得广泛积极评价》，2017年10月26日，http://www.xinhuanet.com//world/2016-10/26/c_1119789985.htm。

比亚总理经济顾问 2017 年 7 月撰文指出：我们要学习中国经验的精髓，再把精髓运用到我们的实践中。反观以美国为首的西方发达资本主义国家，它们奉行双重标准，在世界各地导演“颜色革命”，推行其所谓“普世价值”和新自由主义，但它们所开出的资本主义“药方”非但没有拯救广大第三世界，反而在这些国家造成了新的灾难和乱象，使其“普世价值”和新自由主义备受讥讽和责难。不仅如此，2016 年以来美国、法国、德国等国家相继发生种族歧视、排外风潮、校园枪杀等事件，表明资本主义世界既不太平也不美好。这一切，都为世界社会主义政党和其他左翼政党的反资本主义运动创造了良好氛围。

总之，我们一方面要把新时代中国特色社会主义与其他非科学社会主义思潮流派区别开来，坚持科学社会主义不动摇；另一方面又要看到这些思潮流派在当代世界社会主义格局中的地位作用，在坚持马克思主义科学社会主义的前提下，从世界社会主义“大统战”的角度出发与之加强团结合作。进一步说，我们要首先在这些社会主义思潮流派中推进人类命运共同体理念，探讨人类共同价值，提供中国智慧和中国方案，达成理解和共识，进而扩大中国共产党和新时代中国特色社会主义的国际影响，提升我们的国际话语权。

多元视角中的马克思

——从马克思到21世纪世界马克思主义

（2019年1月10日）

王凤才*

各位老师，各位同学，大家好！我今天所作报告的题目是“多元视角中的马克思——从马克思到21世纪世界马克思主义”。这个题目非常大，在这里主要讲21世纪世界马克思主义研究的五条阐释路径以及研究21世纪世界马克思主义的意义何在。

一、21世纪世界马克思主义阐释路径

21世纪世界马克思主义研究，大致可以分为五条阐释路径，即：国外马克思学阐释路径、正统马克思主义阐释路径、西方马克思主义阐释路径、东欧新马克思主义阐释路径、中国化马克思主义阐释路径。

1.国外马克思学阐释路径

根据目前掌握的材料，“马克思学家”概念最早是由梁赞诺夫提出的。1928年，在《马克思主义发展史概论》“序言”中，梁赞诺夫提到“各种马克思学家”[①]。不过，“马克思学”概念则来自吕贝尔创办的《马克思学研究》(*Etudes de Marxologie*, 1959)。吕贝尔说，马克思的大量思想遗产、社会活动、众多门徒、著作发表史、迄今尚无可靠的著作全集以及各种马克思主义流派之间巨大的意识形态分歧，使得马

* 王凤才，复旦大学哲学学院教授、博士生导师；教育部长江学者特聘教授；全国当代国外马克思主义研究会副会长；国家社会科学基金重大项目首席专家，《国家哲学社会科学成果文库》入选者。

① 杜章智：《一个反马克思主义的“马克思学家”：M.吕贝尔》，中共中央马克思恩格斯列宁斯大林著作编译局、《马克思主义研究资料》编辑部编：《马列主义研究资料》第5辑，人民出版社1982年版，第232页。

克思学研究成为必要。[1]

学界一般认为，“马克思学”并非统一的学派或系统的学科，其共同性仅仅在于研究对象。总起来说，“马克思学”是对马克思的生平著述、著作版本、思想发展、理论观点、学术关系以及马克思所有后继者的思想和各种马克思主义学派之间的差异进行跨学科、超意识形态、纯学术的研究。这主要集中在三个方面：(1)文献学考证。例如，《资本论》之马克思手稿与恩格斯编辑稿的关系问题，《黑格尔法哲学批判》以及《导言》的撰写时间问题等。(2)文本学解读。例如，《德意志意识形态》、“巴黎手稿”的文本学研究等。(3)理论问题研究。例如，马克思与马克思主义的关系问题、马克思思想的来源问题、马克思思想的发展逻辑问题、马克思恩格斯学术关系问题、马克思与意识形态问题、马克思与伦理学问题、剩余价值分配理论问题等。

2.正统马克思主义阐释路径

根据目前掌握的材料，“马克思主义者”概念最早出现于查苏利奇给马克思的信(1881 年 2 月 16 日)中。她这样写道：“那些鼓吹‘农村公社注定要灭亡’的人，自称是‘你的学生和马克思主义者’。”[2]马克思回信(第二草稿第二点)说：“关于您所讲到的俄国的‘马克思主义者’，我完全不知道。现在和我保持个人联系的一些俄国人，就我所知，是持有完全相反的观点的。”[3]那么，作为名词的“马克思主义”概念，是否可以说最早出现于 1882 年呢？在恩格斯致伯恩施坦的信(1882 年 11 月 2～3 日)中，有这样的说法：“您屡次硬说的‘马克思主义’在法国威信扫地，所依据的也就是这个唯一的来源，即马隆的陈词滥调。诚然，法国的所谓‘马克思主义’完全是这样一种特殊的产物，以致有一次马克思对拉法格说：‘有一点可以肯定，我不是马克思主义者。’”[4]

所谓“正统马克思主义”，主要包括恩格斯以及第二国际马克思主义、列宁主义以及第三国际马克思主义、原苏东国家的传统马克思主义、西方共产党理论以及今天西方国家(和非西方国家)的马克思主义正统派。尽管具体观点有所不同，但都以恩格斯的“马克思主义观”为基础，经过普列汉诺夫、列宁、斯大林，被固定化为传统教科书体系。

---

① 参见叶卫平：《西方“马克思学”研究》，北京出版社 1995 年版，第 5～6 页。

② 《马克思恩格斯全集》第 25 卷，人民出版社 2001 年版，第 757 页。

③ 《马克思恩格斯全集》第 25 卷，人民出版社 2001 年版，第 471 页。

④ 《马克思恩格斯全集》第 35 卷，人民出版社 1971 年版，第 385 页。

在正统马克思主义阐释路径中，马克思主义包括三个组成部分，即马克思主义哲学、马克思主义政治经济学、科学社会主义。其中，马克思主义哲学首先是辩证唯物主义；辩证唯物主义是在费尔巴哈唯物主义（“基本内核”）和黑格尔辩证法（“合理内核”）基础上形成的；将辩证唯物主义推广和运用到社会历史领域，就形成了历史唯物主义。

这条阐释路径对后世产生了深刻影响，迄今为止的马克思主义研究仍未完全从“权威结论”中摆脱出来。[①] 目前，这条阐释路径在欧陆国家、英语国家、原苏东国家、中国的马克思主义研究中仍然不同程度地存在着。

3.西方马克思主义阐释路径

目前一般认为，“西方马克思主义”概念最早出现在《〈马克思主义和哲学〉问题的现状——一个反批评》一文（柯尔施，1930 年）中：“现在，一场关于今日马克思主义总体状况的根本论争已经开始，（新老正统马克思主义的）家族内部之争已经成为次要的甚至已经消逝，在所有重大的决定性的问题上，相互对立的双方是：以考茨基为代表的马克思主义老正统派和俄国的或‘列宁主义’的马克思主义新正统派的联盟为一方，以今日工人运动理论中所有批判的进步的趋向为另一方。柯尔施说，尽管对俄国马克思主义与西方马克思主义的这种批评性比较来自今日俄国执政党的一个政治反对派，然而它的作者却是一个正统的普列汉诺夫信徒，一个在哲学上站在俄国马克思主义一边的人。因而，他的批评根本不是旨在反对‘苏联的马克思主义’的一般历史结构，而是只反对它的最近的滑稽形式——它似乎使得‘苏联的马克思主义’不像是俄国马克思主义理论传统的“发展和继续”而是“败坏和歪曲”。[②]

“西方马克思主义”概念，经过梅洛-庞蒂、P.安德森、阿格尔的改造，出现了四种不同用法：(1)纯粹地域性概念，即把西方马克思主义等同于西方的马克思主义或西欧的马克思主义；(2)在地域性概念前提下，强调特定思想内涵（即意识形态性）；(3)在地域性概念前提下，强调时代更替与主题转换；(4)非地域性的纯粹意识形态概念，即把西方马克思主义等同于“新马克思主义”。

我们认为，“西方马克思主义”概念应有以下规定性：(1)既有地域性限制，又有特定思想内涵——产生于西方并发展于西方的一种非正统马克思主义。这样，它就既不同于东欧新马克思主义，又不同于正统马克思主义，当然，也不包括西方共

---

① 参见俞吾金、王凤才：《关于诠释学视阈中的马克思哲学的学术对话》，《晋阳学刊》2009 年第 5 期。

② [德]柯尔施：《马克思主义和哲学》，王南湜、荣新海译，重庆出版社 1993 年版，第72～73页。

产党理论。(2)既以马克思思想为依据,又主张马克思主义开放性、多元化——以马克思思想为依据,有些人甚至自称为“马克思主义者”,但又用不同西方思潮重释、补充、修正、重建马克思主义。这样,它就既不同于反马克思主义、非马克思主义,又不同于马克思学。(3)既批判资本主义,又批判现实社会主义;既批判工业文明,又批判性地反思人类文明本身——就批判资本主义和工业文明而言,它与正统马克思主义有共通之处;就批判现实社会主义而言,它与东欧新马克思主义有相似之处;就批判性地反思人类文明本身而言,这是它自己的特色。(4)从总体上看,西方马克思主义是一种体系庞杂、观点各异的非正统马克思主义思潮。

因而,西方马克思主义主要流派有:早期西方马克思主义、法兰克福学派批判理论、存在主义的马克思主义、弗洛伊德主义的马克思主义、新实证主义的马克思主义、结构主义的马克思主义、文化马克思主义、分析的马克思主义、女性主义的马克思主义、后马克思主义、生态学马克思主义等。这样,我们所理解的“西方马克思主义”就不包括“正统马克思主义”“东欧新马克思主义”“国外马克思学”,但包括“后马克思主义”。

4.东欧新马克思主义阐释路径

根据目前掌握的材料,“新马克思主义”概念最早出现于梅林在考茨基主编的《新时代》上发表的《新马克思主义》一文(1903 年)中。从广义上说,“新马克思主义”是指包括“西方马克思主义”在内的一切非正统马克思主义;从狭义上说,“新马克思主义”是指原东欧社会主义国家的非正统马克思主义,当时又称为“异端的马克思主义”或“持不同政见者的马克思主义”。我们倾向于狭义理解的新马克思主义,即东欧新马克思主义,主要包括南斯拉夫实践派、匈牙利布达佩斯学派、波兰意识形态批判学派、捷克人本主义学派等。

东欧新马克思主义,(1)从理论框架看,是以人为核心的哲学人本主义与实践本体论,以异化理论为基础的现实社会主义批判,以民主的、人道的、自治的社会主义为目标的社会改革方案。(2)从理论本质看,是第二次世界大战以后在原东欧社会主义国家兴起的人道主义的马克思主义思潮;但它并非统一的政治派别或学术团体,共同点仅仅在于研究对象,即马克思主义;尽管具体观点有所不同,但都认为马克思主义是一种人道主义。因而,从本质上看,它是一种非正统马克思主义。(3)从学术贡献看,对马克思思想有深刻的阐述,对社会主义理论与实践、历史与命运有批判性反思,对现代性有独特的理论洞见。(4)从历史演变和学术影响看,经历了从“马克思主义复兴”,到人道主义的马克思主义(20 世纪 60 年代至 70 年代中期),到左翼激进主义(70 年代后期至 80 年代末),再到后现代理论(80 年代末 90

年代初至今)。诚然,作为一种独立思潮的东欧新马克思主义已不复存在,但其历史影响仍然存在。

5.中国化马克思主义阐释路径

中国化马克思主义阐释路径,即马克思主义中国化。“马克思主义中国化”这个说法,最早出自 1938 年 10 月中共六届六中全会报告。在题为《论新阶段》的报告第七部分,即“中国共产党在民族战争中的地位”中,毛泽东指出:“因此,使马克思主义在中国具体化,使之在其每一表现中带着必须有的中国的特性,即是说,按中国的特点去应用它,成为全党亟待了解并亟须解决的问题。”①

所谓“马克思主义中国化”,就是将马克思主义基本原理与中国革命、建设和改革开放的具体实践以及中国优秀传统文化相结合,使马克思主义在中国实现具体化。在这个进程中形成的理论成果,称之为“中国化马克思主义”,它包括三方面内涵:一是运用马克思主义基本原理解决中国革命、建设和改革开放过程中出现的实际问题;二是将中国革命、建设和改革开放的实践经验和历史经验提升为(马克思主义)理论;三是使马克思主义根植于中国的优秀文化之中,发展和创新马克思主义。

在“马克思主义中国化”的过程中,中国共产党人坚持解放思想、实事求是、与时俱进、求真务实,结合中国现实国情和实践经验,实现了两次历史性飞跃,形成了两大理论成果。第一次历史性飞跃的理论成果是毛泽东思想,第二次历史性飞跃的理论成果是邓小平理论。习近平新时代中国特色社会主义思想实现了“马克思主义中国化”的又一次飞跃。中国特色社会主义理论是马克思主义中国化的理论成果,是世界社会主义发展的新阶段,对 21 世纪世界社会主义振兴具有重要意义。

二、21 世纪世界马克思主义五条阐释路径之异同

21 世纪世界马克思主义五条阐释路径之间有着共同点:(1)都以马克思思想为理论来源,并以马克思主义为研究对象;(2)都有批判精神和/或科学精神;(3)都有乌托邦精神和/或实践精神。但是,它们之间也存在着差异。下面以第三条阐释路径为参照点,考察它们之间的差异。

第三条阐释路径,即西方马克思主义阐释路径,是 21 世纪世界马克思主义之中最具学术原创性、思想深刻性、现实前瞻性的阐释路径。如何实现马克思主义研究之学术性、思想性、现实性的统一,这是 21 世纪世界马克思主义研究的核心问题。

---

① 毛泽东:《中国共产党在民族战争中的地位》,《毛泽东选集》第 2 卷,人民出版社 1991 年版,第 534 页。

1.第一条阐释路径与第三条阐释路径之差异

如果说，第三条阐释路径偏重于理论阐发与现实关注，那么，第一条阐释路径则立足于 $MEGA^2$ 进行文献学考证与文本学解读。[①] 简言之，国外马克思学阐释路径偏重于学术性，西方马克思主义阐释路径偏重于思想性；而如何实现学术性与思想性的统一，则是 21 世纪世界马克思主义研究的重要问题。

2.第二条阐释路径与第三条阐释路径之差异

(1)后者试图将马克思思想与马克思主义区分开来，或者强调马克思思想的批判性，将马克思主义理解为人道的马克思主义，或者强调马克思思想的科学性，将马克思主义理解为科学的马克思主义；前者强调马克思思想与马克思主义的一致性，将马克思主义理解为实践基础上的科学性与批判性的统一。(2)后者既批判资本主义又批判现实社会主义，既批判资本主义工业文明又反思人类文明本身；前者主要批判资本主义及其工业文明。(3)后者的乌托邦带有太多的理想主义成分，譬如非压抑性文明、交往共同体、法权共同体等；前者的理想很大程度上是现实主义的，譬如自由人联合体等。简言之，正统马克思主义阐释路径偏重于意识形态性，西方马克思主义阐释路径则偏重于学术研究；而如何将马克思主义学术研究与意识形态性统一起来，这是 21 世纪世界马克思主义研究的前提性问题。

3.第四条阐释路径与第三条阐释路径之差异

如前所说，第三条阐释路径或者强调马克思思想的批判性，或者强调马克思思想的科学性；这两种倾向既存在于欧陆国家马克思主义研究中，又存在于英语国家马克思主义研究中；但这两种倾向有时又交织在一起，难于截然区分开来。第四条阐释路径与第三条阐释路径同中有异：(1)只强调马克思主义的批判性，将马克思主义理解成为人道主义的马克思主义。(2)主要批判现实社会主义。(3)乌托邦理想是民主的、人道的、自治的社会主义。简言之，西方马克思主义阐释路径偏重于学术性、思想性，东欧新马克思主义阐释路径是最关注实践性的阐释路径，偏重于现实性；而对马克思主义与社会主义的重新理解，是 21 世纪世界马克思主义研究的关键问题。

4.第五条阐释路径与第三条阐释路径之差异

西方马克思主义阐释路径致力于学术性、思想性、现实性之统一；中国化马克思主义阐释路径，是 21 世纪世界马克思主义发展过程中最有活力、最具现实性的阐释路径。如何理解中国化马克思主义，如何构建中国化马克思主义话语体系，如

① 参见鲁克俭：《国外马克思学研究的热点问题》，中央编译出版社 2006 年版，第 242 页。

何阐明中国化马克思主义对世界马克思主义发展的意义，这是21世纪世界马克思主义研究的目标之一。

概言之，(1)国外马克思学阐释路径偏重于文献学考证、文本学解读，强调学术性；(2)正统马克思主义阐释路径或偏重于经济阐释，或偏重于政治阐释，或介于经济与政治之间，但都强调意识形态性；(3)西方马克思主义阐释路径偏重于文化阐释，强调思想性；(4)东欧新马克思主义阐释路径从"马克思主义复兴"，到人道主义的马克思主义，到左翼激进主义，再到后现代理论，强调现实性；(5)中国化马克思主义阐释路径主张马克思主义基本原理与中国具体实际、中国优秀传统文化相结合，强调理论与实践统一，它是21世纪世界马克思主义发展过程中最具现实性、最有活力、最有发展前景的马克思主义。

三、研究21世纪世界马克思主义的理论与现实意义

21世纪世界马克思主义研究，将是对最近20年来世界各国马克思主义发展的深度思考，通过对21世纪世界马克思主义发展状况与前景的回顾、反思、展望，使得该研究不仅具有重要的学术价值，而且还具有重大的现实意义。

第一，确立21世纪世界马克思主义研究新框架——从"单数的、非反思的马克思主义"到"复数的、创新的马克思主义"——可以推进21世纪世界马克思主义研究的拓展和深化。

第二，实现学术研究与意识形态以及学术性、思想性、现实性的统一，不仅可以推进国外马克思主义研究，而且还可以使马克思主义在中国语境中得到进一步发展，并坚持"马克思主义在我国哲学社会科学领域的指导地位"。

第三，不仅能够对21世纪世界马克思主义研究起到积极推动作用，而且还有助于马克思主义中国化、时代化、大众化，有助于"马克思主义理论研究与建设工程"，对当代中国马克思主义发展起到积极推动作用，以实现中国马克思主义研究的第三次拓展和深化。

第四，不仅有助于在国际视野中构建中国特色学术话语体系、"加快构建中国特色哲学社会科学"，而且还对当代中国的思想文化建设、民主政治建设、人际关系道德重建、生态文明建设、经济建设，乃至整个中国社会发展模式，都有重要的启示意义。

(《学习与探索》2017年第10期首发，1.8万字；《新华文摘》2018年第3期转载，1.2万字)

坚持中国特色社会主义文化自信

——从毛泽东运用中华优秀传统文化治党治国治军到习近平治国理政

（2019 年 5 月 24 日）

薛庆超*

习近平指出："中国特色社会主义文化，源自于中华民族五千多年文明历史所孕育的中华优秀传统文化，熔铸于党领导人民在革命、建设、改革中创造的革命文化和社会主义先进文化，植根于中国特色社会主义伟大实践。发展中国特色社会主义文化，就是以马克思主义为指导，坚守中华文化立场，立足当代中国现实，结合当今时代条件，发展面向现代化、面向世界、面向未来的，民族的科学的大众的社会主义文化，推动社会主义精神文明和物质文明协调发展。要坚持为人民服务、为社会主义服务，坚持百花齐放、百家争鸣，坚持创造性转化、创新性发展，不断铸就中华文化新辉煌。"①中华文化源远流长，博大精深，贯通古今，惠及世界，是中华民族

---

* 薛庆超，历任中共中央党史研究室宣传教育局主持工作副局长等。主要著作包括《中国现代史论》共 10 卷，邓小平传记《壮丽人生》共 4 卷，《邓小平与现代中国》由中共中央宣传部、国家出版总署确定为"一带一路"推介图书，参加阿尔及尔国际图书博览会，与多国签订翻译出版协议，阿拉伯文版已在阿拉伯国家出版发行，日文版已在日本出版发行。《中共第一代领导集体的形成》《中国共产党执政史》第 3 卷等获中共中央宣传部、国家新闻出版总署重点图书。曾在中央电视台向世界讲述"中国人民抗日战争的历史意义和国际地位"，在国际广播电台向世界讲述"中国共产党历程与总书记七一讲话"，在凤凰卫视向世界讲述"邓小平与香港回归""中华人民共和国建立前后"。曾在中共中央宣传部宣传教育局讲课"群众路线是党的生命线和根本工作路线"，在中共中央组织部组织干部学院讲课"长征历程与长征精神"，在中共中央统战部讲课"坚持中国特色社会主义文化自信——从毛泽东运用中华优秀传统文化治党治国治军到习近平治国理政"。曾向中央领导同志讲述"伟大胜利，历史贡献——抗日战争暨世界反法西斯战争胜利 70 周年展览"，在联合国总部向联合国常务副秘书长和各级官员、各国驻联合国代表团、各国驻联合国记者讲述"为了和平的纪念——纪念中国人民抗日战争、世界反法西斯战争胜利暨联合国成立 70 周年展览"。

① 习近平：《决胜全面建成小康社会　夺取新时代中国特色社会主义伟大胜利——在中国共产党第十九次全国代表大会上的报告》，人民出版社 2017 年版，第 41 页。

生生不息、团结奋进的不竭动力。它包含着中华优秀传统文化、革命文化和社会主义先进文化等重要内容。中国共产党从成立之日起，就既是中华优秀传统文化的忠实传承者和弘扬者，又是中国先进文化的积极倡导者和发展者。中国共产党历来高度重视运用文化引领前进方向、凝聚奋斗力量，团结带领全国各族人民不断以思想文化新觉醒、理论创造新成果、文化建设新成就推动党和人民事业向前发展，文化工作在革命、建设、改革各个历史时期都发挥了不可替代的重大作用。在中国共产党历史上，第一代中央领导集体的核心毛泽东，具有一般人难以企及的中华传统文化的深厚底蕴。他终其一生，夜以继日，手不释卷，博览群书，学以致用，古为今用，理论联系实际，将中华优秀传统文化运用于指挥中国革命战争和治党治国治军的各个方面，树立了学习、研究、运用和正确对待中华传统文化的典范。“中国改革开放的总设计师”邓小平十分熟悉中华优秀传统文化，非常善于从中华优秀传统文化中汲取政治智慧和历史智慧，他从中华民族先人对小康的期盼中得到启发，根据中国特色社会主义发展阶段，提出建设小康社会的奋斗目标。在中国共产党第十六次全国代表大会上，江泽民系统论述“全面建设小康社会，开创中国特色社会主义事业新局面”。在中国共产党第十七次全国代表大会上，胡锦涛作了题为《高举中国特色社会主义伟大旗帜，为夺取全面建设小康社会新胜利而奋斗》的报告，论述实现全面建设小康社会奋斗目标的新要求。自中国共产党第十八次全国代表大会以来，习近平“推动中华优秀传统文化创造性转化、创新性发展”，为实现中华民族伟大复兴提供强大精神力量。

第一个问题：毛泽东与中华优秀传统文化——娴熟运用中华优秀传统文化治党治国治军

（一）毛泽东从中华优秀传统文化中汲取丰富的历史营养和政治智慧，随手拈来，点石成金

毛泽东具有中华传统文化的深厚底蕴。他少年时代读过多年私塾，塾师毛麓钟独具慧眼，经常向他灌输立志成才、报效国家的道理，讲授《资治通鉴》《贞观政要》等“治乱兴衰之书”的基本知识，使他逐步认识到“国家兴亡，匹夫有责”的道理。中华优秀传统文化，滋润了毛泽东的心智，开阔了毛泽东的视野，确立了毛泽东的志向，为毛泽东成为经邦济世之才奠定了深厚的历史基础，积淀了丰富的历史智慧。毛泽东从青年时代起就养成了“不动笔墨不读书”的习惯，读书时要一边读书一边批注，而且“书不读秦汉以下”。他认为，秦朝以前，百花齐放，百家争鸣，中华传统文化经典著作皆为原创性著作。秦始皇焚书坑儒后，中华传统文化经典著作

历经了重新收集、整理的过程，在一定程度上降低了可信度和史料价值，失去了原创性。可以毫不夸张地说，从《论语》《大学》《孟子》《中庸》到《诗经》《尚书》《周易》《春秋》，一直到《二十四史》《资治通鉴》，毛泽东阅读过几乎所有中华传统文化经典著作。

全面抗日战争时期，毛泽东指出："我们这个民族有数千年的历史，有它的特点，有它的许多珍贵品。对于这些，我们还是小学生。今天的中国是历史的中国的一个发展；我们是马克思主义的历史主义者，我们不应当割断历史。从孔夫子到孙中山，我们都应当给以总结，继承这一份珍贵的遗产。这对于指导当前的伟大的运动，是有重要的帮助的。"[①]同时，必须看到，在中华传统文化中，既有封建性的糟粕，也有带有民主性和革命性的精华。对待中华传统文化的原则，应当是取其精华，去其糟粕。对此，毛泽东作了十分精辟的论述：中国的长期封建社会中，创造了灿烂的古代文化。清理古代文化的发展过程，剔除其封建性的糟粕，吸收其民主性的精华，是发展民族新文化提高民族自信心的必要条件；但是决不能无批判地兼收并蓄。必须将古代封建统治阶级的一切腐朽的东西和古代优秀的人民文化即多少带有民主性和革命性的东西区别开来。中国现时的新政治新经济是从古代的旧政治旧经济发展而来的，中国现时的新文化也是从古代的旧文化发展而来的，因此，我们必须尊重自己的历史，决不能割断历史。但是这种尊重，是给历史以一定的科学的地位，是尊重历史的辩证法的发展，而不是颂古非今，不是赞扬任何封建的毒素。对于人民群众和青年学生，主要地不是要引导他们向后看，而是要引导他们向前看。[②] 毛泽东的这一论述，是用辩证法分析中华传统文化的典范。我们必须运用辩证思维和一分为二的观点对待中华传统文化。只有用这样的态度对待中华传统文化，才是应有的马克思主义的态度。

1935 年 1 月，中共中央在红军长征途中召开遵义会议。开始阶段由"左"倾教条主义路线代表人物、在中央负总责的博古（秦邦宪）主持。他首先代表中央政治局常务委员会作关于反对国民党军队第五次"围剿"的总结报告（正报告）。他在报告中虽然对军事指挥上的错误作了一些检讨，但主要强调红军第五次反"围剿"失利的主要原因在于各种客观因素，例如帝国主义和国民党反动派力量的强大，国民党统治区中共地下组织和各个革命根据地配合不够等等，而不承认主要是由于他和共产国际来的军事顾问李德压制正确意见，排斥毛泽东的正确主张，在军事指挥

① 《毛泽东选集》第 2 卷，人民出版社 1991 年版，第 533～534 页。

② 《毛泽东选集》第 2 卷，人民出版社 1991 年版，第 707～708 页。

问题上犯了严重错误。他实际上仍然坚持"左"倾教条主义错误立场,竭力为"左"倾错误军事路线辩解。周恩来作关于军事问题的报告(副报告)。他实事求是地分析了红军第五次反"围剿"失利的主要原因,指出是军事领导的战略战术的错误,批评了李德脱离中国革命实际的"瞎指挥","就军事指挥上的错误进行了自我批评,主动承担了责任"[①]。张闻天按照与毛泽东、王稼祥共同商量的意见形成的《毛洛王提纲》(毛泽东、洛甫即张闻天、王稼祥),作了反对"左"倾错误军事路线的报告,系统地批评了博古(秦邦宪)、李德军事指挥上的错误。然后,毛泽东作长篇发言,将大家的注意力集中在最迫切的军事问题上,针对博古(秦邦宪)强调客观原因、竭力推卸领导责任的辩解,列举大量事实,针锋相对地进行了有力的批驳,尖锐地批判了"左"倾错误军事路线,指出红军第五次反"围剿"失败的主要原因是军事指挥和战略战术的错误。毛泽东有理有据的发言,得到绝大多数同志的赞同,"左"倾教条主义者和李德成为众矢之的。接着,"稼祥同志慷慨发言,他同意毛主席的讲话,指出博古、李德等在军事指挥上的严重错误,尖锐地批判了他们单纯防御的指导思想"[②]。他首先提出拥护毛泽东领导革命,指挥红军,扭转危局。与会的绝大多数同志支持毛泽东的意见,批判错误的军事路线,要求改换领导,赞同毛泽东领导。这时,有人在发言中为博古(秦邦宪)辩护,并说毛泽东也没有什么了不起,指挥红军打仗的方法并不高明,完全是按照两本书去指挥打仗的,一本是《三国演义》,另一本是《孙子兵法》。青年毛泽东在湖南第一师范学校读书期间,国文课教师曾向毛泽东和学生们详细讲授过魏源撰写的《孙子集注序》。《毛泽东早期文稿》收入的青年毛泽东当年听课笔记和读书札记《讲堂录》中,写有他研读《孙子兵法》的感悟与体会,百战百胜,非善之善者也;不战而屈人之兵,善之善者也。故善用兵者,无智名,无勇功。由此可见,遵义会议以前,毛泽东阅读过《孙子兵法》片段,但尚未仔细、系统地研读全本《孙子兵法》。虽然博古(秦邦宪)仍然坚持错误,也有个别人为他辩护,但终究阻挡不住与会同志批判"左"倾教条主义军事路线的主流。遵义会议决定:(1)毛泽东选为(中央政治局)常委。(2)指定洛甫(张闻天)起草(遵义会议)决议。委托常委审查后,发到支部讨论。(3)(中央政治局)常委中再进行适当的分工。(4)取消三人团,仍由最高军事首长朱(德)、周(恩来)为军事指挥者,而周

① 伍修权:《遵义会议的光辉不容玷污——驳李德对遵义会议的污蔑》,《红旗》1981 年第 21 期。

② 朱仲丽(王稼祥夫人):《"关键一票"的由来——王稼祥同志谈遵义会议》,(全国政协)《革命史资料》第 1 期。

恩来是党内委托的对于军事指挥上下最后决心的负责者。遵义会议实现了中国革命的历史性转折，确立毛泽东在红军和中共中央的领导地位，形成以毛泽东为核心的第一代中央领导集体。

"实事求是"，出自中国古代典籍《汉书》中的"修学好古，实事求是"。毛泽东古为今用，点石成金，在《改造我们的学习》中指出："实事"就是客观存在着的一切事物，"是"就是客观事物的内部联系，即规律性，"求"就是我们去研究。毛泽东认为，"是"就是事物的规律，"求是"就是认真追求、研究事物的发展规律，找出事物的内部联系，作为我们工作的向导。毛泽东指出：学习马克思主义要"有的放矢"，"的"就是中国革命，"矢"就是马克思列宁主义。中国共产党人之所以要找"矢"，就是为了要射中国革命这个"的"。这种态度就是"实事求是"的态度。"这种态度，有实事求是之意，无哗众取宠之心。这种态度，就是党性的表现，就是理论和实际统一的马克思列宁主义的作风。"①因此，从延安整风起，实事求是成为中国共产党的思想路线。1978 年，邓小平在《解放思想，实事求是，团结一致向前看》中指出：一个党，一个国家，一个民族，如果一切从本本出发，思想僵化，迷信盛行，那它就不能前进，它的生机就停止了，就要亡党亡国。只有解放思想，坚持实事求是，一切从实际出发，理论联系实际，我们的社会主义现代化建设才能顺利进行，我们党的马列主义、毛泽东思想的理论也才能顺利发展。他强调：实事求是，一切从实际出发，理论联系实际，坚持实践是检验真理的标准，这就是我们党的思想路线。现在的《中国共产党章程》规定：坚持解放思想，实事求是，与时俱进，求真务实。党的思想路线是一切从实际出发，理论联系实际，实事求是，在实践中检验真理和发展真理。全党必须坚持这条思想路线，积极探索，大胆试验，开拓创新，创造性地开展工作，不断研究新情况，总结新经验，解决新问题，在实践中丰富和发展马克思主义，推进马克思主义中国化。

"德才兼备"原为"才德兼备"。最早出自元代《娶小乔》第一折："江东有一故友，乃鲁子敬，此人才德兼备。""才德兼备"指一个人既有才干和能力，又具备优秀的道德品质。中国古代高度重视"才德兼备"问题。周朝推翻商朝统治后，通过总结商朝灭亡的教训，在《尚书》中强调"皇天无亲，惟德是辅"，意思是苍天公正无私，总是帮助品德高尚的人。春秋战国时期，孔子言："为政以德，譬如北辰，居其所而众星拱之。"（《论语·为政》）古代经典《大学》指出："大学之道，在明明德，在亲民，在止于至善。"（《大学》）唐朝魏征建议："今欲求人，必须审防其行，若知其善，然后

① 《毛泽东选集》第 3 卷，人民出版社 1991 年版，第 801 页。

用之。”(《贞观政要·论择官》)清朝康熙皇帝指出,国家用人,当以德器为本,才艺为末。才德难以兼备时,以立品为主,学问次之。强调的就是德才兼备、以德为先的道理。诸葛亮在《出师表》中写道:“亲贤臣,远小人,此先汉所以兴隆也;亲小人,远贤臣,此后汉所以倾颓也。”毛泽东赋予“才德兼备”以崭新的时代内涵:“中国共产党是在一个几万万人的大民族中领导伟大革命斗争的党,没有多数才德兼备的领导干部,是不能完成其历史任务的……”[①]后来,中国共产党将“才德兼备”改为“德才兼备”,更加强调德的重要性。改革开放和现代化建设初期,需要大批能够打开新局面的干部。为此,邓小平多次强调,提拔干部、使用干部,要坚持德才兼备,不能重德轻才,也不能重才轻德。中共十七大提出:“坚持正确用人导向,按照德才兼备、注重实绩、群众公认原则选拔干部,提高选人用人公信度。”[②]习近平指出,对干部德的考察,要坚持把个人述职、民主测评、个别谈话、民意调查、实绩分析和年度考核、巡视监督、关键时刻考验等多方面多渠道的考察有机地结合起来,全面、历史、辩证地评价干部的德。考察干部的才,要注重考察推动科学发展、促进社会和谐的能力,防止简单地把经济总量、发展速度等作为评价干部政绩的主要依据。《中国共产党章程》明确规定:“党的干部是党的事业的骨干,是人民的公仆。党按照德才兼备、以德为先的原则选拔干部,坚持五湖四海、任人唯贤,反对任人唯亲,努力实现干部队伍的革命化、年轻化、知识化、专业化。”[③]

(二)毛泽东悉心研究中华优秀传统文化,达到炉火纯青、出神入化的境界,娴熟地运用于指挥中国革命战争

毛泽东出身农家,毕业于湖南第一师范学校,曾任该校附属小学主事(校长),除了辛亥革命后在湖南新军当过半年士兵以外,没有任何军事经验可言。大革命失败后,中国革命将毛泽东推上了领导革命战争的指挥台上。他悉心钻研,精心谋划,及时总结经验与教训,将马克思主义军事学说、中华优秀传统文化和中国革命战争实践熔于一炉,形成毛泽东军事思想,指挥革命战争达到炉火纯青、出神入化的程度。

毛泽东熟读《二十四史》和中国古籍,熟悉中国古代的几乎所有著名战役,从中汲取了丰富的历史营养,灵活运用于中国革命战争实践。红军长征到达陕北后,毛

① 中共中央文献研究室编:《建国以来重要文献选编》第4册,中央文献出版社1993年版,第532页。

② 《中国共产党第十七次全国代表大会文件汇编》,人民出版社2007年版,第51页。

③ 《中国共产党章程》,人民出版社2012年版,第23页。

泽东精心研究《孙子兵法》和古今中外的军事名著，撰写了《中国革命战争的战略问题》《抗日游击战争的战略问题》《论持久战》等著作。他在《中国革命战争的战略问题》中，结合中国革命战争的经验与教训，系统地评述了中国古代大量著名战例，用以教育红军大学和中国人民抗日军事政治大学的学员。中国古代军事思想家孙子曰："兵者，诡道也。故能而示之不能，用而示之不用，近而示之远，远而示之近。利而诱之，乱而取之，实而备之，强而避之，怒而挠之，卑而骄之，佚而劳之，亲而离之。攻其无备，出其不意。此兵家之胜，不可先传也。"（《孙子兵法·始计篇》）其大意是：指挥战争要通过谋略克敌制胜。因而，"能"要显示"不能"，"用兵"要让对方看成"不用兵"，"近"要让对方看成"远"，"远"要让对方看成"近"。对方若贪图小利，就以利益去诱惑它；对方若混乱，就去袭击它；对方若力量充实，就要防备它；对方若兵强马壮，就避开它；对方若气势汹汹，就要使其士气衰落；对方若谨小慎微，就要使之骄傲起来；对方若休整充分，就要使其疲惫不堪；对方若亲密无间，就要离间它。要攻击对方没有防备的地方，要在对方意料不到之时发起突然进攻。从中不难看出，毛泽东与战友们总结的游击战争十六字诀"敌进我退，敌驻我扰，敌疲我打，敌退我追"[①]与《孙子兵法》之间的历史传承关系。中国古代著作《智囊》论述唐太宗用兵之道："唐太宗尝言：'自少经略四方，颇知用兵之要。每观敌阵，则知其强弱，常以吾弱当其强，强当其弱。彼乘吾弱，奔逐不过数百步；吾乘其弱，必出其阵后反而击之，无不溃败。'盖用孙子之术也。"（《智囊·兵智部·孙膑》）毛泽东读后，结合指挥战役战斗的实践经验进行批注：所谓以弱当强，就是以少数兵力佯攻敌诸路大军。所谓以强当弱，就是集中绝对优势兵力，以五六倍于敌一路之兵力，四面包围，聚而歼之。由此可以看到，毛泽东在中国人民解放战争时期制定的"十大军事原则"中的"集中优势兵力，各个歼灭敌人"，与总结、汲取唐太宗李世民的用兵之道，具有一定的历史联系。毛泽东还在一些中国古代著名战例上批注"攻魏救赵，因败魏军，千古高手""胡柳陂正面突破不成，乃从东向南打大迂回，乘虚而入，卒以成功""契丹善用诱敌深入战，让敌人多占地方，然后待机灭敌"等。可以看到，毛泽东为人民军队制定的"诱敌深入"等战略战术，与中华优秀传统文化具有内在的逻辑联系，并且在指挥革命战争实践中进行了丰富和发展。

毛泽东精心阅读、深入研究中国古代战例，心得体会与批注很多。例如"先退后进""中间突破""有强大的战斗后备队"等等。中国人民解放战争时期，毛泽东部署渡江战役，就采用了"集中绝对优势兵力，以五六倍于敌一路之兵力，四面包围，

① 《毛泽东选集》第1卷，人民出版社1991年版，第204页。

聚而歼之”“有强大的战斗后备队”等战法。面对国民党军队集中兵力在长江沿线的严密防守，毛泽东和中央军委调集中国人民解放军第二野战军、第三野战军的全部兵力，同时以第四野战军为战略预备队，以狮子搏兔、杀鸡也要用牛刀、志在必得的决心，发起渡江战役，一举摧毁国民党军队的长江防线，乘势夺取国民党政府首都南京、解放亚洲第一大工商业城市上海，并以摧枯拉朽之势，横扫江南广大地区。

解放西南是中国大陆的最后一役，毛泽东创造性地运用和发展中华优秀传统文化“攻其无备，出其不意”战法以及大迂回、大包抄、大包围战略战术，创造了革命战争的经典战例。当时，毛泽东和中央军委首先命令贺龙率领中国人民解放军第十八兵团从陕西沿着秦岭方向南下，进军西南西部，吸引国民党军队猥集在西南地区的最后一个战略集团集中兵力防守秦岭方向。然后，命令渡江战役后集结在南京地区的第二野战军乘火车北上，经徐州到郑州时，让刘伯承司令员、邓小平政治委员会见媒体记者，并公开报道。给蒋介石以第二野战军沿陇海铁路西进，将跟随贺龙率领的第十八兵团后面，从陕西秦岭方向南下进军西南的战略意图。这就是古代兵法上的“示形于西”。实际上，当刘伯承、邓小平和第二野战军在郑州公开露面后，毛泽东和中央军委就密令第二野战军严密封锁一切消息，秘密乘火车从郑州南下，经过武汉，直达湖南，从大西南东部，“出其不意，攻其不备”，向国民党军队发起突然袭击。于是，大西南东部是第二野战军，西部是贺龙率领的第十八兵团，两路解放大军对西南地区的国民党军队最后一个战略集团，形成强有力的“钳形攻势”，造成其插翅难逃的局势。此时此刻，中国人民解放军采用“攻城为下，攻心为上”的策略。对国民党军队，一方面进行军事打击，一方面政治争取。刘伯承、邓小平向西南国民党军政人员提出四项忠告，号召他们停止抵抗，投向光明，改过自新，立功赎罪。云南、西康（当时的一个省）、四川等地的国民党军政负责人卢汉、刘文辉、邓锡侯、潘文华等，分别宣布率部起义。中国人民解放军不战而下成都。国民党军队最后一个战略集团被彻底歼灭。西南战役大获全胜。起初，在西南战役中分别率部起义、投诚或者放下武器的原国民党军队的大批军官惶惶不安，担心共产党“清算”其历史罪恶。为此，贺龙司令员专门讲到，革命不分先后，我自己原来就是旧军人出身，后来才跟着共产党走上了革命道路。刘伯承司令员专门强调：“我们接收了大量的旧公务人员、起义军人、投诚和俘虏人员。他们是后至者，他们要由消极因素转变为积极因素。我们要管饭、要改造，要录用，要整编。毛主席说：‘禹王治诸侯，后至者诛。这个政策是错的。’后至者诛，谁还敢回到中国大家庭一起为人民大众做好事呢？今天我们只要于人民事业有利，只要进步，只要愿意改造，为大众服务，就可以一齐来干。”[①]刘伯承阐发的毛泽东运用中华传统文化说明“革命不分先后”的重要指示，有力地安抚、团结、教育了原国民党军政人员，使西南地区对原国民党军政人员的改造和整编工作得以顺利进行。

（三）毛泽东精心研究中华优秀传统文化，厚积薄发，运用于治党治国治军的具体实践

毛泽东认为，读书的目的全在于应用。他反对读死书，主张读活书，提倡读书思考与社会实践相结合，将书本知识运用于实际工作。中华优秀传统文化对毛泽东治党治国治军有深刻的影响。他经常结合领导工作，有时向高级干部阐发历史典故，启发大家的思维；有时向高级干部讲述历史故事，达到古为今用的效果；有时要求高级干部阅读古典名著，引导高级干部文武兼备。

中国古代典籍《道德经》是古代道家哲学思想的重要来源。《道德经》以哲学上的“道德”为主题，论述修身、治国、用兵、养生之道，立论严谨，环环相扣，微言大义，要言不烦，寓意深刻，影响深远，被称为中国古代“内圣外王”之学，具有朴素辩证法思想。中国古代的唐玄宗、宋徽宗、明太祖、清世祖等，都曾经认真阅读，精心批注，予以推广。古往今来，阐发释义者甚多。毛泽东对《道德经》非常熟悉，随手拈来，妙语连珠，皆成真谛。1949 年 3 月 13 日，毛泽东在中共七届二中全会上讲到党委会的工作方法时，要求各级党委成员，要“互通情报，这对于取得共同语言是很重要的”。讲到这里，毛泽东引用《道德经》中老子的话来说明问题：“有些人不是这样做，而是像老子所说的‘鸡犬之声相闻，老死不相往来’，结果彼此之间就缺乏共同的语言。”[②]毛泽东以此要求各级党委成员，要经常“互通情报”，谈心、交心，“取得共同语言”。1949 年 8 月 18 日，中华人民共和国成立前夕，美国驻南京原国民党政府的大使司徒雷登悄然离去，返回美国。毛泽东专门为新华社撰写《别了，司徒雷登》的评论，豪情满怀地指出：“多少一点困难怕什么。封锁吧，封锁十年八年，中国的一切问题都解决了。中国人死都不怕，还怕困难吗？老子说过：‘民不畏死，奈何以死惧之。’”[③]其中，毛泽东引用老子的话，就出自《道德经》。1957 年 2 月 27 日最高国务会议上，毛泽东在《关于正确处理人民内部矛盾的问题》中谈道：“在一定的条件下，坏的东西可以引出好的结果，好的东西也可以引出坏的结果。老子在两千

---

① 程蕊编著：《刘伯承传》，当代中国出版社 2001 年版，第 203 页。

② 《毛泽东选集》第 4 卷，人民出版社 1991 年版，第 1441 页。

③ 《毛泽东选集》第 4 卷，人民出版社 1991 年版，第 1496 页。

多年以前就说过：‘祸兮福所倚，福兮祸所伏。’”[①]毛泽东运用老子的朴素辩证法思想来说明事物对立统一和矛盾转化问题。

第二个问题：中国共产党汲取中华优秀传统文化的历史智慧，提出建设中华民族的“小康社会”

20世纪70年代末期，从中共十一届三中全会开始，中国实行改革开放。改革开放的基本目标是什么？中国改革开放的总设计师邓小平，非常熟悉中华优秀传统文化，善于从中汲取政治智慧和历史智慧，从中国古代经典著作《礼记》论述的“小康”中得到了启发。

从中华优秀传统文化中传承中华民族对小康的期盼。中国古代的西周时期，《诗经》的《大雅·民劳》中就有“民亦劳止，汔可小康”。中华民族的先人认为，“小康”意味着安定、富足的生活状态。中国古代思想体系中的儒家，认为小康就是比“天下大同”思想较低级的一种社会形态。《礼记·礼运》：“今大道既隐，天下为家。各亲其亲，各子其子，货力为己。大人世及（贵族世袭）以为礼，城郭沟池以为固。礼义以为纪，以正君臣，以笃父子，以睦兄弟，以和夫妇，以设制度，以立（设置）田里……是谓小康。”这里描绘的是中国远古时期夏禹、商汤、周文王、周武王、周成王、周公治理下的盛世形态。宋朝洪迈《夷坚志》卷一曾有“（刘）痒……久困于穷，冀以小康”的记载。《明太宗实录》卷二十三记载明成祖朱棣说：“如得斯民小康，朕之愿也。”中国古人认为，小康就是经济宽裕，生活富足。由此可见，中国共产党提出的“奔小康”“建设小康”“全面建设小康社会”“全面建成小康社会”“决胜全面建成小康社会”，其源头来自中华优秀传统文化。

改革开放初期，1979年3月邓小平提出“中国式的现代化”新概念。他说：“我同外国人谈话，用了一个新名词：中国式的现代化。到本世纪末，我们大概只能达到发达国家70年代的水平……”1979年12月，日本首相大平正芳首相访问中国。这是中日邦交正常化后第一位访华的日本首相。此时，中国已经粉碎“四人帮”，实现以经济建设为中心的历史性转变，实事求是深入人心，改革开放成为共识。中国大地，举国上下，政通人和，气象万千。12月6日，邓小平会见大平正芳首相。对其访华表示热烈欢迎。邓小平说：“大平首相一行这次来中国访问不仅能够发展中日两国友好合作关系，而且对国际形势将产生重大的积极影响。再过20多天，我

① 毛泽东：《关于正确处理人民内部矛盾的问题》，人民出版社1964年版，第34页。

们就进入 80 年代，我希望首相阁下这次访华的成果至少要管上 80 年代。”[①]大平正芳说：“日中两国领导人推心置腹地交换意见是很有意义的。日本政府和国民对我们一行这次访华寄予很大的期望。我渴望通过双方富有成果的会谈能进一步加深和扩大日中友好合作关系。”[②]然后，邓小平与大平正芳进行会谈，就广泛问题交换看法。在会谈中，邓小平第一次提出著名的“小康”目标。大平正芳问：“中国根据自己独立的立场提出了宏伟的现代化规划，将来会是什么样的情况，整个现代化的蓝图是如何构思的？”[③]邓小平略加思索，回答说：“我们要实现的四个现代化，是中国式的四个现代化。我们的四个现代化的概念，不是像你们那样的现代化的概念，而是‘小康之家’。到本世纪末，中国的四个现代化即使达到了某种目标，我们的国民生产总值人均水平也还是很低的。要达到第三世界中比较富裕一点的国家的水平，比如国民生产总值人均一千美元，也还得付出很大的努力。就算达到那样的水平，同西方来比，也还是落后的。所以，我只能说，中国到那时也还是一个小康的状态。当然，比现在毕竟要好得多了。到了那个时候，我们有可能对第三世界的贫穷国家提供更多一点的帮助。那个时候，中国国内市场比较大了，相应地，与国外的经济交往，包括发展贸易，前景就更加宽广了。”[④]邓小平向大平正芳强调：“有人担心，如果中国那时候稍微富一点了，会不会在国际的竞争中起很大的作用？既然中国只是一个小康的国家，就不会发生这样的问题。坦率地说，现在我们的对外贸易总额还不如台湾多。我们发展到台湾现在的国民生产总值人均水平，也不会对国际市场产生什么威胁，因为自己的需要多了。”[⑤]后来，邓小平将小康概括为“不穷不富，日子比较好过”，即从解决温饱阶段到实现现代化的中间发展阶段。1987 年，邓小平完整提出“三步走”发展战略：到 20 世纪 80 年代末，人均国民生产总值达到 500 美元，20 世纪末达到 1000 美元，21 世纪中叶达到中等发达国家水平。

在中国共产党第十六次全国代表大会上，江泽民系统地论述了“全面建设小康

---

① 转引自盖军主编：《改革开放十四年纪事·十一届三中全会到十四大》，中共中央党校出版社 1994 年版，第 79 页。

② 转引自盖军主编：《改革开放十四年纪事·十一届三中全会到十四大》，中共中央党校出版社 1994 年版，第 79 页。

③ 转引自盖军主编：《改革开放十四年纪事·十一届三中全会到十四大》，中共中央党校出版社 1994 年版，第 79 页。

④ 转引自盖军主编：《改革开放十四年纪事·十一届三中全会到十四大》，中共中央党校出版社 1994 年版，第 79 页。

⑤ 转引自盖军主编：《改革开放十四年纪事·十一届三中全会到十四大》，中共中央党校出版社 1994 年版，第 79 页。

社会,开创中国特色社会主义事业新局面”。他指出:“综观全局,二十一世纪头二十年,对我国来说,是一个必须紧紧抓住并且可以大有作为的重要战略机遇期。根据十五大提出的到二〇一〇年、建党一百年和新中国成立一百年的发展目标,我们要在本世纪头二十年,集中力量,全面建设惠及十几亿人口的更高水平的小康社会,使经济更加发展、民主更加健全、科教更加进步、文化更加繁荣、社会更加和谐、人民生活更加殷实。这是实现现代化建设第三步战略目标必经的承上启下的发展阶段,也是完善社会主义市场经济体制和扩大对外开放的关键阶段。经过这个阶段的建设,再继续奋斗几十年,到本世纪中叶基本实现现代化,把我国建成富强民主文明的社会主义国家。”①中国共产党提出全面建设小康社会的目标,是中国特色社会主义经济、政治、文化全面发展的目标,是与加快推进现代化相统一的目标,符合中国国情和现代化建设的实际,符合人民的愿望,意义十分重大。实现全面建设小康社会目标,祖国将更加繁荣富强,人民生活将更加幸福美好,中国特色社会主义将进一步显示巨大的优越性。

在中国共产党第十七次全国代表大会上,胡锦涛代表中国共产党第十六届中央委员会作《高举中国特色社会主义伟大旗帜,为夺取全面建设小康社会新胜利而奋斗》的报告。论述实现全面建设小康社会奋斗目标的新要求:“我们必须适应国内外形势的新变化,顺应各族人民过上更好生活的新期待,把握经济社会发展趋势和规律,坚持中国特色社会主义经济建设、政治建设、文化建设、社会建设的基本目标和基本政策构成的基本纲领,在十六大确立的全面建设小康社会目标的基础上对我国发展提出新的更高要求。”②这就是:增强发展协调性,努力实现经济又好又快发展;扩大社会主义民主,更好保障人民权益和社会公平正义;加强文化建设,明显提高全民族文明素质;加快发展社会事业,全面改善人民生活;建设生态文明,基本形成节约能源资源和保护生态环境的产业结构、增长方式、消费模式;循环经济形成较大规模,可再生能源比重显著上升。③

---

① 江泽民:《全面建设小康社会 开创中国特色社会主义事业新局面——在中国共产党第十六次全国代表大会上的报告》,人民出版社 2002 年版,第 19 页。

② 胡锦涛:《高举中国特色社会主义伟大旗帜 为夺取全面建设小康社会新胜利而奋斗——在中国共产党第十七次全国代表大会上的报告》,人民出版社 2007 年版,第 19 页。

③ 参见胡锦涛:《高举中国特色社会主义伟大旗帜 为夺取全面建设小康社会新胜利而奋斗——在中国共产党第十七次全国代表大会上的报告》,人民出版社 2007 年版,第 19~20 页。

第三个问题：中国共产党“推动中华优秀传统文化创造性转化、创新性发展”，为实现中华民族伟大复兴提供强大精神力量

中国共产党高度重视中华优秀传统文化，在中国革命、建设和改革中，一贯继承、弘扬、提升中华优秀传统文化。中共十八大以来，习近平大力传承中华优秀传统文化，赋予中华优秀传统文化崭新时代内涵，运用中华优秀传统文化治国理政，阐发中华优秀传统文化应对国内外重大挑战，将中华优秀传统文化提升到崭新阶段，有力地凝聚了民族精神，得到全世界中华儿女高度认同，将中华优秀传统文化转化为实现中华民族伟大复兴、构建“人类命运共同体”的强大精神力量。

（一）将中华优秀传统文化提升为“中华民族的基因”“民族文化血脉”和“中华民族的精神命脉”，有力地增强了民族自信心

一个人有自己的基因，一个家族有自己家族的基因，一个民族，尤其是一个既有古老历史文明又充满朝气蓬勃青春活力的民族更有自己的基因。中华民族的基因在哪里？中华民族长盛不衰的基因是什么？习近平认为“中华优秀传统文化已经成为中华民族的基因”①。21世纪的世界，科学技术日新月异，人类进步一日千里，各种思潮汹涌澎湃，各种学说潮起潮落。此时此刻，人们更需要自己的精神寄托和共同的精神家园。回望中华民族的精神世界、回溯中华民族的精神源泉，中华优秀传统文化贯通古今，长达5000年以上，源远流长，绵延不绝，长盛不衰，一直是中华民族最基本、最根本、最具本质性的世界观、人生观、价值观的源头所在。中华文化强调“民惟邦本”，“天人合一”，“和而不同”；“天行健，君子以自强不息”，“大道之行也，天下为公”；“天下兴亡，匹夫有责”，以德治国、以文化人；“君子喻于义”，“君子坦荡荡”，“君子义以为质”；“言必信，行必果”，“人而无信，不知其可也”；“德不孤，必有邻”，“仁者爱人”，“与人为善”，“己所不欲，勿施于人”，“出入相友，守望相助”，“老吾老以及人之老，幼吾幼以及人之幼”，“扶贫济困”，“不患寡而患不均”等。习近平认为：“像这样的思想和理念，不论过去还是现在，都有其鲜明的民族特色，都有其永不褪色的时代价值。这些思想和理念，既随着时间推移和时代变迁而不断与时俱进，又有其自身的连续性和稳定性。我们生而为中国人，最根本的是我们有中国人的独特精神世界，有百姓日用而不觉的价值观。我们提倡的社会主义

① 习近平：《青年要自觉践行社会主义核心价值观——在北京大学师生座谈会上的讲话》，人民出版社2014年版，第7页。

核心价值观，就充分体现了对中华优秀传统文化的传承和升华。”[①]因此，习近平站在21世纪的时代高度，从实现中华民族伟大复兴出发，高屋建瓴，气贯长虹，深刻总结中华优秀传统文化对中华民族发展的内在关系与生命力、影响力、凝聚力和创造力，对中华优秀传统文化作出新的判断、新的概括和新的定义，赋予崭新的时代内涵：“中华文明绵延数千年，有其独特的价值体系。中华优秀传统文化已经成为中华民族的基因，植根在中国人内心，潜移默化影响着中国人的思想方式和行为方式。”[②]而且，习近平认为，中国共产党提倡和弘扬的社会主义核心价值观，只有从中华优秀传统文化中汲取丰富营养，才会有强大的生命力和影响力。这样，就把古老的中华优秀传统文化与当代的社会主义核心价值观一下子打通了、联通了、畅通了，将它们贯通在一起、联结在一起、融合在一起，使中华民族的历史基因得以世代传承，永续其民族精髓，永葆其青春活力，永远展示其时代魅力。

中国古人认为，血脉就是人体内流通血液的脉络。秦代《吕氏春秋》写道：“血脉欲其通也，筋骨欲其固也。”汉代《后汉书》强调：“血脉流通，病不得生。”在中华民族发展过程中，从古老的《竹书纪年》《尚书》《论语》《道德经》到二十四史，从孔子、孟子、老子、孙子、墨子、韩非子到文学、史学、哲学、经学、医学等，从“盘古开天地”“女娲造人”到“神农尝百草”“仓颉造字”，从精卫填海、炼石补天、后羿射日到嫦娥奔月、愚公移山、天人合一，都属于中华文化的范畴。在人类文明史上的古代中国、古代印度、古代埃及、古代巴比伦、古代两河流域（幼发拉底河和底格里斯河）、古代希腊等文明古国中，有的衰弱了，有的落后了，有的断代了，有的消亡了，唯有中华民族一直延续着、创造着5000多年以上有文字记载的连绵不断的文明历史，一直延续着、创造着博大精深的中华文化，为人类文明与进步作出了不可磨灭的贡献。而且，中华文化把56个民族、13亿多人紧密地团结在一起，紧紧地凝聚在一起，血肉相连，生死相依，密不可分，共存共荣，共同发展。中华文化凝聚着中华民族共同经历的奋斗历程，蕴含着中华民族共同培育的民族精神，贯穿着中华民族共同坚守的理想信念，是中华民族共同创造的精神家园。中国能够作为一个历史悠久的多民族的文明古国持久发展，具有强大凝聚力和包容性的中华文化功不可没。习近平在纪念孔子诞辰国际学术研讨会暨国际儒学联合会上强调，不忘历史才能开辟

① 习近平：《青年要自觉践行社会主义核心价值观——在北京大学师生座谈会上的讲话》，人民出版社2014年版，第7～8页。

② 习近平：《青年要自觉践行社会主义核心价值观——在北京大学师生座谈会上的讲话》，人民出版社2014年版，第7页。

未来，善于继承才能善于创新。[①] 只有坚持从历史走向未来，从延续民族文化血脉中开拓前进，我们才能做好今天的事业。推进人类各种文明交流交融、互学互鉴，是让世界变得更加美丽、各国人民生活得更加美好的必由之路。在古代历史上，中华文化作为“民族文化血脉”“海纳百川，有容乃大”，凝集人心，形成了中华民族多民族国家。在近代历史上，当日本帝国主义侵略中国、中华民族面临亡国灭种时，“民族文化血脉”凝集起整个中华民族的力量，不同党派、不同信仰、不同阶级、不同阶层，万众一心，“冒着敌人的炮火前进”，“用我们血肉筑成我们新的长城”；国民党与共产党捐弃前嫌，毅然决然结束“十年内战”，结成最广泛的抗日民族统一战线，赢得了中华民族抗日战争伟大胜利。现在，无论是中国大陆、香港、澳门和台湾地区，还是全世界的华人华侨，都充分认同中华文化这一“民族文化血脉”。而且，中国台湾地区甚至是中华传统文化和中华古代文明显著彰显的地区之一。孔子及其学说，不仅得到海峡两岸中国大陆和台湾地区的充分认同，而且还得到全世界华人华侨华裔的充分认同；不仅得到世界上最发达国家美国的充分认同（纽约矗立着孔子铜像），而且还得到联合国的充分认同。完全有理由认为，中华文化的“民族文化血脉”作用，不仅在中华民族的形成、发展中发挥着重要作用，而且还将在实现祖国统一中发挥更大的作用。

中华文化是中华民族在社会实践过程中所获得的物质、精神的生产能力和创造的物质财富与精神财富的总和。习近平指出：“优秀传统文化是一个国家、一个民族传承和发展的根本，如果丢掉了，就割断了精神命脉。”[②]“天行健，君子以自强不息；地势坤，君子以厚德载物”“大学之道，在明明德，在亲民，在止于至善”“富贵不能淫，贫贱不能移，威武不能屈”“在齐太史简，在晋董狐笔；在秦张良椎，在汉苏武节”等等，就是中华民族“精神命脉”的具体体现。有了这种“精神命脉”的传承与涵养，在民族危机到来时，就可以同仇敌忾，共赴国难，铁骨铮铮，视死如归，奏响气壮山河的英雄凯歌；就能够“杀身成仁”，“挽狂澜于既倒，扶大厦之将倾”。在长达14年的中华民族抗日战争中，杨靖宇、赵尚志、左权、佟麟阁、赵登禹、张自忠、戴安澜等一批抗日将领，八路军“狼牙山五壮士”、新四军“刘老庄连”、东北抗日联军“八女投江”女战士、坚守上海四行仓库“八百壮士”等众多英雄群体，就是中国人民不

① 参见习近平：《在纪念孔子诞辰2565周年国际学术研讨会暨国际儒学联合会第五届会员大会开幕会上的讲话》，人民出版社2014年版，第11页。

② 习近平：《在纪念孔子诞辰2565周年国际学术研讨会暨国际儒学联合会第五届会员大会开幕会上的讲话》，人民出版社2014年版，第11页。

畏强暴、以身殉国的杰出代表。“生当作人杰，死亦为鬼雄。”“人生自古谁无死，留取丹心照汗青。”有了这种“精神命脉”的发扬光大，中国改革开放后，就能够“面向现代化，面向世界，面向未来”，以中华民族“兼收并蓄”的包容精神，大踏步赶上世界发展潮流，“会当凌绝顶，一览众山小”。习近平认为：“中华优秀传统文化是中华民族的精神命脉，是涵养社会主义核心价值观的重要源泉，也是我们在世界文化激荡中站稳脚跟的坚实根基。”[①]中共十八大以来，中共中央将中华优秀传统文化确定为“革命文化”“社会主义先进文化”，使中华文化贯通古今，既承载历史、承接历史、传承历史，又联接现实、服务现实、指导现实。当前“我们正在进行具有许多新的历史特点的伟大斗争”[②]，可以从中华优秀传统文化中发掘历史智慧、汲取政治智慧，通过延续、发展中华民族的精神命脉，作为涵养社会主义核心价值观的重要源泉。习近平强调：“中华优秀传统文化是中华民族的突出优势，是我们最深厚的文化软实力。”[③]他要求高度重视中华优秀传统文化的传承：“古诗文经典已融入中华民族的血脉，成了我们的基因。我们现在一说话就蹦出来的那些东西，都是小时候记下的。语文课应该学古诗文经典，把中华民族优秀传统文化不断传承下去。”[④]为了实现中华民族的伟大复兴，习近平强调：“要使中华民族最基本的文化基因与当代文化相适应、与现代社会相协调”[⑤]，“要加强对中华优秀传统文化的挖掘和阐发，努力实现中华传统美德的创造性转化、创新性发展”[⑥]。要“把跨越时空、超越国度、富有永恒魅力、具有当代价值的文化精神弘扬起来，把继承优秀传统文化又弘扬时代精神、立足本国又面向世界的当代中国文化创新成果传播出去”[⑦]。

(二)运用中华优秀传统文化阐述问题，启迪思维，贯通古今，为治国理政、实现中华民族伟大复兴注入强大精神力量

习近平强调：“我们要坚持道路自信、理论自信、制度自信，最根本的还有一

---

① 习近平：《在文艺工作座谈会上的讲话》，人民出版社 2015 年版，第 25 页。

② 中共中央文献研究室编：《十八大以来重要文献选编》(上)，中央文献出版社 2014 年版，第 701 页。

③ 《习近平谈治国理政》，外文出版社 2014 年版，第 155 页。

④ 殷晓云：《高校经典诵读现状与对策研究》，《绍兴文理学院学报》2016 年第 3 期。

⑤ 习近平：《建设社会主义文化强国 着力提高国家文化软实力》，《人民日报》2014 年1 月1 日。

⑥ 习近平：《完善和发展中国特色社会主义制度 推进国家治理体系和治理能力现代化》，《人民日报》2014 年 2 月 18 日。

⑦ 习近平：《完善和发展中国特色社会主义制度 推进国家治理体系和治理能力现代化》，《人民日报》2014 年 2 月 18 日。

个文化自信……文化自信，是更基础、更广泛、更深厚的自信。”①从中华优秀传统文化中汲取历史智慧和政治智慧，运用中华优秀传统文化说明问题，解疑释惑，阐述理念，推动发展，使人们从中得到启发和启迪，是习近平治国理政的一个突出特点。

“民亦劳止，汔可小康”是中华民族的祖先很早就向往的一种较为宽裕、较为理想、较为幸福的生活状态。2015 年 9 月，习近平在美国西雅图演讲时说：“上世纪 60 年代末，我才十几岁，就从北京到中国陕西延安市一个叫梁家河的小村子，我到那儿去当了农民，在那里度过了 7 年的时光。我很期盼的一件事是什么呢，就是让乡亲们饱餐一顿肉，并且今后能够经常吃肉。但是这个心愿在当时是难以实现的。”②改革开放初期，邓小平赋予“小康”新的科学内涵和时代内容：“翻两番，国民生产总值人均达到八百美元，就是到本世纪末在中国建立一个小康社会。这个小康社会，叫做中国式的现代化。”③从此，小康社会作为经济发展、政治民主、文化繁荣、社会和谐、环境优美、生活殷实、人民安居乐业和综合国力强盛的经济、政治、文化、社会、生态等全面协调发展的社会，成为中华民族走向伟大复兴的社会发展阶段。中共十八大提出“全面建成小康社会”。2013 年 3 月，习近平向国际社会宣布，中国未来的目标是到 2020 年全面建成惠及十几亿人口的小康社会。从古人向往“小康”到邓小平提出“奔小康”，从“全面建设小康”到“全面建成小康社会”，习近平既继承前人，又不断创新，引领着“全面建成小康社会”发展方向。他说：“让几千万农村贫困人口生活好起来，是我心中的牵挂。”④他提出“精准扶贫”，把“小康不小康，关键看老乡”作为“全面建成小康社会”的硬指标，使愈来愈多处于经济文化落后状态的弱势群体过上了衣食无忧的幸福生活。有的农民说得好：“现在真正感受到，作为一个中国农民真好。”“全面建成小康社会”上联中华优秀传统文化，下接中国特色社会主义，既是对中华文明的有力传承，又是对科学社会主义的创新发展。中华文化认为“得民心者得天下”。“全面建成小康社会”顺天理，接地气，得人心，促发展，密切了党群关系、干群关系，理顺了“扶贫”思路，提升了党的民望，凝聚

---

① 转引自沈仕海等：《文化强国建设的中国逻辑》，人民出版社 2017 年版，第 12 页。

② 转引自“本书编写组”编：《不忘初心　继续前进》，人民出版社、学习出版社 2017 年版，第 14 页。

③ 中共中央文献研究室编：《邓小平思想年编：1975～1997》，中央文献出版社 2011 年版，第 494 页。

④ 《国家主席习近平发表二〇一六年新年贺词》，2015 年 12 月 31 日，http://www.xinhuanet.com/politics/2015-12/31/c_1117643074.htm。

了全民共识，是习近平为实现中华民族伟大复兴作出的重大贡献。

中共十一届三中全会以来，中国共产党运用马克思主义生产力与生产关系、经济基础与上层建筑关系的基本原理，以巨大的政治勇气和改革创新精神，全力以赴，锐意推进经济体制、政治体制、文化体制、社会体制、生态文明体制和党的建设制度改革，扩大对外开放，取得举世瞩目的辉煌成就。习近平曾引用《诗经》“周虽旧邦，其命维新”、《周易》“天行健，君子以自强不息”、商汤《盘铭》“苟日新，日日新，又日新”等中华优秀传统文化的改革创新理念，说明自强不息、与时俱进、勇于改革、敢于创新是中华民族的历史文化传统。他深入基层，调查研究，实地考察，“解剖麻雀”，集思广益，总结经验，主持召开中共十八届三中全会，通过《关于全面深化改革若干重大问题的决定》，确定经济体制改革是全面深化改革的重点，成立中央全面深化改革领导小组，负责深化改革总体设计、统筹协调、整体推进、督促落实；文化体制改革要围绕建设社会主义核心价值体系和社会主义文化强国，推动社会主义文化大发展大繁荣；加快推进社会事业改革创新，实现发展成果更多更公平惠及全体人民；通过生态文明体制改革，形成人与自然和谐发展新格局。全面深化改革总目标是完善和发展中国特色社会主义制度，推进国家治理体系和治理能力现代化。中共十八届三中全会提出，实践发展永无止境，解放思想永无止境，改革开放永无止境。全面建成小康社会，进而建成富强民主文明和谐的社会主义现代化国家、实现中华民族伟大复兴，必须在新的历史起点上全面深化改革，不断增强中国特色社会主义道路自信、理论自信、制度自信、文化自信。全面深化改革，必须凝聚全民族力量。中华优秀传统文化“天下兴亡，匹夫有责”“先天下之忧而忧，后天下之乐而乐”“位卑未敢忘忧国”“为天地立心，为生民立命，为往圣继绝学，为万世开太平”等理念，为全面深化改革提供了取之不尽、用之不竭的精神动力。

中国春秋战国时期，郑国子产“铸刑鼎”，魏国李悝变法，楚国吴起变法，秦国商鞅变法，体现了社会发展要求生产关系必须适应生产力、上层建筑必须适应经济基础，把法治提升到国家制度层面。习近平多次引用法家经典“国皆有法，而无使法必行之法”“法令既行，纪律自正，则无不治之国，无不化之民”，强调依法治国重要性。习近平强调：“依法治国是党领导人民治理国家的基本方略，法治是治国理政的基本方式，要更加注重发挥法治在国家治理和社会管理中的重要作用，全面推进依法治国，加快建设社会主义法治国家。”[①]他主持中共十八届三中全会提出，要推

① 习近平：《在首都各界纪念现行宪法公布施行30周年大会上的讲话》，人民出版社2012年版，第5页。

进法治中国建设。在纪念中华人民共和国现行宪法公布施行30周年大会上，习近平强调："党领导人民制定宪法和法律，党领导人民执行宪法和法律，党自身必须在宪法和法律范围内活动，真正做到党领导立法、保证执法、带头守法。"[①]这是中国共产党向全国全世界的庄严宣示。

习近平从中华优秀传统文化汲取历史智慧，全面从严治党，成效显著。他引用苏辙"去民之患，如除腹心之疾"，来说明全面从严治党、反腐倡廉是民心所向，刻不容缓。他引用《官箴》"当官之法，惟有三事，曰清、曰慎、曰勤"，来要求领导干部清白做人，谨慎克己，勤恳创业。他引用孔子"政者，正也。其身正，不令而行；其身不正，虽令不从"，来强调为政须自身端正。他提出，全面从严治党，要以上率下，从中央做起，"向中央看齐"。为此，制定"八项规定"，开展"群众路线教育实践活动"，进行"三严三实专题教育"，把"两学一做"落到实处，以点带面，推动全局。在反腐倡廉中，习近平指出：为了更好地推动这一工作，需要积极借鉴我国历史上反腐倡廉的宝贵遗产。研究我国反腐倡廉历史，了解我国古代廉政文化，考察我国历史上反腐倡廉的成败得失，可以给人以深刻启迪，有利于我们运用历史智慧推进反腐倡廉建设。他以"刮骨疗毒，壮士断腕"的决心，"老虎""苍蝇"一起打，坚决查处腐败分子。抓早抓小，有病就马上治，发现问题就及时处理，不搞养痈遗患。他紧紧抓住全面从严治党这个主题，深化反腐败体制机制改革，建立巡视制度和派驻制度，提高反腐败力度；通过《中华人民共和国刑法修正案》提高反腐败法治水平；健全反腐败制度建设，通过《中国共产党廉洁自律准则》《中国共产党纪律处分条例》；加强反腐败国际合作，提高国际追逃追赃力度。习近平说："锄一害而众苗成，刑一恶而万民悦。"[②]坚持有腐必惩、有贪必肃。全面从严治党，坚定不移地反对腐败，使我们占据了国际道义制高点。过去，美国等西方国家总想用反腐败问题来拿捏我们，不断在联合国、二十国集团、亚太经合组织等场合提出所谓"反腐败"问题。现在，我们在国际上一举转为战略主动。加强反腐败国际多边双边合作，启动"天网行动"，加大追逃追赃力度，将一批外逃多年的犯罪分子缉拿归案。我们主动提出一系列反腐败国际合作倡议，倡议构建国际反腐新秩序，特别是加大对美国等西方国家在反腐败合作方面的压力，要求他们不要成为腐败分子的"避罪天堂"。原来他们认

① 习近平：《在首都各界纪念现行宪法公布施行30周年大会上的讲话》，人民出版社2012年版，第5页。

② 习近平：《在第十八届中央纪律检查委员会第六次全体会议上的讲话》，人民出版社2016年版，第5页。

为那些犯罪嫌疑人是他们手中的牌，现在都成了手里的烫山芋。各方面对我们敢于向腐败亮剑是佩服的，我们的反腐行动赢得了国际社会尊重。民心是最大的政治，正义是最强的力量。正所谓“天下何以治？得民心而已！天下何以乱？失民心而已！”[①]社情民意是观察政治问题的晴雨表。反腐败增强了人民群众对党的信任和支持，人民群众给予高度评价。全面从严治党，党内政治生活得到更新，理想信念更加坚定，党性更加坚强，党自我净化、自我完善、自我革新、自我提高能力显著提高，执政基础和群众基础更加巩固。

（三）向世界阐发中华优秀传统文化，传播中国话语体系，发出“一带一路”倡议，“协和万邦”，构建“人类命运共同体”

中华优秀传统文化是中华民族对人类文明发展的重大贡献。习近平运用中华优秀传统文化应对国际问题、阐述中国独立自主的和平外交政策、提出构建“人类命运共同体”等，取得令人鼓舞的巨大成果。

“丝绸之路”是中国古代连接亚洲、非洲和欧洲的商贸路线，东方与西方经济、政治、文化交流的主要通道，形成以和平合作、开放包容、互学互鉴、互利共赢为特征的“丝绸之路”精神。习近平借用“丝绸之路”历史符号，2013 年在哈萨克斯坦提出共同建设“丝绸之路经济带”，又在印度尼西亚提出共同建设“21 世纪海上丝绸之路”，旨在唤起沿线国家历史记忆，继承和发扬“丝绸之路”精神，把中国发展同沿线国家发展结合起来。“一带一路”赋予古代“丝绸之路”以全新的时代内涵——以中国发展为契机，让更多国家搭上“中国发展快车”，帮助他们实现发展目标。习近平提出“一带一路”倡议后，“一石激起千层浪”，各国热烈响应。因为“一带一路”倡议顺应时代要求和各国发展愿望，具有深厚历史渊源和人文基础，彰显了中国作为负责任世界大国的责任意识和担当意识。通过“一带一路”倡议，中国展现出一个拥有深厚历史底蕴的大国应有的胸怀和心志，“以天下为己任”，大力弘扬中华文化优秀传统，积极承担国际责任和义务，在实现自身发展的同时为人类共同发展进步作出积极贡献。同时，“一带一路”既符合中国经济发展内生性要求，也有助于带动中国边疆民族地区发展。习近平提出“一带一路”倡议以来，已经有 100 多个国家和国际组织积极响应支持，40 多个国家和国际组织同中国签署合作协议，中国企业对沿线国家投资 500 多亿美元，一系列重大项目落地开花，带动了各国经济发展，创造了大量就业机会。“一带一路”倡议来自中国，成效惠及世界。

① 习近平：《在第十八届中央纪律检查委员会第六次全体会议上的讲话》，人民出版社 2016 年版，第 6 页。

中国古代经典《尚书》提出："曰若稽古，帝尧曰放勋，钦明文思安安。允恭克让，光被四表，格于上下。克明俊德，以亲九族。九族既睦，平章百姓。百姓昭明，协和万邦……"[①]其意是，古代传说，帝尧放勋，深思严谨，谦恭礼让，泽披四方，普照大地，明察俊才，亲密同族；同族和睦，民众团结，协调各国，友善和睦。深刻表达了古代中国光明正大、道德高尚、家族和睦、社会和谐、"协和万邦"（各国和谐）的理念。由此证明，"协和万邦"是中华优秀传统文化的历史基因与中华民族的行为方式。2015 年 11 月，习近平在新加坡指出："和平发展思想是中华文化的内在基因，讲信修睦、协和万邦是中国周边外交的基本内涵。"[②]习近平将"协和万邦"点石成金，赋予中国外交的时代内容，作为中华民族与各国和平共处的历史基因予以传播，收到巨大成效。它说明，从古代中国起，中华民族就有"能使九族敦睦，百姓显明，万邦和睦"的理念。中国从来就是一个爱好和平、讲求睦邻友好的国家。"穷则独善其身，达则兼善天下。"中国发展了，中国强大了，中国成为"世界第二大经济体"了，中国发展和强大给世界带来的是机遇而不是威胁，是和平而不是动荡，是进步而不是倒退。拿破仑说过："中国是一头沉睡的狮子，当这头睡狮醒来时，世界都会为之发抖。"现在，中国这头"狮子"已经醒了，但这是一只和平的、可亲的、文明的"狮子"。历史证明，中国这只醒来的"东方雄狮"不是一只凶猛的具有侵略性的"狮子"，而是一只自古以来就主张"协和万邦"的"狮子"。

在现代世界，随着人类发展与科技进步，特别是互联网蓬勃兴起，地球已成为"地球村"。列宁说："只有用人类创造的精神财富丰富自己的头脑，才能成为真正的共产主义者。"[③]邓小平指出："任何一个国家要发展，孤立起来，闭关自守是不可能的。"[④]"和平与发展是当代世界的主题。"[⑤]"现在的世界是开放的世界"，"中国的发展离不开世界"，世界的发展也离不开中国。当前，国际形势呈现世界多极化、经济全球化、文化多样化和社会信息化等前所未有的"新常态"。日益严重的环境保护问题、气候变化问题、资源短缺问题、网络犯罪问题、恐怖主义问题等等，对国际秩序和人类生存构成严峻挑战。人类只有一个地球，各国共处一个世界，"人类命运共同体"意识逐渐成为各国共识。中华文明历来崇尚"以和邦国"，"和而不同"，

---

① 李世峰编：《领导藏书》第 7 卷，延边人民出版社 2001 年版，第 111 页。

② 杜尚泽、俞懿春：《习近平在新加坡国立大学发表重要演讲》，《人民日报》2015 年 11 月 8 日。

③ 《列宁选集》第 4 卷，人民出版社 2012 年版，第 6 页。

④ 《邓小平文选》第 3 卷，人民出版社 1993 年版，第 117 页。

⑤ 《中国共产党第十三次全国代表大会文件汇编》，人民出版社 1987 年版，第 70 页。

“以和为贵”。《孙子兵法》虽然是著名军事著作,开头却讲“兵者,国之大事,死生之地,存亡之道,不可不察也。”其精髓是慎战、不战。几千年来,这些理念世代相传,已融入中华民族的血脉,化为中国人民的基因,铭刻在中国人民的心中,渗透在中国人民的血液中,成为人人耳熟能详的基本常识。习近平初任总书记时就指出,国际社会日益成为一个你中有我、我中有你的“命运共同体”,面对世界经济的复杂形势和全球性问题,任何国家都不可能独善其身。因此,要以“命运共同体”的新视角,寻求人类共同利益和共同价值的新内涵。2014 年 3 月,习近平在德国指出:“中华民族是爱好和平的民族。一个民族最深沉的精神追求,一定要在其薪火相传的民族精神中来进行基因测序。有着 5000 多年历史的中华文明,始终崇尚和平,和平、和睦、和谐的追求深深植根于中华民族的精神世界之中,深深溶化在中国人民的血脉之中。中国自古就提出了‘国虽大,好战必亡’的箴言。‘以和为贵’‘和而不同’‘化干戈为玉帛’‘国泰民安’‘睦邻友邦’‘天下太平’‘天下大同’等理念世代相传。中国历史上曾经长期是世界上最强大的国家之一,但没有留下殖民和侵略他国的记录。我们坚持走和平发展道路,是对几千年来中华民族热爱和平的文化传统的继承和发扬。”①2017 年 1 月,习近平在联合国日内瓦总部全面阐述“共同构建人类命运共同体”理念,即“海纳百川,有容乃大”。要推进国际关系民主化,不能搞“一国独霸”或“几方共治”。世界命运应该由各国共同掌握,国际规则应该由各国共同书写,全球事务应该由各国共同治理,发展成果应该由各国共同分享。他说:“大道至简,实干为要。构建‘人类命运共同体’,关键在行动。我认为,国际社会要从伙伴关系、安全格局、经济发展、文明交流、生态建设等方面作出努力,坚持对话协商,建设一个持久和平的世界;坚持共建共享,建设一个普遍安全的世界;坚持合作共赢,建设一个共同繁荣的世界;坚持交流互鉴,建设一个开放包容的世界;坚持绿色低碳,建设一个清洁美丽的世界。”同时,他明确表示,中国维护世界和平的决心不会改变,促进共同发展的决心不会改变,打造伙伴关系的决心不会改变,支持多边主义的决心不会改变。中国古人说:“善学者尽其理,善行者究其难。”构建“人类命运共同体”的美好目标,需要一代又一代人接力才能实现。中国愿同联合国成员国、国际组织和机构一道,共同推进构建“人类命运共同体”的

① 习近平:《出席第三届核安全峰会并访问欧洲四国和联合国教科文组织总部、欧洲总部时的演讲》,人民出版社 2014 年版,第 32 页。

伟大进程。[①]

第四个问题：结语

中华文化是中华民族的血脉，是全世界中国人共同的精神家园。马克思说："人们自己创造自己的历史，但是他们并不是随心所欲地创造，并不是在他们自己选定的条件下创造，而是在直接碰到的、既定的、从过去承继下来的条件下创造。"[②]实现中华民族的伟大复兴，离不开中华文化的繁荣兴盛。中华优秀传统文化是中华文化的重要内容。中国共产党高度重视中华优秀传统文化，在中国革命、建设和改革中，一贯继承、弘扬、提升中华优秀传统文化。中华优秀传统文化，中国大陆的中华儿女认同，香港、澳门的中华儿女认同，台湾的中华儿女认同，全世界的华人华侨华裔都认同。中华优秀传统文化具有深厚的凝聚力、向心力和融合力。中华优秀传统文化是全世界所有中国人和华人华侨华裔共同的精神家园和精神寄托所在。中华优秀传统文化是实现中华民族大团结大统一的精神纽带和根脉所在。习近平将中华优秀传统文化升华为"中华民族的基因""民族文化血脉"和"中华民族的精神命脉"，使其成为民族精神的源头和"老根"所在，为世界上所有中国人提供了"精神家园"，使之找到了自己的"基因"所在，有力地提升了民族自信心、民族自豪感和民族凝聚力。

深入研究中华优秀传统文化，坚持中国特色社会主义文化自信。中国进入21世纪后，需要进一步全面认识中华传统文化。要取其精华，去其糟粕，使之与21世纪的现代社会相适应、相衔接，与21世纪的现代文明相协调、相沟通，保持民族性，体现时代性，提升理论性，增强普及性，形成广泛性。从中国共产党与中华优秀传统文化的传承、运用和提升，可以清楚地看到，中华优秀传统文化在中国革命、建设和改革开放的各个历史时期都发挥了重要作用。从中华民族祖先憧憬小康到中国共产党提出小康、全国人民奔小康、建设小康社会到全面建成小康社会、决胜全面建成小康社会，中国共产党代表着中华民族和中国人民的根本利益，将中华优秀传统文化融入中华文化的范畴，有力提升中国特色社会主义文化自信。

中华优秀传统文化是中国走向世界舞台中心的最强大的软实力。中华优秀传统文化凝聚着中华民族自强不息的精神追求和历久弥新的精神财富，是发展社会

---

① 参见《习近平主席在联合国日内瓦总部的演讲（全文）》，2017年1月19日，http://www.xinhuanet.com/politics/2017-01/19/c_1120340081.htm。

② 《马克思恩格斯选集》第1卷，人民出版社1995年版，第585页。

主义先进文化的深厚基础，是建设中华民族共有精神家园的重要支撑。要坚持用马克思主义的立场、观点和方法对待中华传统文化。通过全面认识中华传统文化，取其精华、去其糟粕，古为今用、推陈出新，这是正确对待中华传统文化的基本原则。要加强对中华优秀传统文化思想价值的挖掘和阐发，维护中华文化的基本元素，使中华优秀传统文化成为增强中华民族自信心、提升中华民族凝聚力、实现中华民族伟大复兴的强大精神力量。随着中国的经济发展和中国的各方面实力日益强大，21 世纪的中国正在充满信心，大踏步地日益走向世界舞台的中心。"穷则独善其身，达则兼济天下。"中华优秀传统文化的精神境界、丰富内涵和深邃魅力是中国走向世界舞台中心的最强大的软实力。每一个到过美国的人都可以看到，在世界头号资本主义发达国家美国的第一大城市纽约，巍然屹立着中华优秀传统文化代表人物之一——孔子的巨幅铜像，由此可见中华优秀传统文化的世界性魅力。

中华优秀传统文化是实现中华民族伟大复兴、构建"人类命运共同体"的强大精神力量。习近平总书记指出：文化是一个国家、一个民族的灵魂。文化兴国运兴，文化强民族强。没有高度的文化自信，没有文化的繁荣兴盛，就没有中华民族伟大复兴。要坚持中国特色社会主义文化发展道路，激发全民族文化创新创造活力，建设社会主义文化强国。[①] 中共十八大以来，习近平总书记大力传承中华优秀传统文化，赋予中华优秀传统文化时代内涵，运用中华优秀传统文化治国理政，阐发中华优秀传统文化应对国内外重大挑战，讲述中华优秀传统文化自古以来"协和万邦"的和平共处基因，推进"一带一路"和构建"人类命运共同体"，将中华优秀传统文化提升到崭新阶段，有力凝聚民族精神，得到全世界中华儿女高度认同，赢得世界各国广泛赞同。21 世纪的中华优秀传统文化已经转化为实现中华民族伟大复兴、构建"人类命运共同体"的强大精神力量。同时，根据 21 世纪的新形势、新情况、新特点和新的时代特征，适应国家发展要求和人民大众心灵需求，向世界讲好包括中华优秀传统文化的"中国故事"，进一步研究、阐发和提升中华优秀传统文化，当代中国知识分子义不容辞。习近平总书记指出，我国知识分子历来有浓厚的家国情怀，有强烈的社会责任感，"修身齐家治国平天下""为天地立心，为生民立命，为往圣继绝学，为万世开太平""先天下之忧而忧，后天下之乐而乐"，这些思想为一代又一代知识分子所尊崇。这是研究中华优秀传统文化的使命所在。

---

① 参见习近平：《决胜全面建成小康社会　夺取新时代中国特色社会主义伟大胜利——在中国共产党第十九次全国代表大会上的报告》，人民出版社 2017 年版，第 40～41 页。

改革开放以来中国马克思主义哲学研究回眸与前瞻

（2019 年 10 月 15 日）

何中华*

老师们、同学们，大家好！改革开放 40 年来，中国的马克思主义哲学研究取得了长足进展，带给我们一次清理和反省的历史机遇。检视马克思主义哲学研究的历程，有许多耐人寻味的问题需要正视和剖判。

回眸改革开放 40 年来，特别是进入 21 世纪后的中国马克思主义哲学研究，我们不难发现，这是新中国有史以来相关领域最为活跃、取得成果最为丰硕、研究进展最为显著的时期。任何一个不怀偏见的人都不能否认，这一新的历史时期的国内马克思主义哲学研究，其视野之开阔、主题之繁多、内容之丰富、方法之多样、领域之广泛、成果之厚重、观点之新颖、思维之活跃，都是空前的。可以说，这短暂而又悠长的 40 年，是中国马克思主义哲学研究的繁荣期，是马克思主义传入中国后相关研究在中国历史上的最好时期。从最直观的角度说，这种繁荣的标志在于：研究成果的数量和质量取得了前所未有的突破；出版物数量激增，发表的论文可谓汗牛充栋；研究者人数众多，一大批建制性机构纷纷成立；各类科研课题立项频繁且数量庞大；国外马克思主义及其哲学论著译介大幅增长；研究梯队成员的知识结构、年龄结构、学缘结构明显改善；等等。整个马克思主义哲学研究，可谓外部环境宽松，内部氛围适宜。当然，繁荣更需要反思。为了更好地前行，我们必须正视马克思主义哲学研究领域存在的某些重大问题。

---

* 何中华，2016 年入选国家万人计划哲学社会科学领军人才，山东大学首批关键岗位教授。现任山东大学哲学与社会发展学院教授、博士研究生导师，兼任中国辩证唯物主义研究会常务理事。系全国文化名家暨“四个一批”人才、教育部新世纪优秀人才、全国模范教师。出版《社会发展与现代性批判》《历史地思：马克思哲学新诠》等著作，其论文曾被《中国社会科学》（英文版）《新华文摘》等刊物转（译）载，有些论点被收入《中国百科年鉴》《中国哲学年鉴》等工具书，多次获山东省社会科学优秀成果奖。

马克思主义哲学研究40年的历程和积淀，无疑是一个内涵极其丰富的巨大的多面体。对其作出的任何一种可能的概括，都将是有限的，它必然以牺牲其他的视野为代价；但我们为了反思又不得不作出某种概括，只是在这样做的同时，需要清醒地意识到它的局限性。报告人不揣浅陋，尝试作出一种极其有限、非常粗疏的刻画，难免挂一漏万，而且难以根绝偏见，敬请批评。

一、"真理标准问题"大讨论引发对马克思主义哲学的"再认识"

哲学是历史之镜。作为深刻影响并改变了中国当代历史进程的重大事件，1978年展开的那场波及全国各界各领域的"真理标准问题"大讨论，其意义必然是丰富的和多维度的。今天，当我们回顾这场大讨论的时候，至少可以从中解读出它的三重基本意蕴。

一是政治层面。从一定意义上说，"真理标准问题"大讨论是政治与学术之间一次成功的"联姻"。在当时特定的历史语境中，它既是一个马克思主义哲学本身的问题，同时又是一个关系到整个中国社会全局和未来的重大现实政治问题。可以说，这场讨论为改革开放时代的来临提供了合法性。它一方面在理论上打破了教条主义对人们思想的禁锢，从而促成了思想解放运动的勃兴；另一方面在实践上为改革开放找到了学理依据，从而开辟了一个新的时代。这个时代的来临也为马克思主义哲学研究本身带来了宽松的政治氛围。

二是文化层面。"真理标准问题"大讨论标志着人的主体精神的觉醒，具有重要的文化启蒙意义。从"真理标准问题"讨论（1978年开始），到异化和人道主义问题讨论（大致从1982年开始），再到实践唯物主义问题讨论（大致从1988年开始），以上构成了新时期马克思主义哲学嬗变的"三部曲"，贯穿其中的主旋律就是人的主体性的逐步确立。真理的实践标准的重新确认，为人的自我发现提供了理性尺度。异化和人道主义问题的讨论，意味着人的重新发现和大写的"人"的揭櫫，人的利益、人的尊严、人的权利、人的个性等诉求日益得到正视和尊重。实践唯物主义问题的讨论，则为大写的"人"的形而上学奠基提供了哲学理由。这一过程既是时间上的递嬗，也是逻辑上的深化。它无疑是时代精神变迁的反映，同时又是哲学对时代精神的能动建构。

三是哲学层面。"真理标准问题"大讨论开启了对马克思主义哲学"再认识"的历程，引发了对马克思主义哲学实质的重新贞定。"回到马克思""重读马克思""走近马克思"等口号的提出，意味着我们开始自觉地提出矫正以往存在的某种"误读"的要求。"实践"和"真理"这两个关键词，逐渐突破了原有的狭隘的认识论含义，被引向存在论（Ontology，下文有的地方亦称“本体论”）含义的阐释。在旧的苏联式的马克思主义哲学教科书体系中，实践范畴一般只是在认识论部分才被提及；而现在它的本体论意义越来越凸显出来，以至于被放在了哲学的原初基础的地位予以指认。在旧教科书体系中，“真理”一词往往被诠释为反映论意义上的概念，作为符合论真理观的规定；但现在已开始被纳入存在论语境，更多是在人的存在的“祛蔽”的意义上成立。对人的“此在（Dasein）性”的高度重视，使整个马克思主义哲学回到了作为感性活动的实践这一原初基础上来，从而恢复了人的“在场性”维度；更为重要的是，它为马克思主义哲学实质的澄明奠定了可靠的学理基础。因此，“真理标准问题”大讨论对于马克思主义哲学研究所具有的“解放”作用不可低估：一方面，它打破了哲学研究中的教条主义禁锢，它所促成的思想解放运动也为马克思主义哲学研究造就了必要而适宜的氛围。“坚冰已经打破，航道已经开通。”另一方面，它对于实践之权威地位的重新奠定，也为恢复实践在马克思主义哲学中的存在论意义作了必要的准备和铺垫。“真理标准问题”大讨论本身固然主要是限于认识论范畴，但它的深化和延伸却诱发了向存在论“溢出”的可能性。

当然，同历史上的任何一场思想解放运动一样，“真理标准问题”大讨论也存在着某些局限性。譬如，实践检验与逻辑检验的关系未能得到进一步澄清，“实践标准”同“实用主义效果论”的本质区别也有待于深入辨析，“实践优先”与“理论范导”的关系尚需仔细地甄别。这些问题若不能从学理上予以厘定，那么我们在剪除理论上的教条主义的同时，就难免陷入实践上的机会主义之误区。这一厘定的工作本身，就构成马克思主义哲学研究进一步深化的重要契机和内容。

二、马克思主义哲学研究在回应时代挑战中逐步走向繁荣

40年前，改革开放被提上议事日程，意味着一个新的时代的开启和来临。40年来中国马克思主义哲学的研究，正是在不断地应对新的时代质询和挑战的过程中逐步走向自身繁荣和发展的。它构成了中国马克思主义哲学研究的深邃的时代背景和历史坐标。

那么，马克思主义哲学研究面临的时代挑战主要表现在哪些方面呢？大致包括：

1.时代主题的转换提出了新的要求

在国内，随着党和国家工作重心的转移，即由“以阶级斗争为纲”转变为“以经济建设为中心”，时代主题也从“革命”转向了“建设”。就国际来说，随着以东西方冷战和对峙为轴心的国际关系旧格局转变为以“和平与发展”为主题的新格局，“对

话”和“缓和”成为国际关系的新特征。与此相应,马克思主义哲学也需要作出适当的自我调整,实现由“革命”哲学向“建设”哲学的转变。如果说革命主要表现为“解构”,那么建设则主要表现为“建构”。这对马克思主义哲学而言无疑是一种新的考验,亦即新的时代主题要求它必须具备足够的筹划未来的能力。仅仅解释过去并不是马克思主义的独特优势,直面并能动地建构现实,进而有效地筹划未来,也就是马克思所谓的“改变世界”,这才是其真正的价值和生命力之所在。对于马克思主义哲学来说,时代主题的转换,内在地要求它必须实现一场“格式塔”转变,即由以“革命”为主题的叙事和修辞,转变为以“建设”为主题的叙事和修辞。

2.世界范围内的新科技革命浪潮的冲击

众所周知,20 世纪发生了一场广泛而深刻的科学革命和技术革命。这也正是 20 世纪之所以不同于其他任何一个世纪的独特标志之一。以相对论、量子力学、“老三论”(系统论、信息论、控制论)和“新三论”(突变论、协同论、耗散结构论)的建立为标志的科学革命,实现了由经典科学到现代科学的转变。它的后果并不是在某些细节上完善整个世界图景,而是从根本上改变了人们看待世界的方式本身。以微电子技术、航天技术和遗传基因工程技术等为代表的新技术革命,也深刻地改变并重建了人类的存在方式,包括生产方式、生活方式和思维方式。

科学革命使经典科学赖以成立的两个基本假设,即认识的纯粹客观性和世界的绝对确定性发生危机。科学哲学原有的“科学始于观察”的信念受到了“测不准关系”的挑战,被修正为“科学始于问题”。“观察渗透理论”这一新命题的确立,意味着开始正视主观因素在认知活动及其结果中的本质意义和积极价值。在经典科学那里,“偶然性”被认为只是由于认识的不充分和实验的误差而暂时使用的一个措辞,因而并不真实。但现代科学的发展却日益表明,偶然性在更深刻的意义上决定着世界的演化轨迹,它事实上并不是认识的局限和实验的误差造成的。如此一来,就向马克思主义哲学的传统解释提出了诘难:如何正确地看待认识的主观性因素?我们对原来所坚持的反映论的认识论是否需要作出新的解释?既然未来充满着不确定性,那么是否应该对以决定论为内核的历史规律观作出某种修正?马克思主义哲学对于未来是否还具有足够的预期能力?正是在这些方面,马克思主义哲学研究进行了多方面的探索,例如围绕认识的本质问题、认识的主体性问题、认识的主体选择性问题、真理的检验标准问题、“测不准关系”的认识论意义问题等,展开了一系列的讨论,取得了不少进展。另外,对于规律的本质问题、决定论与非决定论及反决定论问题、历史的合规律性和合目的性及其关系问题、历史的规律性及其可能性空间问题,也展开了广泛而深入的考察。

新技术革命带来的社会后果也是深刻而广泛的，它直接规定并塑造了当代人类的生活样态。对于马克思主义哲学来说，它引发的挑战是生产自动化导致了阶级结构的改变，在一定程度上弱化了阶级矛盾，那么怎么看待作为革命学说的马克思主义及其哲学？随着信息时代的来临，信息成为现代社会的主要资源类型。信息所固有的新颖性要求创造性，它是一种向未来敞开着的可能性。因此，与信息时代相匹配的思维方式，必然是着眼于未来的。在这样一个时代，马克思主义哲学面临的考验是有没有足够的筹划未来的能力。

3.中国特色社会主义的创造性的历史实践

诚如黑格尔所说："密纳发的猫头鹰要等到黄昏到来，才会起飞。"[①]作为反思，哲学必须"从后思索"。就此而言，哲学的确需要等待历史本身的成熟。但是，哲学还必须扮演"高卢的雄鸡"这一角色，在黎明到来之前就引吭高歌。中国特色社会主义的历史实践的逐步积累和成熟，有待于作出马克思主义哲学的反思。从一定意义上说，实践走到了理论的前面。毛泽东同志当年曾感慨："中国的斗争如此伟大丰富，却不出理论家！"[②]他还说："确实，我们的理论水平是比较过去高了一些。但是按照中国革命运动的丰富内容来说，理论战线就非常之不相称，二者比较起来，理论方面就显得非常之落后。"[③]他坦率地承认，理论相对地滞后于实践。作为研究者，我们必须反省，就马克思主义哲学的学术研究来说，我们今天是否也存在着类似的问题。

苏东剧变使得国际共产主义运动陷入低潮。对于马克思主义哲学研究来说，社会主义实践的这一历史性挫折，无疑也是一把"双刃剑"：它既给马克思主义哲学研究带来了严峻的挑战，同时也为这一研究提供了难得的机遇，因为它为此准备了沉重的历史遗产，为我们更深刻地把握马克思主义哲学的实质和精髓提供了反思的新的参照。正像恩格斯指出的那样，"伟大的阶级，正如伟大的民族一样，无论从哪方面学习都不如从自己所犯错误的后果中学习来得快"[④]。社会主义事业的正反两方面的历史经验教训，构成马克思主义哲学反思的重要前提和对象；它向马克思主义哲学提出了种种难题，也正因此而成为马克思主义哲学研究走向成熟的重要动力。

---

① ［德］黑格尔：《法哲学原理》，范扬、张企泰译，商务印书馆 1979 年版，第 14 页。

② 《毛泽东哲学批注集》，中央文献出版社 1988 年版，第 445 页。

③ 《毛泽东选集》第 3 卷，人民出版社 1991 年版，第 813 页。

④ 《马克思恩格斯选集》第 4 卷，人民出版社 1995 年版，第 432 页。

4.新一轮的“西学东渐”和“文化热”的兴起

40年来，随着对外开放提上日程并逐步深化，新一波“西学东渐”在中国大地上兴起；伴随东西方文化的碰撞和交往，继而兴起了新一轮的“文化热”。这种文化的自觉也在马克思主义哲学研究领域引发了一系列的积极效应。哲学与文化之间存在着难以剥离的关系：哲学构成文化的内核和基因，文化则充当哲学的载体和表征。对于文化问题的关注，使马克思主义哲学研究突破了过去那种仅仅把哲学置于科学语境中去理解的狭隘思路，把自身放在广义的文化背景下去审视和理解，从而引发了其多维度意涵（真、善、美）的全方位阐发。反过来，从马克思主义哲学角度出发去反思人类文化现象，又形成了马克思主义意义上的文化哲学。

改革开放40年来，西方哲学包括国外马克思主义在国内的广泛传播，也为深化我们的马克思主义哲学研究提供了更加深邃的背景和有益的借鉴。

就西方哲学而言，西方哲学自近代以来出现的“存在论转向”，构成马克思主义哲学回归人的在场性立场的重要机缘。笛卡尔的“我思故我在”、海德格尔的“语言是存在的家”、哲学解释学的“理解是人的存在方式”，都昭示出“回到人的存在”的诉求，但它们事实上均未能兑现其初衷。真正完成“存在论转向”使命的是马克思主义哲学，它通过回到“实践”这一总体性范畴而回到了人的存在本身，可谓是“我实践故我在”。

就国外马克思主义而言，作为一种不同于东方马克思主义的解释传统，它基于所面对的晚期资本主义这一特定语境下的人的异化命运的当代形式，着重从“人”的线索去阐释马克思，而不是像东方马克思主义那样主要是沿着“物”的线索予以发挥，所以为发现并弥补以往被我们忽视了的人的主体性提供了深刻启示。

5.以后现代主义为标志的新的时代维度的确立

马克思认为，任何真正的哲学都是自己时代精神的精华。如果不能准确地把握马克思主义哲学的时代维度，就必然妨碍我们对于其实质和内涵的恰当阐释。就此而言，时代定位无疑带有前提性。后现代主义思潮的来临，为我们重新定位马克思主义哲学的时代维度提供了重要启示。

作为“现代社会”的批判者，马克思在思想上具有强烈的“后现代”意味，但他又不同于后现代主义者。因为马克思主义哲学是以辩证地扬弃现代性为其基本取向的，也就是说它是在解构一个旧世界的同时建构一个新世界，而绝不是像后现代主义那样走向了历史和文化的虚无。可是，马克思主义及其哲学传入中国的历史语境是“五四”新文化运动，这一运动是以启蒙现代性为根本标志的。这样一种启蒙语境使得我们总是倾向于在现代性的维度上去阐释马克思，从而遗忘了其思想的后现代维度。所以，马克思与现代性的关系也随之成为近些年来马克思主义哲学研究中一个无法回避的重要课题。

马克思主义哲学研究如何在现代性语境中自我定位？马克思主义哲学的后现代性质，使得它对现代性（如资本权力的支配、理性尺度的独断等）具有足够的解构能力。但当我们宣布“商品经济是人类社会发展的一个不可逾越的历史阶段”这一命题，并将其作为改革开放合法性依据之后，马克思主义哲学又何去何从呢？就像中国的历史步伐绕不开“启蒙现代性”这个路标一样，中国的马克思主义哲学研究同样也无法回避时代坐标上的这个维度。人为地拒绝现代性，同无原则地推崇现代性一样，都是偏颇的。马克思主义哲学对现代性持辩证扬弃态度，既看到其巨大的历史进步意义，同时又看到它的历史暂时性。

我们虽然从马克思对现代性的批判着眼，把马克思主义哲学判定为一种后现代学说，但有一个问题无法回避，即后现代是以对“元叙事”的不信任为基本特征的，这似乎同作为“宏大叙事”的马克思主义哲学存在着某种不相侔。马克思主义哲学不仅要面对沉重的历史遗产，而且还要直面所谓的“后革命”时代和“意识形态终结”的挑战。不应忘记，恩格斯在《在马克思墓前的讲话》中称“马克思首先是一个革命家”。当然，这里所说的“革命”是实践的唯物主义意义上的，即“实际地反对和批判现存的一切”，而不是指那种对“革命”所作的庸俗化的理解。这些难题既是马克思主义哲学自身的研究内容，同时也规定了它进一步发展的问题域。

6.“全球性问题”的出现和生态文明的建构

以生态危机和环境恶化为标志的“全球性问题”在20世纪60年代的集中爆发，不啻宣告了以工业文明为代表的旧的发展理念和模式的失效。当代人类如何摆脱这一生存困境，乃是我们无法回避的时代课题。正是在这个方面，马克思主义哲学能够提供丰富的思想资源，帮助我们对当代发展面临的紧迫问题作出深刻反思。

从马克思主义哲学角度探讨现代化和社会发展问题，既有实践上的原因，也有理论上的原因。从实践层面说，主要是由实际的社会发展和现代化进程所遇到的深刻的生态和环境危机决定的，在某种意义上可谓是对实践挑战作出回应的结果。当然，仅仅有实践上的需要尚不够，还必须有理论上的准备，其理论资源主要来自唯物史观特别是马克思恩格斯关于人与自然、人与人的矛盾及其解决的学说，此外还借鉴了西方社会发展理论、未来学中的悲观主义和乐观主义等不同思潮、西方马克思主义的社会批判理论、生态学马克思主义等。在此基础上，中国马克思主义哲学研究开始关注在全球化背景下出现的全球性问题，考察工业文明模式下发展的不可持续性危机及其深层原因、内在机制和未来可能的出路，重点讨论可持续发展是否可能、如何可能，其理念和模式的哲学含义、约束条件和可能的前景以及在此基础上建立起来的生态文明新形态取代旧有的工业文明的内在必然性和路径等问题。

三、40 年来马克思主义哲学研究诸领域取得的突破性进展

改革开放 40 年来，中国的马克思主义哲学研究所取得的成果，无论是论文还是著作，可谓是浩如烟海，令人叹为观止，颇有“忽如一夜春风来，千树万树梨花开”之感。这些成果已经从总体上突破了以往我们对于马克思主义哲学及其思想史的简单化理解，突破了马克思主义哲学研究的宏大叙事的范式，能够深入到哲学思想的微观环节加以细腻的处理和研判，在有些方面甚至可以说做到了极致，无论在广度还是深度上都取得了空前的突破。可以说，从具体结论到研究范式、从研究方法到研究视野、从研究内容到研究形式，都有了一种深刻而明显的历史性转变。从总体看，中国马克思主义哲学研究经过 40 年的发展和积累，实现了“点→线→面→体”的逐步突破，从而形成了总体上的强烈“立体感”，也就是马克思意义上的“思维的具体”，即所谓“诸规定的综合和多样性的统一”。

从研究主体看，老一辈学者在马克思主义哲学研究的恢复和发展过程中起到了奠基性的作用；中年一代学者作为时代的“中间物”，扮演着承上启下的角色，发挥了中坚力量的作用和影响力；新生代学者作为一个群体正在崛起，开始发出自己的声音，代表着中国马克思主义哲学研究事业的希望和未来。随着新生代逐步走向学术舞台的中心，马克思主义哲学研究的话语权在老、中、青代际之间的转移速度加快，使得整个研究梯队的知识背景、外语能力、国际视野、思想活力在总体上都有明显的改观，马克思主义哲学研究出现了新气象、新突破、新趋势。当然，也必须承认，现代化进程的日益深化及其带来的世俗化趋势的影响，也造成了马克思主义哲学研究的某些浮躁现象。

从研究客体看，自改革开放以来，中国特色社会主义建设和现代化事业的成功实践，为马克思主义哲学研究提供了空前丰富的现实内容。作为马克思主义哲学的创造性应用，中国特色社会主义的历史实践为马克思主义哲学在当代“从理论上思考中国实际”（毛泽东语）准备了丰富内容。以反思的方式把握时代脉搏，原本就是马克思主义哲学的题中应有之义。同时，国际上《马克思恩格斯全集》历史考证版的逐步整理问世，为国内马克思主义哲学研究提供了比以往更为准确可靠的依据，中共中央编译局主持翻译的《马克思恩格斯全集》第 2 版（从 1995 年开始由人

民出版社陆续分卷出版，迄今已出版大约28卷次）主要就是依据德文版重新编辑和译校的。这一工作直接促进了马克思主义哲学的文献学研究，间接推动了马克思主义哲学史论的义理阐释研究，进而优化并提升了马克思主义哲学对于实践和现实生活的反思能力。

从研究环境看，无论是软环境还是硬环境都得到了优化。思想解放运动和“双百方针”的重新贯彻，为良好学术研究氛围的营造提供了必要的外部条件。随着对外开放的不断扩大和深化，特别是新一轮“西学东渐”的来临，西方思想资源不断传入，尤其是国外马克思主义哲学和“马克思学”的研究成果的引进，对于国内马克思主义哲学研究产生了积极的促进作用。可以说，没有这个条件，中国马克思主义哲学研究不可能呈现出今天这种繁荣局面。我们党把马克思主义及其哲学看作自己的“看家本领”，在国家层面设立马克思主义理论研究和建设工程，投入大量的人力、物力和财力，使得马克思主义哲学研究成建制、成规模地开展。这也为相关研究的繁荣和发展提供了有力的基础保障。

大致地说，40年来中国马克思主义哲学研究诸领域取得的突破性进展，主要表现在如下几个方面：

1.探究马克思主义哲学“元问题”，摆脱传统教科书体系的桎梏

近40年来的马克思主义哲学研究始终伴随着自我反思。对于马克思主义哲学所作的“元(meta)研究”，就是这种反思姿态的表征和体现。它意味着不仅对马克思主义哲学的内容本身予以考察，而且还进一步上升到哲学观的层面加以“反刍”。这就不再局限于直接性的内容，而是把马克思主义哲学本身主题化，使其作为反思的对象，即是一种对反思的反思。“元问题”的自觉提出和清算，是改革开放以来马克思主义哲学研究的一个非常突出的主题，它直接涉及马克思主义哲学观的合理重建。这种研究的大致谱系是：最初讨论马克思主义哲学研究对象和内容，然后又涉及马克思主义哲学的本性和功能，这标志着“元研究”的开始；继而又转向马克思主义哲学有无本体论的讨论，提出了物质本体论、实践本体论、物质-实践本体论、超越本体论等不同的主张或方案，进一步深化了对马克思主义哲学实质的认识；在此基础上，又触及马克思主义究竟有没有“哲学”、马克思究竟是重建了哲学还是消解了哲学等问题，其中包括马克思、恩格斯所建立的究竟是“哲学”还是“世界观”、是“哲学”还是“真正的实证科学”；更进一步的问题是，马克思、恩格斯所谓的“哲学的终结”究竟所指为何，它又是在什么意义上才得以成立，在此问题上两者的观点又有着怎样的差别；等等。

这方面的研究，无疑为重建马克思主义哲学体系作了必要的准备，确立了新体

系的建构基础、建构原则、建构方法、建构模式等，从而在某种程度上凸显了马克思主义哲学变革的真实意蕴。改革开放以来，马克思主义哲学研究取得的突破性进展，很大程度上就积淀并浓缩在哲学体系的重建方面。它使我们突破了原来的物质本体论框架，转向了实践唯物主义立场，如此才能真正体现出马克思在哲学上实现的革命性变革及其真正内涵。不然，我们就难免在"前马克思"的意义上去阐释马克思，从而把马克思主义哲学解释成18世纪法国唯物主义者也能够接受的东西，抹杀马克思哲学变革的里程碑意义，最后陷入对于马克思主义哲学予以"抽象地肯定，具体地否定"之类的尴尬。

2.恢复并强化马克思主义及其哲学的有机整体性

改革开放以来，马克思主义及其哲学实现了由抽象到具体的转变，其有机整体性日益得到强化。其实，对于马克思的任何一本著作，我们都无法把它归结为纯粹的哲学、纯粹的经济学或纯粹的科学社会主义；相反，它们都是高度综合的。对于马克思主义及其哲学的有机整体性的重新认识和恢复，有助于使其达到思维的具体性之规定，进而超越知性的逻辑及其理解方式。马克思主义及其哲学的有机整体性的恢复，其表现是多方面的。

首先，学术界开始对"历史唯物主义"作一种广义的理解，并把它看作与"实践的唯物主义"同等重要的概念。这无疑有助于恢复马克思主义哲学的"历史地思"的性质，从而使它的"巨大的历史感"获得真实的内涵。这种历史感归根结底取决于实践这一原初范畴的自觉奠基。应该承认，"历史唯物主义"的广义化，为在实践这一原初范畴基础上实现马克思主义及其哲学各个部分的有效整合，从而克服原来的那种"板块式"结构及其缺陷，开辟了某种学理上的可能性。

其次，在马克思主义哲学的基本叙事模式中，逻辑的东西与历史的东西相统一的建构原则，也重新得到贯彻和体现。它的一个最直观的表现，就是马克思主义哲学的"史"与"论"的截然二分格局逐步被破除，从而避免了以往那种割裂化的研究。另外，马克思主义哲学同马克思主义之间的关系也得到了重新梳理，以前那种把两者视为整体与部分的加和关系的观点越来越受到质疑。这也有助于使整个马克思主义变成一种以马克思意义上的"新哲学"为学科归属的有机整体。马克思主义与马克思主义哲学的关系，不再被简单地理解为整体与部分的关系（这种正统的理解带有明显的机械地加和之弱点），而是被理解为学科归属和性质的关系，即变成内在的有机的关系。在此意义上可以说，马克思主义不过是广义的马克思主义哲学；反过来，马克思主义哲学不过是狭义的马克思主义。两者之间的关系因此变成了有机的、内在的关系，从而突破了原有的限囿，克服了传统理解的机械性缺陷。如此一来，马克思主义及其哲学体系，就不再是“堆（heap）”而是“系统（system）”。对这种性质及其特点的正视和确认，必将有助于我们避免把马克思主义哲学看成“一袋马铃薯”或“各种知识的杂拌”，进而避免陷入它所隐含的“肢解马克思”的危险。我们可喜地看到，40 年来的马克思主义哲学研究成果，越来越难以按照旧有的框架加以“归类”了。

最后，在对马克思主义哲学所作的解读和诠释中，近 40 年来我们开始更为注重不同经典文本之间的“互文性”（inter-textuality）关系，强调特定语境意义上的语义还原，并重视语用学意义上的语义的生成性，从而为真切地领会马克思主义经典作家的哲学思想内涵，特别是他们的哲学思想所体现出来的特有的运思方式提供了某种可能。这种在解读经典文本时所采取的“内证”方法，无疑也强化了马克思主义哲学语境的有机整体性。

3.对马克思主义哲学“世界历史”理论的关注和阐发。

从 20 世纪八九十年代以来，国内哲学界开始注重对马克思提出的“历史向世界历史的转变”思想加以研究，丰富并深化了我们对于唯物史观内涵的理解，超越了以往那种对它的历史逻辑所作的线性的、单向度的、朴素进化论的解释，进而引发学术界对于马克思“普遍交往”思想、东方社会理论、“亚细亚生产方式”思想以及跨越资本主义“卡夫丁峡谷”设想等方面广泛而深入的研究。

马克思主义哲学的“世界历史”观，为我们今天所面临的全球化时代提供了学理上的说明。在一定意义上，全球化不过是深度的现代化，或曰“现代化的当代形式”。要深刻地理解并把握全球化这一当代人类生存处境的实质，就不能不借鉴马克思主义哲学基于人类普遍交往而形成的“世界历史”思想，以便从中获得深刻的启示和反思的能力。

这方面的进展，是伴随着对于中国社会主义历史实践的反省、国外学术界对马克思早期和晚期思想的高度关注而兴起的。其学理价值主要在于重新理解马克思的历史规律观，超越以往那种线性的思路，历史规律本身也因为人类普遍交往和“世界历史”的崛起而变成“历史的”了；同时也加深了对于唯物史观审视历史所特有的视野的理解，即把历史看作理性和价值双重视角反思的对象，并把这种双重视角及其关系本身看作历史的产物。这就使得此类研究的意义远远超出了局部的限囿，从而获得了哲学观层面上的含义。另外，从实践意义看，这类研究还为我们积极而有效地应对作为深度现代化或曰现代化当代形式的全球化进程提供启示，为中国历史地选择社会主义道路提供了某种学理上的辩护。关于跨越资本主义“卡夫丁峡谷”问题的争论，除了纯粹的学理意义之外，还有一种现实的关切。从学理层面看,这个争论直接关乎如何重新估价和诠释马克思主义哲学的历史观及其实质,涉及对马克思的历史规律观在“世界历史”背景下的重新理解。从现实层面看,它又直接关系到中国选择社会主义道路的合法性问题。就此而言,这场争论不过是中国的马克思主义哲学研究者所特有的文化焦虑和历史纠结在反思层面上的折射罢了。

4.重新认识并梳理马克思主义哲学的思想史来源

按照原先的正统观点,整个马克思主义主要有三大来源,即德国古典哲学、英国古典政治经济学和法国空想社会主义。就马克思主义哲学来说,其来源则主要被局限在费尔巴哈的唯物主义和黑格尔的辩证法。这在一定意义上是对的,但不足以充分地了解马克思主义哲学的丰富思想史背景,因为它化约并舍弃了许多不可忽略不计的方面和成分。近 40 年来,在对马克思主义哲学的思想史来源研究方面,主要表现为“拓展”和“深化”两个趋势,它进一步丰富了我们对于马克思主义哲学实质的理解。

我们开始关注古希腊哲学、犹太-基督教传统、浪漫主义思想与马克思主义哲学的思想史联系。青年马克思的博士论文研究的主题,就是古希腊的德谟克利特和伊壁鸠鲁两者思想的比较,所以古希腊哲学对于马克思思想的酝酿和定型期的影响不可低估。离开了马克思对于伊壁鸠鲁原子偏斜说的推崇,我们就难以理解马克思自由思想的源头。同样地,没有马克思“竭力在伊壁鸠鲁的物理学说的不合理中去探求哲学上的合理”,也就无从理解他的哲学视野的确立这样一个思想史事实。马克思当然是以宗教批判为其思想发轫的,但他所谓的“宗教是人民的鸦片”,其深刻的隐喻意义在于表明马克思试图把基督教所带给人们的虚拟的满足变成真实的满足。正是在此意义上,恩格斯所作的这个类比才能够成立:“基督教和工人的社会主义都宣传将来会从奴役和贫困中得救;基督教是在死后的彼岸生活中,在天国里寻求这种得救,而社会主义则是在现世里,在社会改造中寻求。”[①]马克思主义哲学同浪漫主义的关系,也成为近些年来国内研究的一个热点问题,譬如马克思与卢梭的关系、与德国狂飙突进时期思想家歌德和席勒的关系、与德国浪漫派特别是弗里德里希·施莱格尔的思想史联系,等等。

近 40 年来的马克思主义哲学研究,逐步肯定马克思主义哲学的实践取向,甚至把其源头追溯至古希腊哲学家亚里士多德对于“实践”所作的阐释及其相关思想。马克思主义哲学同青年黑格尔派之间的思想史联系,也被一一加以仔细讨论,

① 《马克思恩格斯选集》第 4 卷,人民出版社 1995 年版,第 457 页。

揭示出许多以往被我们所忽视的思想维度，如马克思与布鲁诺·鲍威尔、马克思与卢格、马克思与赫斯、马克思与施蒂纳、马克思与费尔巴哈，等等。马克思主义哲学同德国古典哲学的关系也得到重新审视，马克思与康德的思想史联系作为问题被提了出来，马克思同黑格尔的关系也超越了以往那种简单化的理解，除了黑格尔的辩证法之外，他的精神现象学也被纳入马克思的思想史背景来考量。另外，马克思与费希特和谢林的思想史关联，日益成为学界关注的方面，马克思的哲学根源通过黑格尔甚至被追究到了斯宾诺莎的有关思想，如此等等。

5.不同研究范式及中、西、马之间多重对话关系的磨合与确立

目前国内马克思主义哲学最主要的研究范式有学理阐释、文献考证、实践反思等不同的形式，它们之间既相互竞争，又开始确立起互补相济、建设性互动的格局。不同研究路数的多元格局的逐步建构，使整个马克思主义哲学研究呈现出越来越强烈的“立体感”，这无疑有助于马克思主义哲学研究的健全发展。

学理阐释范式主要是立足于文本和实践，着重从义理角度对马克思主义哲学作出新的可能的深度诠释，试图发掘出它的微言大义。这一范式对于深化马克思主义哲学的原创性解读具有不可替代的重要意义。文献考证范式则是改革开放以来兴起的一种新的研究路数，有的学者甚至提出要建立中国的“马克思学”。这一范式的出现，主要得益于国外学界对马克思、恩格斯文献的整理出版以及“马克思学”的影响。它对于弥补过去那种大而无当的宏大叙事、缺乏切实的文本考证工夫的局限，无疑是一种积极的、建设性的进步。因为它能够使马克思主义哲学研究建立在更加扎实可靠的基础之上。近 40 年来国内学术界对马克思主义哲学经典著作所作的文本阐释，已经达到了空前深刻和细腻的程度。追求对马克思主义哲学文献的“深度理解”，不仅要超越教科书水平，而且还必须通过经典作家已经说出的话读出其未说出的深邃意涵，藉其言而得其意，需要“力透纸背”。在这类解读方面，近几十年来也取得了长足的进步和突破性进展。这是一个有目共睹的事实。中国马克思主义哲学的文献学方法和文本研究方兴未艾。实践反思范式则使马克思主义哲学研究逐步摆脱以往那种贴标签式的做法，真正走向对实践经验的深刻反思并从中揭示出理论蕴含。马克思、恩格斯当年曾批评德国的意识形态家们因遗忘了哲学同现实生活的联系而跌入思辨的陷阱：“这些哲学家没有一个想到要提出关于德国哲学和德国现实之间的联系问题，关于他们所作的批判和他们自身的物质环境之间的联系问题。”①马克思主义哲学正是批判地克服了旧哲学的这一致

① 《马克思恩格斯选集》第 1 卷，人民出版社 1995 年版，第 66 页。

命缺陷才得以产生的。实践反思范式对于矫正和克服这一思辨的缺陷，无疑具有免疫作用。“武器的批判”与“批判的武器”及其纠缠，其实在今天依然是一个绕不过去的问题。不锻造“批判的武器”，不对“武器”本身进行“批判”的清算，我们拿什么去联系实际？问题在于，倘若脱离了实践，难道“批判的武器”能够在空中楼阁中或书房里的写字台上被锻造出来吗？应该说，实践反思范式最本真、最典型地体现着马克思主义哲学的特质和诉求，表征着马克思“武器的批判”和“批判的武器”及其内在的统一。它赖以确立的契机，主要在于苏东剧变及社会主义历史教训的挑战和中国特色社会主义事业的成功实践以及当代人类社会的发展和全球化趋势所遭遇的难题和困境。这一范式的积极意义是双重的：一方面可以进一步丰富和发展理论本身，另一方面又用发展着的理论“反哺”实践，指导发展着的实践。

马克思主义哲学研究领域的不断分化，也是近40年出现的一个引人注目的现象。马克思主义在元哲学、人学、实践哲学、生存哲学、价值哲学、文化哲学、社会哲学、发展哲学、经济哲学、政治哲学、生态哲学、空间哲学等领域的开拓，极大地扩展了马克思主义哲学研究的论域和范围。这意味着马克思主义哲学的研究逐步形成了不同的流派，竖起了不同的旗帜。这些不同的分支领域的出现，逐步形成合理的学术研究生态群落，将极大地助推马克思主义哲学研究的深化和健全。它们彼此之间也需要形成积极的互动关系，并在相互促进中实现“双赢”或“多赢”。

改革开放以来，中国哲学、西方哲学、马克思主义哲学之间对话关系的初步建构和逐渐成熟，也是一个有目共睹的事实。在这一格局中，马克思主义哲学有可能在一个更宏阔的语境和视野中被发掘出新的含义，并找到与他者相互比较的新参照系：一方面相互发明，以便激活隐含的潜在意蕴；另一方面又以更加显在的方式彰显马克思主义哲学自身的特质。马克思主义哲学同西方哲学和中国哲学展开的会通对话、相互诠释、相互引发，使得马克思主义哲学研究越来越具有开放性。马克思主义哲学与儒学的关系，成为学界关注的一个重点领域。继历史上曾经出现过的“西学中源”说，有的学者甚至提出了马克思主义“中源说”。在马克思主义哲学与西方哲学的相互诠释关系方面，相对突出的是马克思同海德格尔在思想上的比较和会通研究。

6.马克思与恩格斯的思想关系问题和比较研究

改革开放之前，中国马克思主义哲学界对于马克思和恩格斯的思想关系问题几乎没有触及，一般认为他们在思想上像“一整块钢”，并不存在任何不能忽略不计的差别。但是，随着对于马克思和恩格斯思想本来面目的日益正视以及对于他们著作文本的细腻解读，特别是受到国外马克思主义以及西方“马克思学”的启发和影响，这个问题逐步被学术界自觉地提了出来，并成为中国马克思主义哲学研究领域的一个热点问题。这个问题的恰当解决，对于准确地理解马克思和恩格斯各自的思想无疑有其重要的前提意义；更深刻的意涵在于，它的解决还直接关乎对马克思主义哲学实质的重新理解和正确把握。

马克思和恩格斯之间存在着思想差别，这似乎是一个不争的事实，关键在于怎样评估这种差别的性质。一种观点认为，马克思和恩格斯之间的思想差别是非本质的、次要的，甚至是可以忽略不计的。持此类观点的学者，一般是把这种差别要么解释为马克思和恩格斯在思想上的分工造成的，马克思主要关注的是历史观领域，恩格斯则主要关注的是自然观领域；要么解释为马克思和恩格斯在不同情境下作出不同反应的结果，马克思针对的主要是旧唯物主义，所以强调"新哲学"与旧唯物主义的本质不同，需要特别突出实践的地位，恩格斯则主要针对的是唯心主义，所以仅仅重申"唯物主义的一般基础"就足够了。但另有观点认为，这类解释虽然能够说明马克思和恩格斯之间在思想上的某些非实质性差别，但并不能解释他们的所有差别。因为无论是分工还是不同情境造成的差异，都不能也不应妨碍"由同一立场出发"这一绝对前提，否则就既谈不上"分工"，也谈不上"情境"。问题的实质在于马克思和恩格斯之间存在着更具有前提性的差别，亦即所谓"异质性差别"。持这种观点的学者倾向于认为，这种异质性差别主要体现在诸如哲学建构的视野、哲学的原初范畴，以至于实践观、真理观、自由观等诸多方面。在这些学者看来，把马克思恩格斯化或者把恩格斯马克思化，都是对他们各自思想的不尊重，也有碍于我们准确地领会并把握他们各自思想的真谛。

7.人的在场性的凸显与马克思主义哲学的存在论维度的恢复

存在主义哲学家萨特曾经对马克思主义哲学持保留态度，一个重要原因就在于他认为马克思学说存在着一个所谓的"人学的空场"。按照我们对于马克思主义哲学所作的传统解释，也就是物质本体论立场，的确有"见物不见人"的偏颇，但问题在于这并不是马克思主义哲学的本来面目。众所周知，马克思早在《1844 年经济学哲学手稿》中就明确强调："被抽象地理解的，自为的，被确定为与人分隔开来的自然界，对人来说也是无。"[①]马克思在这里固然是从针对并批评黑格尔思辨哲学而言的，但马克思的这一立场对于克服旧唯物主义的缺陷同样有效。因为建立在实践这一原初基础上的基本立场，构成了同时扬弃并超越唯心主义和旧唯物主义及其对立的前提。马克思从来未曾偏袒旧唯物主义。唯物史观的基本原理就是

① 《马克思恩格斯全集》第 3 卷，人民出版社 2002 年版，第 335 页。

“存在决定意识”，而马克思在此所谓的“存在”并非一般意义上的抽象规定，而是特指人的社会存在，即人的实际生活过程。在马克思看来，社会生活本质上是实践的。这就意味着，社会存在正是人的实践及其建构的表征和产物。所以，在马克思主义哲学那里，内在地具有人的在场性规定，这归根结底是由它的人的存在的本体论预设决定的。

人的在场性的凸显，在马克思主义哲学的阐释中有着多种多样的表现，其中的一个重要方面，就是价值问题和价值论域在马克思主义哲学研究中成为被重点关注的领域。传统的教科书体系几乎未曾触及价值维度，但近几十年来的研究越来越重视价值维度在马克思主义哲学中的不可替代的地位和意义。从更深刻的意义上说，对价值问题的重视和探讨，凸显了人的存在的维度。从某种意义上说，它既是马克思主义哲学实现人的存在论转向的一个结果，同时也是这一转向的一个表征。

8.把马克思主义哲学置于更广义的文化背景下加以审视

按照传统观点，哲学作为自然科学和社会科学的概括和总结，它仅仅同科学内在相关。所以，我们在研究哲学的时候，往往只是把它同科学联系起来考虑。这种狭隘性，极大地限制了哲学的内在丰富性。改革开放以来，马克思主义哲学研究逐步突破了以往那种仅仅把哲学同科学联系起来理解的思路，而是将其置于广义的文化背景下加以定位，从而更多地引申出马克思主义哲学的丰富内涵。

马克思在《〈政治经济学批判〉导言》中，把人同世界打交道的方式区分为思维的、宗教的和艺术的三种类型，它们分别对应于真、善、美。这三种掌握世界的方式，构成人类文化的基本要素。从一定意义上说，哲学就是在反思层面上为真、善、美提供文化原型和最高范式。因此，对于哲学的理解就不能不在真、善、美这样一个广义的文化背景下进行。马克思主义哲学对人类历史的理性审视，揭示了历史发展的必然逻辑，这是其“真”的层面；而它对人类历史所作的价值审视，并因此确立起应然的未来目标，从而获得了一种对于现存的一切加以批判地反思的能力，这是其“善”的层面。不仅如此，马克思还提出了自然科学（真）与人的科学（善）的统一及其历史条件问题。例如，他说：“自然科学往后将包括关于人的科学，正像关于人的科学包括自然科学一样：这将是一门科学。”①在马克思看来，人的存在本然地蕴含着审美的维度，因为“动物只是按照它所属的那个种的尺度和需要来构造，而人懂得按照任何一个种的尺度来进行生产，并且懂得处处都把内在的尺度运用于

① 《马克思恩格斯全集》第3卷，人民出版社2002年版，第308页。

对象；因此，人也按照美的规律来构造”①。另外，马克思还从人的解放的意义上揭示了审美的含义，认为随着共产主义的来临，艺术也从狭隘的旧式分工的部门中解放出来，变成人的存在方式本身的性质。因此，从哲学意义上说，共产主义不过是真、善、美相统一得以最后实现的历史形式；而“已经生成的社会，创造着具有人的本质的这种全部丰富性的人”②。改革开放40年来，哲学的这些广义文化内涵在马克思主义哲学研究中不断得到阐发，从而在更大程度上丰富了人们的理解。

四、目前中国马克思主义哲学研究存在的问题及出路

在谈到欧洲文艺复兴时，恩格斯曾说过：“这是人类以往从来没有经历过的一次最伟大的、进步的变革，是一个需要巨人而且产生了巨人——在思维能力、激情和性格方面，在多才多艺和学识渊博方面的巨人的时代。”③在某种意义上，对于中华民族来说，改革开放的历史意义丝毫不亚于欧洲的文艺复兴。所以我们有理由认为，这同样是“一个需要巨人的时代”。新时代的中国马克思主义哲学研究应不辜负时代的召唤，产生出我们自己时代的“巨人”。这归根结底需要强大而不竭的学术原创力，需要划时代的、里程碑式的丰厚学术成果。要达到这个目的，取决于理论的深邃透彻和对鲜活实践的深刻的反思性把握；其中又首先有赖于我们勇于正视并解决马克思主义哲学研究本身存在的问题和症结。

1.不同的研究范式如何避免走向独断化？

彼此尊重、相互宽容，是马克思主义哲学研究不同范式之间关系走向健全的前提。它们之间可谓是合则两利，离则两伤。不同研究范式之间应该是建设性的对话关系，而不是彼此的诋毁和轻蔑。因此，必须注意防止各种研究范式的独断化，避免强烈的排他性。其实，在绝对的意义上，马克思主义哲学研究的任何一种可能的范式都没有独立的价值，只有在它们彼此的互补和整合中，有关研究才能走向逼真性。一种范式一旦陷入独断化的误区，就必然沦为一种遮蔽的力量而不再是一种敞开的力量，这正是其走向危机从而丧失自身合法性的开始。

我们需要警惕，研究范式始终存在着走向自我异化的可能性。(1)学理阐释范式的优势在于能够充分发掘马克思主义哲学的丰富而深刻的意蕴，这是理论的彻底性所内在要求的。按照马克思的观点，理论只有彻底才能说服群众，从而才能变

① 《马克思恩格斯全集》第3卷，人民出版社2002年版，第274页。
② 《马克思恩格斯全集》第3卷，人民出版社2002年版，第306页。
③ 《马克思恩格斯选集》第4卷，人民出版社1995年版，第261～262页。

成物质力量。这是得到"实践能力的明证"的必要条件。学理阐释范式能够为达到理论的彻底性提供学理上的保障。马克思主义哲学当年所拥有的那种强大的逻辑力量,就源自这种学理上的彻底性。但是,这种范式也有自身的某种局限性。若离开了实践反思范式的滋润,它就难以避免教条主义的陷阱,难以同思辨哲学划清原则界限。若离开了文献考证范式的支持,理论本身也将缺乏可靠的依据,从而容易出现大而无当的空疏之弊病。(2)实践反思范式使我们的研究能够做到感应时代脉搏、回应实践质询、立足于研究者的"此在"性。哲学脱离生活乃是哲学的最大异化。一旦割裂哲学同现实生活之间的内在联系,就会不可避免地重蹈思辨哲学的覆辙,从而背离马克思主义哲学的优秀传统。实践反思范式虽然具有这一优点,但如果抛弃了学理阐释和文献考证范式所提供的"支援",也难免会陷入实用主义的泥淖,从而有可能屈从于实践的机会主义。马克思固然"首先是一个革命家",但绝不是一个盲目的革命家,他还是一位终其一生从事艰苦思想劳作的哲学家。因为在马克思看来,"共产主义者"同时也必须是"实践的唯物主义者"。他认为,共产主义固然是"现实的产生活动——它的经验存在的诞生活动",但"对它的思维着的意识来说,又是它的被理解和被认识到的生成运动"[①]。马克思意义上的共产主义显然内在地蕴含着一个自觉反思的层面。(3)文献考证范式的引入,为国内马克思主义哲学研究带来了一场革命性变化和一股清新气息,其积极意义在于为马克思主义哲学研究提供了更为可靠的基础和诠释的前提,培养了一种严谨扎实的研究态度和探究精神。就此而言,这一新范式的积极价值怎么估量都不过分。但也应看到,它同既有范式之间并不是一种替代关系,而是一种补充关系。在某种意义上,文献考证不过是为学理阐释进而为实践反思所作的一种准备,因而并不具有独立的意义和价值。把它强调到不适当的地步,甚至认为可以取代其他范式,无疑是一种虚妄和僭越。还原真相并非研究的唯一目的和根本目的,文本的独立意义仅仅在于作为诱发新的意义生成的"触媒"。就马克思主义哲学品格来说,它的"文本"意义更是完成于实践的应用。词源学还原、文本学还原、语义学还原、语用学还原等,可能在某种程度上能够再现思想家的运思过程,甚至弄清其潜在的理论动机以及影响思想建构的各种思想变量包括思想来源。但最后的文本的存在本身,其目的和作用不正是为了在肯定的意义上隐去这一切吗?词源学之类的还原的合理性边界在哪里?甄别合法的还原与非法的还原的标准又是什么?这些无疑是我们进一步深化马克思主义哲学研究所必须面对的问题。文献考证范式提出的尖锐问题

① 参见《马克思恩格斯文集》第1卷,人民出版社2009年版,第186页。

是，通过后来发现、整理、出版的马克思的佚著（手稿、札记、摘录等），我们究竟能否发现“另一个马克思”？倘若这个问题成立，那么就意味着以往对于马克思的基本认知面临被解构甚至颠覆的危险。马克思文本语义的客观性还原，究竟在何种意义上是必要的，其合法性限度又在哪里？中国的“马克思学”之建立，能否取代其他研究路径的必要性和合法性？在这个问题上，我们需要谨防“矫枉过正”，以免陷入新的独断论误区。

2.“论坛哲学”与“讲坛哲学”如何有效地衔接？

马克思主义哲学教科书体系的创新虽然讨论了几十年，但鲜见能够按照新的编纂理念和原则写出一部真正体现马克思新哲学观的作品。新出现的马克思主义哲学教科书往往只是局限于“宣布”新的原则，在正文的展开中却又重蹈旧体系的覆辙，即“抽象地肯定，具体地否定”。想要编写出从内容到形式、从导言到正文都具有实质性突破的马克思主义哲学教科书，依然任重而道远。

相对于“论坛哲学”的活跃和取得的突破性进展，“讲坛哲学”明显滞后。之所以出现这种脱节，原因固然是多方面的，但不能否认其中的一个重要原因就在于，我们的研究仍然不充分、不成熟，尚未达到足以用实际的叙事来内在地“显现”而不是外在地“谈论”新体系的程度。在哲学创新问题上，值得重视的是“思维经济原则”，即新假说的解释力倘若不能覆盖进而超越已有的假说，那么新假说的提出就是非法的。所以，当务之急应该是“立字当头，破在其中”，而不是相反。

从道理上讲，“论坛哲学”与“讲坛哲学”之间理应是建设性的互动关系。“论坛哲学”取得的新进展和新成果，应当不断地被积淀并浓缩到教科书体系亦即“讲坛哲学”之中，使教学内容能够尽快反映学术界的最新进展；反过来，教学领域遇到的难题，也应及时地反馈到学术研究领域，成为反思的对象和新的理论生长点，亦即“讲坛哲学”提出的尖锐问题，需要转化为“论坛哲学”所处理的对象，成为促进研究深化的动力。但就马克思主义哲学研究的现状看，两者的脱节依然未从根本上得到改观，“两张皮”的现象未能有效地解决。有鉴于此，马克思主义哲学的学术研究同马克思主义哲学教科书体系之间的联系亟待加强。换言之，“论坛哲学”与“讲坛哲学”如何进一步接榫，是一个迫切需要正视和解决的问题。

3.如何实现由“照着讲”到“接着讲”的过渡和转变？

从总体上说，我们今天的马克思主义哲学研究在主导方面并未摆脱“照着讲”模式的束缚，尚未真正进入“接着讲”的模式。要实现这一转变，以保持马克思主义哲学的自我追问和自我建构的能力，主要取决于两个条件：一是创造性诠释工夫的养成，这决定着理论的原创能力；二是社会生活实践的不断深化和成熟，因为“接着讲”必须基于对活生生的实践作出深刻反思。当然，反思的武器本身来自马克思主义哲学的“武库”。在这种反思过程中，一方面实践获得了理论的范导，另一方面理论本身也获得了丰富和发展。理论与实践之间建设性关系的辩证性质，由此得以典型的体现。

“接着讲”是马克思主义哲学批判本性的内在要求和逻辑彻底性的体现，也是捍卫并保持马克思主义哲学及其研究的开放性的条件。这种开放性至少包括向他者开放、向时代开放、向生活开放、向实践开放、向未来开放。对于马克思主义哲学来说，这种开放性的内在逻辑基础就在于，它把实践作为终极的原初范畴加以自觉确认。因为作为人所特有的存在方式，实践内在地蕴含着向未来敞开的可能性，从而是一种积极的、能动的建构活动。作为实践的唯物主义，马克思主义哲学固有其内在的开放性，它必然要求对于它所作的任何研究，都不能仅仅满足于“照着讲”，而必须能够“接着讲”。

4.如何避免马克思主义哲学研究走向“经院化”的陷阱？

毋庸讳言，学术性与现实性之间关系的重新调适，为马克思主义哲学研究的繁荣提供了必要的空间和适宜的氛围。20世纪90年代以来，学术研究的重心由“思想”向“学术”的转移其实是一把“双刃剑”，它既使得马克思主义哲学研究越来越严谨，越来越符合所谓的“学科规训”(discipline)，同时也潜含着使这一研究陷入“经院化”的危险，从而使其失去马克思主义哲学的特质和优点。这是非常具有讽刺意味的。我们不难发现，有关研究日益变成了海德格尔所讽刺指出的“学院之事”，一味地追求所谓的“细腻化、精致化、技巧化”，强调“精雕细琢”的工夫。这对于弥补以往的那种大而无当的粗陋风格固然有其积极的矫正作用，但也不得不承认，这一趋势使得马克思主义哲学研究面临着陷入“经院化”的危险。重视细节无疑是对的，但又不能因此而迷失于细节；微观基础诚然重要，但整体语境毕竟带有“非加和”性质。吊诡的是，细节越精确，整体的性质往往反而越失真。这一悖论是经常发生的。整体性质及其判断，只有通过宏观的洞察力才有可能被捕捉并把握到。受到后现代主义对所谓“元叙事”的不信任和对宏大叙事的解构等的影响，马克思主义哲学研究也一度转向“微叙事”研究模式。而“解释学循环”呈现出来的悖论性质，充分凸显了整体与部分、普遍与特殊之间的不可剥离性及其所要求的互为中介的关系。“我们越是探求特殊性当中有无穷无尽的意义，特殊性当中的一切就越是显得毫无意义。"[①]这是富有讽刺意味的。它表明，特殊性一旦离开了普遍性的规范，我们就无从获得其确切的含义。这正是"语境"（context）本身之所以先行地具有前提性和重要意义的原因所在。

在马克思主义哲学研究中，"经院化"倾向主要来自考据学的偏好。考据方法和考证成果究竟有无独立价值，又在多大程度和何种意义上具有独立价值，值得进一步讨论。文献考据范式支配下的研究，应该格外注意避免意义的过度还原，谨防"经院化"的误区。任何"文本"一旦进入学术史或思想史，就都有其独立价值和不可褫夺的意义。文本建构本身的初衷就是留下凭据，以它来弥补一切文本之外的东西的易逝性、非证据性等的局限。然而，在现有研究中出现的一个极端情形是，在"索隐式"研究中，"文本"却沦为不再值得信赖的东西。这是不是一种本末倒置呢？

5.如何建构马克思主义哲学的"中国版本"？

马克思主义哲学中国化的实际历史进程本身日益成为反思的对象，它开始实现由自在向自为的转变。这一过程是伴随着强调"学术本土化诉求"和"文化自信"这个大的历史背景而发生的。借助于时代之机缘，有关研究更是蔚为大观。中国革命道路和中国特色社会主义建设实践的独特性，决定了"中国经验"的某种个案性特征，它已经并将继续孕育出中国版本的马克思主义哲学样态。因为这种独特的实践本身，既是马克思主义哲学指导实践的产物，又是中国国情及在此基础上的创造性探索的结果。在文化自信和构建中国特色哲学社会科学被提上议事日程的今天，这一任务尤显紧迫。

中国现象、中国道路、中国经验、中国"故事"，为马克思主义哲学的反思提供了极为丰富的素材。这才是马克思所曾开辟的一种最为本真的研究方式。毛泽东当年提出，任务就是如何"在理论上来思考中国的革命实践"[②]。我们今天面临的任务，则是如何在理论上来思考中国的建设实践，亦即深刻地反思中国特色社会主义实践过程和经验。这种研究的不断深入和完善，无疑将会为构建中国语言、中国气派和中国风格的马克思主义哲学提供最坚实的基础。同实践的丰富性相比，理论相对滞后。从某种意义上说，实践走在了理论的前面。用马克思主义哲学去反思并处理新时代中国特色社会主义的丰富实践经验，依然是当代马克思主义哲学研

---

① ［英］杰弗里·巴勒克拉夫：《当代史学主要趋势》，杨豫译，上海译文出版社1987年版，第21页。

② 《毛泽东选集》第3卷，人民出版社1991年版，第814页。

究所面临的迫切任务。

从未来发展的趋势看，马克思主义哲学研究应当在“回到马克思”与马克思主义的“本土化”之间保持一种均衡。也就是说，既要从学理上澄清对马克思的某些“误读”，这是总结并汲取实践经验和历史教训的需要；同时也要充分尊重马克思主义哲学的“中国叙事”，这是由我们作为“中国人”的“此在性”所决定的研究立场的正当诉求。马克思主义中国化在实践上的日益成熟，要求我们的研究进入反思状态。在这一背景下，马克思主义哲学与中国固有的传统文化特别是儒家文化的关系以及两者融合会通的可能性，就成为无法回避的问题。它们究竟是在何种意义上融会贯通，又是在何种程度上融会贯通，这也成为马克思主义哲学研究的一个重点领域。在学术的本土化诉求日益自觉、中华民族文化自信心逐步确立、中国优秀传统文化不断弘扬的今天，我们需要贡献出一个成熟而完备的马克思主义哲学“中国版本”。

6.马克思主义哲学思想史来源的追溯和还原的合理性及其限度何在？

如果试图把马克思思想的所有元素都寻找出它的来源的话，那么马克思的原创性贡献也就被彻底遮蔽了。把马克思看成一种思想上的“横空出世”现象，是有违思想史事实的，这看似在推崇马克思，实则在贬低马克思，因为它剥夺了马克思作为人类优秀思想成果的“集大成者”的角色。但过犹不及，在这个问题上，矫枉过正是不恰当的。也就是说，不追溯这种来源，我们就不能深刻地理解马克思；但若追溯过度，就势必抹杀马克思独特的原创性贡献。思想史的还原和追溯倘若被推向极端和绝对化，以为马克思的所有思想都可以找到一一对应的思想史来源和出处，似乎它不过是对以往思想的简单“复制”，那么马克思也就不成其为马克思了。歌德在谈到思想来源的不可穷尽性时，曾以自己为例说：“我有许多东西要归功于古希腊人和法国人，莎士比亚、斯泰恩和哥尔斯密给我的好处更是说不尽的。但是这番话并没有说完我的教养来源，这是说不完的，也没有必要。”[①]过度追溯和还原的做法，其症结在于完全忽视了马克思作为“集大成者”的独特贡献。马克思的思想贡献在于，他对所有被吸收的因子进行了一番扬弃的工作，并因而实现了一种“格式塔”转换，从而超越了一切要素及其“加和性”的关系。马克思亦曾明确反对把他的学说看成“各种知识的杂拌”。当我们把马克思“文本”中的所有理论线索都找出其一一对应的来源，追求所谓的“字字有来历，句句有出处”，以至于使马克思沦为拾人牙慧的思想裨贩之辈，那么马克思在人类思想史上所实现的根本性重建

① [德]爱克曼辑录：《歌德谈话录》，朱光潜译，人民文学出版社1978年版，第177页。

和革命性变革又从何谈起呢？如此一来，马克思还是一位引爆了一场哲学革命的极富原创性的思想家吗？因此，在探究马克思主义哲学思想史来源中，首先要解答的前提性问题是，文本还原、语境还原、语义还原等的合理性和边界究竟何在？企图离开旧有文献及其解释而去“发现另一个马克思”，是不是一种过分的想象和僭越呢？如何在两极之间保持必要的张力，恰当地维系一种基本的均衡，乃是马克思思想发生和发展史研究所必须正视的问题。

7.我们今天应该如何为马克思主义哲学作出有效的辩护？

“为马克思辩护”“保卫马克思”在今天何以会成为问题，为什么它们作为口号会一再地被提出来？马克思主义哲学的合法性问题原本是自明的，从而无须追问。改革开放以来，哲学依靠以往政治上层建筑维系的地位受到挑战，马克思主义哲学研究从而遭受种种质疑，甚至面临某种危机。它主要是缘于这样几个方面：一是由革命到建设所造成的时代主题的转移，意味着“以阶级斗争为纲”转变为“以经济建设为中心”，国际上则是由“战争与革命”向“和平与发展”的转换。在这一时代背景下，以“革命”为主题的马克思主义哲学是否还合乎时宜？二是由思想启蒙到学术规范的转变，使以往的政治话语和意识形态修辞式的“研究”面临挑战，马克思主义哲学则首当其冲，受到了来自其他学科特别是西方哲学的质疑。三是马克思主义哲学面对层出不穷、日新月异的时代变迁的解释力遇到困难，在对千变万化的现实生活作出有效解释，特别是对向未来敞开的现实生活作出能动筹划方面，马克思主义哲学能否依旧像马克思当年那样扮演积极角色？四是各种反马克思主义思潮企图从根本预设的层面上解构马克思主义哲学，贬低以致否定其积极价值和生命力……所有这些，都使我们不得不承认，马克思主义哲学研究的确在表面看来遇到了合法性危机。

事实上，这既是挑战同时又是机遇。它促使马克思主义哲学研究本身不断地进行自我反思。除了要“练好内功”之外，还必须作出有效的自我辩护。马克思主义哲学归根结底还是要回到自身。对马克思主义哲学的知识论期待和想象是非分的和虚妄的。因为这种看待方式必然要求马克思主义哲学能够为未来开出具体的“药方”和确切的“时间表”，这显然有违马克思对于哲学所作的自我定位。马克思主义哲学遇到的很多所谓的“危机”，其实是由加诸其上的种种误解造成的。马克思说过：“新思潮的优点就恰恰在于我们不想教条式地预料未来”①；“我们的任务

① 《马克思恩格斯选集》第2卷，人民出版社1995年版，第273页。

不是推断未来和宣布一些适合将来任何时候的一劳永逸的决定”[①]，“所以我不主张我们竖起任何教条主义的旗帜”[②]。恩格斯也说过：“我所在的党并没有任何一劳永逸的现成方案。”[③]既然如此，我们又有什么理由苛求马克思主义哲学必须为未来的一切开出详尽的“药方”和“时间表”呢？

对于马克思主义哲学研究来说，离开了学术性的探求和努力，就不可能获得反思的彻底性和强大的逻辑力量，从而不会有马克思当年所期待并达到的“理论的彻底性”，最后也无从得到“实践能力的明证”。这种学术性诉求，也是提高马克思主义哲学自我辩护水准的需要。一方面，马克思主义哲学所遭遇的质疑，已不再仅仅局限于在当代历史条件下“是否过时”的问题，西方新自由主义思想家出于反马克思主义的需要，他们进一步质疑马克思学说当时的正确性，譬如哈耶克等人就认为马克思为了制造革命的理由而故意妖魔化资本主义。这就对我们的辩护提出了更高的要求。另一方面，马克思主义哲学所面临的质疑，也不再仅仅局限于个别结论，而是触及了使一切可能的结论得以成立的基本预设本身。因此，如果我们不进一步提高自己的辩护水准，而是满足于重申已有的个别结论，是难以完成“保卫马克思”的使命的。对于马克思主义哲学研究来说，学术规训可谓是一把“双刃剑”：它既有助于我们的研究回归当年马克思所进行的艰苦思想劳作的科学性，又潜隐着遮蔽马克思主义哲学特质的危险。它考验今天的研究者如何在保持学术品位的同时又不失却马克思主义哲学的优势。这一任务能否完成，将在很大程度上决定着我们能否对马克思主义哲学作出有效辩护。

8.如何有效地避免马克思主义哲学研究本身的异己化？

改革开放40年来，中国学术界对于马克思主义哲学所作的研究，日益表现出知识论建构的性质和特征。从研究内容看，我们越来越把马克思主义哲学本身当作研究对象来处理。例如，虽然马克思哲学观的研究得到空前的重视，却忽视了马克思哲学观的独特性。马克思的哲学观是隐匿性的，这取决于马克思对哲学所作的特有的理解。因为对于马克思而言，哲学作为一种运思方式，它仅仅显现于实际的运思之中，因而并不存在一种作为叙述对象的哲学。换言之，马克思不是“说(saying)”哲学，而是“做(doing)”哲学。在他那里，“哲学”是通过实际的运思“显现”出来的，而不是把哲学当作一个被旁观者“谈论”出来的，因此哲学不能作为研

---

① 《马克思恩格斯全集》第1卷，人民出版社1956年版，第416页。

② 《马克思恩格斯全集》第1卷，人民出版社1956年版，第416页。

③ 《马克思恩格斯全集》第4卷，人民出版社1995年版，第676页。

究的对象而被建构。从研究方法看，近40年来特别是进入21世纪以来，对于马克思主义哲学的探赜索隐的工夫开始逐渐得到重视，并且取得了长足的进步。如果说在20世纪80年代基于文献学的研究还是零星的、偶然的、不成规模的，还仅限于个别研究者的个人兴趣和偏好；那么从90年代开始尤其是进入21世纪以来，这方面的研究则日益受到越来越多学者的高度关注，以至于有人提出建立中国的“马克思学”。此类研究一时间成为“显学”。总之，无论是研究内容还是研究方法，马克思主义哲学研究都呈现出知识论化的趋势。

问题在于，对马克思主义哲学所作的研究一旦沦为一种知识论建构活动，就必然会偏离马克思的真精神，从而遮蔽马克思主义哲学的特质和优点。马克思主义哲学如果变成研究的对象，也就有了一个角色的重新定位问题。马克思当年所从事的思想劳作当然是一种“研究”，但我们现在的工作却变成了“研究的研究”。这是马克思之后的马克思主义不得不面对的一个问题：当马克思主义哲学变成一种供讨论和研究的对象之后，选择怎样的研究方式才恰当？并非所有的研究方式都是正当的，问题在于，判断研究方式恰当与否的标准究竟何在？或者说，马克思本人所采取的研究方式究竟在何种意义上、又在多大程度上应该为我们所效法和借鉴？他作为思想巨人留给我们的遗产仅仅是一堆供作为后来研究者的我们去处理的对象，还是应该为我们所“习得”的运思方式，以至于成为研究方法和范式本身？更进一步的问题是，马克思主义哲学所特有的方法是否自我适用？

在马克思主义本身的前提中，“最为重要的”无疑是“‘理论与实践相统一’的思想”。一般这样说是毫无疑问的，但需要辨析“理论与实践相统一”的确切内涵。这种统一并非意味着可以轻视理论及其规范价值或者剥夺理论的相对独立性。马克思当年在大不列颠博物馆所从事的艰苦的研究和沉思，在那些所谓“重视实践”的人们眼里可能一文不值。这种误解完全无视理论的自主性，势必妨碍理论的范导作用和纠错能力。与此相反，过分地推崇理论，切断它同实践之间的那种始源性和本然性的关系，从而陷入理论的“自闭症”，同样是极其有害的。我们以往的历史经验和教训早已反复地证明了这一点。几乎“所有马克思主义的运动都遭受两种灾难，一种是教条式地死守原来的理论……另一种是极端的修正主义。从最初的伯恩施坦的意义上说，就是使马克思主义（或至少使马克思主义运动）去适应现存的资本主义秩序。很难说哪一种倾向更有害”[①]。的确，我们总是难以完全摆脱理论的教条主义和实践的机会主义这两种极端倾向的纠缠和烦扰。但是，倘若过分地

① 俞可平主编：《全球化时代的马克思主义》，中央编译出版社1998年版，第95页。

迎合现实需要，使理论屈从现实，就将丧失我们对于生活的批判性地反思的能力，从而陷入实践的机会主义误区。与此相反，倘若过分地迎合所谓的“学术标准”，而无视理论同现实生活之间的那种原罪般的关系，又难免在一定程度上减弱当年马克思所实现的深刻的哲学变革的意义和价值，以至于陷入使马克思主义哲学研究退回到“前马克思”水平上去的危险。只有自觉地克服和防止这两个极端，才能有效地避免马克思主义哲学研究的异己化。

以上就是我的全部报告，谢谢大家！

（注：原文以《40 年来中国马克思主义哲学研究回眸与前瞻》为题刊登在《中国哲学年鉴 2018》）

中国道路与中华民族的伟大复兴

（2019 年 10 月 18 日）

刘先春*

老师们、同学们，大家好！

我今天报告的题目是“中国道路与中华民族的伟大复兴”。道路决定命运。中国特色社会主义道路不是从天上掉下来的，是中国共产党和中国人民历尽千辛万苦、付出各种代价开创出来的。中华人民共和国 70 年的历史证明：只有社会主义才能救中国，只有中国特色社会主义才能发展中国、富强中国。中国特色社会主义道路是中华民族伟大复兴的必由之路！这次报告的主要内容分为五个部分——社会主义革命和建设：艰难曲折的探索之路；改革开放初期：摸着石头过河，邓小平开创中国特色社会主义道路；世纪之交：中国特色社会主义道路全面推进；新时期：科学发展观引领中国特色社会主义正确方向；新时代：中国特色社会主义道路越走越宽广。

一、社会主义革命和建设：艰难曲折的探索之路

20 世纪初我国正处于半殖民地半封建社会，民族独立、人民解放是这一时期的主题。以毛泽东为代表的中国共产党人，立足于半殖民地半封建的具体国情，深刻把握时代主题，坚持把马克思主义普遍真理同中国革命的具体实践和时代特征

* 刘先春，中国人民大学法学博士。现任甘肃省社科联副主席，兰州大学马克思主义学院教授、博士生导师，中央马克思主义理论研究和建设工程首席专家，教育部教学指导委员会委员，教育部中小学教材审查委员会专家，教育部学位办博士论文评审专家，教育部百人团宣讲成员，甘肃省委理论宣讲团主要成员，享受国务院政府特殊津贴。主要从事中国特色社会主义理论和科学社会主义及党史党建的教学与研究工作。主持国家社科、教育部社科项目多项，出版著作和教材 20 余部，发表论文 100 多篇。曾获甘肃省优秀教学成果奖一等奖，甘肃省精品课程奖，甘肃省教学名师奖，甘肃省优秀思想政治工作者，甘肃省社科成果一等奖，甘肃省领军人才，甘肃省“四个一批”人才，甘肃省优秀专家，2009 年获“全国优秀教师”“全国高校优秀思想政治理论课教师”称号，2013 年度全国思想政治理论课影响力人物十大标兵，2017 年全国哲学社会科学最有影响力学者。

相结合，形成了关于中国革命和建设的理论、路线、纲领、方针、政策，创立了毛泽东思想，毛泽东思想是马克思主义中国化和马克思主义时代化的理论成果。

中华人民共和国成立后，特别是在完成新民主主义革命向社会主义革命的转变以后，毛泽东在带领中国人民转入大规模社会主义建设过程中，对适合中国国情的社会主义道路进行了艰辛探索。在苏共二十大召开之后，毛泽东提出了“以苏为鉴”，独立探索一条不同于苏联模式、符合中国国情的社会主义建设道路的思想；1956 年，毛泽东发表《论十大关系》，强调我们的基本方针，就是要把国内外一切积极因素调动起来，为社会主义事业服务。我们党对中国特色社会主义建设道路的初步探索始于 1956 年社会主义改造完成之后，党的八大曾对如何建设社会主义作出全面部署。毛泽东在《论十大关系》《关于正确处理人民内部矛盾的问题》等论著中对我国如何建设社会主义进行了初步探索，为我们后来探索中国特色社会主义道路积累了宝贵经验。在《关于正确处理人民内部矛盾的问题》一文中，毛泽东指出社会主义社会的基本矛盾仍然是生产力和生产关系、经济基础和上层建筑之间的矛盾；提出了严格区分和正确处理两类不同性质的矛盾，团结全国各族人民发展我们的经济，发展我们的文化，建设社会主义强大国家的战略思想。由此不难看出，以毛泽东为核心的党的第一代中央领导集体在社会主义建设中坚持独立自主的方针，不懈地探索适合我国国情的发展道路的思想，对党在十一届三中全会以后开辟中国特色社会主义道路具有重要的指导作用。

二、改革开放初期：摸着石头过河，邓小平开创中国特色社会主义道路

邓小平担任总书记的十年，是我们党在社会主义改造基本完成以后领导全国各族人民转入全面大规模社会主义建设的十年。邓小平作为在一线工作的中央主要领导人之一，积极投入了这十年的艰辛探索，参与了其间一系列正确政策和措施的制定，在许多方面提出过或着重阐述过一系列正确的和比较正确的主张，为邓小平理论形成作了一定的经验积累和理论准备。

邓小平坚持以经济建设为中心，把马克思主义与中国实际相结合。在 1957 年 4 月西安干部会议上的讲话中，邓小平就曾指出：“我们前一阶段做的事情是干革命。”[1]“今后的主要任务是搞建设。”[2]他强调说，我们今后很长时期的任务，就是要调动一切积极因素，调动一切力量，为把我国建设成为一个伟大的社会主义工业国

① 《邓小平文选》第 1 卷，人民出版社 1994 年版，第 261 页。

② 《邓小平文选》第 1 卷，人民出版社 1994 年版，第 261 页。

而奋斗。搞建设是一个很长的过程，“不知道多少年才能完成”。因为我国还是一个贫穷的国家、落后的国家。“要把这么一个贫穷落后的国家建设成为社会主义的先进的工业国家，需要长期的刻苦的努力。”①邓小平的这一思想，在党的十一届三中全会以后得到了充分的体现，并在此基础上制定了党的基本路线，强调坚持以经济建设为中心，一百年不动摇。此外，邓小平强调搞好国有企业，必须把改革同加强管理、加强领导班子建设结合起来，十五大报告对此有明确的规定。邓小平在十年探索期间对于如何搞好国有企业，提出了“改善和加强管理，实行职工代表大会制”等观点。“大跃进”和人民公社化运动严重阻碍了农业生产力发展，农民生活异常困难。邓小平从农村现有的生产力水平实际出发，反映广大农民的迫切要求，主张实行包括“包产到户”在内的多种生产责任制的想法，直到十一届三中全会以后才在农村普遍实行起来，并发挥了巨大威力。多种生产责任制本质上仍然是集体经济，只是分户经营，联产计酬，多劳多得，是把集体经济的优越性与分户经营的积极性统一起来的一种好形式，既是社会主义初级阶段的客观要求，也符合“三个有利于”的标准。

可以说，邓小平关于建设中国特色社会主义理论是马克思主义中国化的又一次理论创新。在中国这样一个经济文化落后的国家建设社会主义，这是人类历史上最伟大的创新性工程之一。中国的现实，既不是像马克思恩格斯所论证的那样，在资本主义高度发达的基础上建设社会主义，也不完全等同于其他社会主义国家。邓小平认为，不以新的思想、观点去继承、发展马克思主义，就不是真正的马克思主义者。他精辟地指出，“多年来，存在一个对马克思主义、社会主义的理解问题”②，“马克思去世以后一百多年，究竟发生了什么变化，在变化的条件下，如何认识和发展马克思主义，没有搞清楚。绝不能要求马克思为解决他去世以后上百年、几百年所产生的问题提供现成答案。列宁同样也不能承担为他去世以后五十年、一百年所产生的问题提供现成答案的任务。真正的马克思列宁主义者必须根据现在的情况，认识、继承和发展马克思列宁主义”③。邓小平总结中国共产党几十年来领导民主革命、社会主义革命和社会主义建设正反两方面的历史经验，创造性地提出了建设有中国特色的社会主义理论。他说：“我们的现代化建设，必须从中国的实际出发。无论是革命还是建设，都要注意学习和借鉴外国经验。但是，照抄照搬别国

① 《邓小平文选》第1卷，人民出版社1994年版，第262页。
② 《邓小平文选》第3卷，人民出版社1993年版，第291页。
③ 《邓小平文选》第3卷，人民出版社1993年版，第291页。

经验、别国模式，从来不能得到成功。这方面我们有过不少教训。把马克思主义的普遍真理同我国的具体实际结合起来，走自己的路，建设有中国特色的社会主义，这就是我们总结长期历史经验得出的基本结论。”[①]着眼于时代变化和实践发展，邓小平围绕“什么是社会主义，怎样建设社会主义”这一基本问题，形成了中国特色的社会主义建设理论，解决了经济文化落后国家如何建设和发展社会主义的根本问题，在新的历史条件下发展了马克思主义。

三、世纪之交：中国特色社会主义道路全面推进

在世纪之交的重大历史时刻，认真学习邓小平改革理论中的辩证法思想，深刻总结改革开放中的经验教训，对于我们继续推进改革大业、解决改革中存在的一系列理论和实践问题，必将产生积极的影响。

2002 年 11 月召开的党的十六大，是我们党在新世纪新阶段召开的一次十分重要的全国代表大会。大会报告是《全面建设小康社会，开创中国特色社会主义事业新局面》。大会科学总结了改革开放以来特别是党的十三届四中全会以来党带领人民建设中国特色社会主义的基本经验，阐明了贯彻“三个代表”重要思想的根本要求，明确提出了党在新世纪头 20 年的奋斗目标和推进各方面工作的方针、政策，对建设中国特色社会主义经济、政治、文化和党的建设等各项工作作出了全面部署。

党的十六大指出，创新是一个民族进步的灵魂，是一个国家兴旺发达的不竭动力，也是一个政党永葆生机的源泉。党的十三届四中全会以来，以江泽民同志为核心的党的第三代中央领导集体，高举马克思列宁主义、毛泽东思想和邓小平理论伟大旗帜，对事关党和国家发展全局的一系列重大问题进行了卓有成效的探索和总结，提出了“三个代表”重要思想。江泽民提出“三个代表”重要思想的时候，中国共产党执掌全国政权已有 50 多年历史。改革开放的新环境使党面临许多前所未有的新经验。世界上一些长期执政的党先后垮台，也向我们敲响了警钟，加强执政党的自身建设成为重中之重。胡锦涛这样评价“三个代表”重要思想的创新性：“‘三个代表’重要思想所具有的基本点，马克思主义经典作家都有论述，但把发展先进生产力和先进文化、实现最广大人民的根本利益同坚持党的先进性联系在一起，上升到党的性质和宗旨的高度，上升到党的指导思想的高度，构成一个完整的体系，

① 中共中央文献研究室编：《改革开放三十年重要文献选编》(上)，中央文献出版社 2008 年版，第 260 页。

这是当代中国共产党人对辩证唯物主义和历史唯物主义的创造性运用和发展。‘三个代表’重要思想既坚定不移地坚持了马克思主义的世界观和方法论，又赋予它们鲜明的时代精神和实践要求。”①

四、新时期：科学发展观引领中国特色社会主义正确方向

党的十六大以来，以胡锦涛为总书记的党中央，提出了科学发展观、构建社会主义和谐社会、建设社会主义新农村、建设创新型国家、推动建设和谐世界和加强党的先进性建设等一系列重大战略思想，进一步丰富和发展了中国特色社会主义理论体系。科学发展观，是对党的三代中央领导集体关于发展的重要思想的继承和发展，是马克思主义关于发展的世界观和方法论的集中体现，是同马克思列宁主义、毛泽东思想、邓小平理论和“三个代表”重要思想既一脉相承又与时俱进的科学理论，是我国经济社会发展的重要指导方针，是发展中国特色社会主义必须坚持和贯彻的重大战略思想。党的十七大明确指出，科学发展观等重大战略思想是中国特色社会主义理论体系的组成部分，第一次用“中国特色社会主义理论体系”这个概念对改革开放以来我们党在伟大实践进程中总结出来的一系列重要战略思想进行概括，开创了中国特色社会主义理论研究的新境界。

党的十七大强调，全党同志要全面把握科学发展观的科学内涵和精神实质，增强贯彻落实科学发展观的自觉性和坚定性，着力转变不适应不符合科学发展观的思想观念，着力解决影响和制约科学发展的突出问题，把全社会的发展积极性引导到科学发展上来，把科学发展贯彻到经济社会发展的各个方面。这就是今天解放思想要解决的突出问题，也是在新的历史起点上发展中国特色社会主义理论体系牵动战略全局的关键之点。按照这样的目标和任务要求，就要围绕深刻理解和把握我国社会主义初级阶段基本国情继续解放思想，使思想认识更加符合社会主义初级阶段和我国现阶段实际。要围绕进一步满足人民群众的愿望要求继续解放思想，善于正确把握人民群众的新期待和新要求，使思想观念跟上时代步伐和群众要求。要围绕深化改革开放继续解放思想，深刻领会改革开放的伟大历史进程、历史意义和基本经验，统一对改革开放的认识，为实现中国特色社会主义定型化和社会主义市场经济体制规范化提供精神动力支持。

---

① 胡锦涛：《在“三个代表”重要思想理论研讨会上的讲话》，《光明日报》2003 年 7 月 2 日。

五、新时代：中国特色社会主义道路越走越宽广

党的十九大报告中提出“不忘初心，牢记使命”，新时代中国共产党的历史使命就是实现中华民族伟大复兴。在马克思主义科学真理的指引下，中国共产党从诞生的那一刻起就肩负起这一历史使命，并且为之进行了艰苦卓绝的英勇斗争。当前，中国特色社会主义进入了新时代，中国共产党在统筹推进“四个伟大”的历史进程中，必将铸就中华民族发展史上的新辉煌。在中国特色社会主义进入新时代这一新的历史条件下，认真分析和研究党实现民族复兴的奋斗历程，科学分析新时代实现民族复兴的现实环境，进一步把握新形势、明确新任务、推进新战略，对于我们牢固树立使命意识和使命自信、增强历史责任担当、奋力铸就中华民族发展史上的新辉煌具有重大意义。

党的十九大报告提出，全党要不忘初心，牢记使命。这个初心和使命就是“为中国人民谋幸福，为中华民族谋复兴”①。这是在坚持和发展中国特色社会主义关键时期提出的重要论断，使我们党对自身所肩负的历史使命的认识达到了新的高度。中国共产党始终自觉坚持《共产党宣言》中阐述的科学社会主义的基本原理，既遵循社会主义发展的基本规律，又时刻铭记对国家和民族的责任和使命。在推进马克思主义中国化的历史进程中，中国共产党自觉用马克思主义的基本立场、基本观点、基本方法来分析中国实际，坚持推动理论创新和实践创新，形成了一系列正确的理论成果，指导中国特色社会主义事业迈向前进。

经过 40 年改革开放，特别是党的十八大以来取得的历史性成就和发生的历史性变革，表明中国特色社会主义已经进入了新时代，处于新的历史方位。但成就巨大并不等于没有问题，并不能掩盖潜藏的各种风险和挑战。而且，在新的历史条件下实现新目标，完成新任务更要面对许多新情况、新问题，解决更多的矛盾和困难，应对更多的阻力和压力，付出更多的努力和代价。立足新起点，我们党既要看到前景十分光明，也要看到挑战十分严峻，要登高望远、居安思危，勇于变革、勇于创新，永不僵化、永不停滞。

当今世界多极化、经济全球化、社会信息化、文化多样化深入发展，全球治理体系和国际秩序变革加速推进，各国相互联系和依存日益加深，国际力量对比更趋平衡，和平与发展大势不可逆转。但同时，世界面临的不稳定性、不确定性突

---

① 习近平：《决胜全面建成小康社会　夺取新时代中国特色社会主义伟大胜利——在中国共产党第十九次全国代表大会上的报告》，人民出版社 2017 年版，第 1 页。

出，人类面临许多共同挑战。特别是中国的发展壮大必然对现有国际格局产生重大影响，国际社会期待我国在更多领域承担更多责任，但也有一些国家不愿看到社会主义中国发展壮大，千方百计地对我们进行防范、阻挠和遏制。如何顺应和平、发展、合作的时代潮流，在识变、应变、求变中急起直追？如何更好地统筹国内国际两个大局，在激烈的国际竞争中赢得优势、赢得主动、赢得未来？如何在参与全球治理中扩大话语权、规则制定权，坚定捍卫我国主权、安全、发展利益，维护世界和平，促进共同发展？这些都需要我们付出更加艰苦的努力，以新的作为作出新的回答。

当前，我国经济社会发展呈现良好势头，社会总体和谐稳定，人民生活继续改善，经济增速在世界主要国家中一直名列前茅。同时，改革进入深水区，经济发展进入新常态，经济下行压力加大，各种矛盾叠加，风险隐患增多，形势变化之快前所未有，改革发展稳定任务之重前所未有，矛盾风险挑战之多前所未有，对党治国理政的考验之大前所未有。如何破解前进道路上面临的各种难题？如何有效应对重大挑战、抵御重大风险、克服重大阻力、解决重大矛盾？这些都需要我们付出更加艰苦的努力，不断更新理念和办法。

经过十八大以来全面从严治党的深入推进，党的建设取得重大成效，党内政治生活气象更新，党内政治生态明显好转。但同时我们党面临的“四大危险”“四大考验”依然没有改变，一些突出问题和矛盾仍然没有得到根本性解决，老问题反弹回潮的隐患和压力犹存，新问题、新情况层出不穷。因此，要完成历史赋予的神圣使命，同样需要全党树立责任意识，付出更加艰苦的努力。

中国特色社会主义进入新时代，意味着党和人民的事业达到了一个新的发展阶段，也意味着离实现中华民族伟大复兴的目标更加接近。但越是接近目标，越需要盯紧目标，保持战略定力，奋勇砥砺前行。党的十九大报告明确提出，进入新时代，实现伟大梦想，必须进行伟大斗争，建设伟大工程，推进伟大事业。“四个伟大”是一个紧密联系的统一整体，其中每一项都具有特殊地位和意义。民族复兴的伟大梦想是新时代党治国理政的目标，是全体中华儿女的共同愿望，是方向和归宿，进行伟大斗争、建设伟大工程、推进伟大事业，归根结底就是为了实现中华民族伟大复兴的伟大梦想。但伟大梦想的实现需要把进行伟大斗争作为抓手和途径，不断扫除障碍；需要把建设伟大工程作为坚强有力保障，不断提供政治保证；需要把推进伟大事业作为前提和基础，不断开辟道路。在新时代，实现中华民族复兴必须把统筹推进“四个伟大”作为实践基点，才能更快更好地接近历史目标，夺取伟大梦想新胜利。

新时代开启新征程，新目标引领新时代。奋斗目标近在眼前，历史使命刻不容缓。全党必须把人民对美好生活的需要作为奋斗目标，不忘初心，牢记使命，勇于担当，书写中华民族发展史的新篇章。

以上便是我今天报告所讲的全部内容，谢谢大家！

通识教育视角下的社会主义核心价值观

（2019 年 12 月 15 日）

周　可*

各位老师，各位同学，大家上午好！很荣幸能为各位老师和同学们作本场报告，本场报告的题目是“通识教育视角下的社会主义核心价值观”。主要内容是：现代通识教育的实质是价值观教育，社会主义核心价值观是当代中国的价值共识。理解社会主义核心价值观，需要处理好传统的继承与革新、个人自由和社会责任的协调、社会主义与资本主义价值观念的差异等问题。借鉴美国通识教育的经验，在学校教育中培育社会主义核心价值观，不能忽视价值观教育的濡染性、思辨性和阶段性等特征。

一、作为价值观教育的现代通识教育

作为一种教育理念，通识教育可以追溯到西方文明的早期阶段。古希腊时代的城邦生活确立了自由教育的传统。在亚里士多德看来，自由教育旨在培养良好的城邦公民，它通过身体训练、品格教育和智力教育等三方面，让公民获得身体、道德和理智全面且和谐的发展。在奴隶制盛行的古希腊城邦，专属于公民的自由教育本质上区别于主要由奴隶从事的职业训练，后者被视为低劣卑下的活动。古希腊时代的自由教育理念体现在教学内容中，逐渐形成了包括文法、修辞、逻辑算术、几何、天文和音乐七门课程在内的“七艺”。到了中世纪，一方面，受到教会势力的

* 周可，湖南岳阳人，哲学博士，副教授，硕士生导师。2013 年 9 月起任职于武汉大学哲学学院马克思主义哲学教研室。先后入选武汉大学珞珈青年学者（2015 年）、湖北省高等学校马克思主义中青年理论家培育计划（第六批）。兼任中国价值哲学研究会理事、湖北省哲学学会副秘书长、全国经济哲学研究会青年论坛副主席。目前是武汉大学马克思主义学术团队“马克思主义资本批判理论研究”负责人。先后主持国家社科基金后期资助项目 1 项、湖北省教育科学规划立项课题 1 项，参与国家社科基金项目和国家社科基金重大项目各 1 项，在《哲学研究》《哲学动态》《马克思主义研究》等刊物发表论文多篇，在人民出版社、北京师范大学出版社先后出版著作 3 部（含专著、合著和译著）。

影响，学校教育的课程设置被打上了宗教的烙印，僧院学校主要对教士和僧侣进行读、写、算和教义基本知识的教育；另一方面，所谓的“骑士教育”，以培养身体强壮、虔信上帝、忠君爱国的武夫为目的，其内容主要包括骑马、游泳、投矛、击剑、打猎、弈棋和吟诗在内的“骑士七艺”，并且通过与上流社会的交往而培养骑士的封建意识和道德习惯。

在古希腊时代和中世纪，古典的自由教育传统都以培养统治阶层和精英人士为目标，都强调人的和谐发展，都重视传授文化知识、提升道德修养和塑造强健体格。更为重要的是，在前现代社会，教育在一定程度上与特权相联系，渗透着与现存社会结构和统治阶级利益相一致的价值观念，而处在社会底层的劳动大众长期被排斥在教育活动之外，难以接受文化教育的熏陶。正如在古希腊时期真正享有自由的仅限于城邦公民，古典时代的“自由教育”或“博雅教育”就其实质而言，也是少数人所享有的特权，是名副其实的“贵族教育”或“绅士教育”。自文艺复兴时代以来，由于分门别类的自然科学、技术科学和社会科学的发展，古典自由教育的僵化、保守的课程设置和教学内容日益受到冲击，取而代之的是以专业教育和科学研究为标志的现代大学制度。

准确地说，今天中国学者所熟悉以及国内一些知名高校所推行的通识教育，主要是以 20 世纪上半叶以来美国大学的本科教育为模板的。20 世纪初，针对高等教育的大众化和专业化趋势所引发的问题，美国教育界的一些有识之士提出了通识教育的理念，并克服重重阻力，推行本科通识教育改革。一般而言，现代意义上的美国通识教育以哈佛大学的通识教育改革为标志。1945 年，美国哈佛大学发布了一份题为《自由社会中的通识教育》的专门报告（中译本名为《哈佛通识教育红皮书》）。这份报告提出了解决当时社会问题的通识教育理念，并且依据这一理念规划了较为详细的通识教育方案。为哈佛大学乃至整个美国教育设计的这份通识教育方案很快被采用，成为该校本科教育的一大亮点。它也是近年来中国许多高校实施通识教育时效仿的主要对象。

《哈佛通识教育红皮书》认为，由于知识的专门化、市场分工的发达、教育系统的扩张以及社会生活的日益复杂，20 世纪 40 年代的美国社会面临严重的分化与分裂倾向；这一倾向导致个人的自由发展与公民的共同信念之间出现激烈的冲突，这一冲突可能会挑战现代社会的民主和自由。作为教育界人士，《哈佛通识教育红皮书》的作者们尤为关注专业教育的弊端。他们认为，绝大多数美国人从中学阶段开始接受与专业课程接轨的教育，发展各自的兴趣和才能，以便将来从事专门领域的工作。大部分人甚至不得不在高中毕业后就谋求一份工作。即便是进入大学的那一小部分人，在大学期间也是以修习专业课程为主，力争成为专业人士。然而，专业教育带给受教育者的不仅是知识和技能的专门发展，而且还包括世界观、价值观和人生观等观念方面的差异和对立。

由于现代社会的民主和自由更为尊重并鼓励个人之间的差异性，包括技能、观点和价值观的多样性，所以，现代社会更容易走向分裂，也更需要某种约束力。在这些忧心忡忡的专家看来，要解决这一问题，就需要构建共同的价值规范，以约束现代社会的分裂力量。为此，专家委员会提出了现代意义的通识教育理念，其精神和主旨是解决现代社会的分裂问题，寻求让公民团结一致的有效途径。简言之，“通识教育是一种促使现代人团结起来而非分裂开来的教育”①。具体而言，与前现代社会的“博雅教育”或是“自由教育”主要培养贵族和绅士等少数精英不同，现代通识教育面向全体社会成员，旨在培养现代社会的合格公民，塑造公民的共同信念和社会责任。同时，现代通识教育反对与专业教育相分离，主张在传播专业知识、发展专业技能的同时，形成现代社会所必需的共同知识与价值观。也就是说，“专业教育永远来自于通识教育，并永远要回归和丰富通识教育”②。在这一理念的指导下，现代通识教育的实施就不限于高等教育，而是贯穿于国民教育的各个阶段，甚至连成人教育也不例外。

由此可见，通识教育的实质是现代社会的价值观教育，是以凝聚价值共识的方式来解决现代社会的价值分裂和价值冲突问题。

二、作为当代中国价值共识的社会主义核心价值观

20 世纪上半叶，在经历了 19 世纪的经济增长与结构变迁之后，美国已经完成了从农业和商业为主的沿海经济向现代化工业经济、从传统的农业社会向现代的工业社会和消费社会的转变。这一时期，美国社会出现了一系列新的变化。例如，城市和城镇的增长，国内外贸易的繁荣，新闻出版物和大众传媒的普及，交通和通信网络的发达，人口流动的加剧，社会团体的发展，生活水平的提高，消费主义的盛行等等。许多学者认为，应对社会生活的剧烈变动，迫切需要更新教育理念、调整教育方案。为此，他们提出了通识教育的理念和方案。虽然现代通识教育滥觞于美国，直接针对的是美国的社会问题，但是，作为一种教育理念，它的旨向和意义不限于教育领域和美国社会，而是辐射到整个现代社会，切中了现代社会亟须解决的

① 哈佛委员会：《哈佛通识教育红皮书》，李曼丽译，北京大学出版社 2010 年版，第 28 页。
② 哈佛委员会：《哈佛通识教育红皮书》，李曼丽译，北京大学出版社 2010 年版，第 82 页。

价值共识问题。在我们看来，通识教育的理念和方案对于思考当代中国的价值共识同样具有启示意义。

在经历了40多年的改革开放之后，由于市场经济的建立、社会转型的加速和利益格局的调整，再加上全球化和信息化浪潮的冲击，当代中国民众的价值观念发生了深刻的变化，呈现出多元差异、对立冲突的特征。随着改革的深入和社会的转型，价值观的混乱、紧张和冲突局面不可避免地出现了，整个社会的价值秩序也在反复调整中逐渐成形。在构建良好和谐的价值秩序的过程中，一定的核心价值观是必不可少的，它能够起到主旋律和指南针的作用。在当代中国，社会主义核心价值观承载着凝聚全体民众的价值共识、引领社会价值秩序重建的历史使命。"二十四字"的社会主义核心价值观，以简洁深刻的概括，科学地回答了我们要建设什么样的国家、建设什么样的社会、培养什么样的公民等重大问题，因而是反映全国各族人民价值共识的"最大公约数"。借鉴探讨现代社会价值共识问题的现代通识教育理念，我们认为，培育和践行社会主义核心价值观应该把握以下几点：

一是传统的继承与革新。《哈佛通识教育红皮书》在阐述通识教育理论时，一开始就讨论了"遗产与变革"问题。从表面上看，这一问题意在强调科学和实验的实用主义教育观与基于遗产、重视信仰和真理的古典教育观之间的对立。然而，这一对立的实质是如何看待并协调传统价值观念的继承与革新。报告指出，宗教教育和古典名著教育都主张把文化遗产介绍给学生，以传递社会赖以存在和延续的共同观念；即使是在教育现代化和多元化的背景下，现代民主教育也跟宗教教育和古典名著教育一样，继承、适应并传递有关人性和社会的理念的信仰。"我们的社会和其他任何社会一样，依赖于共同的信念，而教育的主要任务就是使这些信念永存不朽。"[①]但是，科学技术的进步和社会生活的变动，冲击着古典时代以来的知识和价值，从而在共同信念与引领变革的创见之间形成一定的张力。对此，报告认为，"传统本身存在着这样一条公理，即确信：任何公认的理想的当前形式都不是最终的，每一代人，甚至每个个体都会发现它的新形式"[②]。这样所理解的文化传统或遗产，就不是形同槁木的僵死观念，而是像充满生机活力的森林一样，随着社会生活的变化而吐故纳新。

如果说，以美国为代表的西方社会在塑造自己的价值共识时主要面对的是如何继承并更新西方文化传统和价值观念的问题，也就是文化传统的古今之争问题，

---

① 哈佛委员会：《哈佛通识教育红皮书》，李曼丽译，北京大学出版社2010年版，第35页。

② 哈佛委员会：《哈佛通识教育红皮书》，李曼丽译，北京大学出版社2010年版，第39页。

那么，中国这样具有悠久历史和独特传统的文明古国在重建价值秩序与塑造价值共识时，不仅面临自身文化传统的古今之争，而且还需要回应异域文化尤其是西方文化传入所带来的东西之争。然而，近代以来冲击中国社会、影响中国人思想的西方文化和价值观念，主要是经过启蒙运动和19世纪一系列革命的冲击、洗礼之后的现代西方文明，而非古希腊时代以及中世纪的古典西方文明。就此而言，近代以来中国文化所面临的东西之争实际上是古今之争。更何况，就其实质而言，一定形态的价值观念主要是对特定时代、特定民族和特定文化背景下的社会生活的生动反映。因此，在当下中国培育和弘扬社会主义核心价值观，必须以中华优秀传统文化为基础，立足中国社会的实际和现代文明的要求，对传统文化进行创造性转化与创新性发展。

二是个人自由与社会责任的协调。对于受教育者而言，教育既是发展个性、完善自我的有效方式，又是融入社会生活、实现社会化的重要途径。如果说前者意味着要充分尊重并发展个人的天赋、兴趣和技能，那么，后者则要求在一定程度上引导、规范甚至是限制个人发展的方向，强调个人应尽的社会责任和义务。在现代社会，教育活动中亘古以来就存在的张力被进一步强化。由于经济发展、技术进步、政治民主和教育普及，实现个人的自由发展成为教育乃至整个社会的主要目标。专业教育的兴起与职业分工的细化不仅服务于这一目标，而且还推动了这一趋势。然而，正如《哈佛通识教育红皮书》的作者所忧虑的，现代民主社会最大限度地尊重人与人之间的差异性和多样性，鼓励个人为了自己的利益而自由地选择和创造；如果任由这一趋势蔓延，就必然会削弱人们之间的社会联系，淡化其社会责任感。在教育理论中，个人自由与社会责任之间的张力表现为专注于提升学生智力、知识和技能的专业教育与培养学生的直觉、情感和智力等共同人性以及公民感的通识教育之间的差异。报告指出："自由社会的理想中包含着双重的价值，一是自由的价值，一是社会的价值。民主社会是由自由人组成的共同体。我们有时倾向于强调自由——个人选择的力量和为自身着想的权利，而对与我们的同胞进行合作的职责考虑得不充分。民主社会必须在自由的价值观与社会生活之间不断调适。"[①]因此，报告主张将通识教育的理念贯穿在专业教育当中，将通识教育的育人目标界定为培养整全的人和负责任的公民。

在当代中国，市场经济的改革和政治体制的完善，不仅将个人从计划体制的束缚下解放出来，保障了个人自由和民主权利，而且激发了个人追求物质利益、实现

① 哈佛委员会：《哈佛通识教育红皮书》，李曼丽译，北京大学出版社2010年版，第59页。

自我价值的欲望，为个人的自由发展创造了较为充分的物质条件。时下，通过获取尽可能多的物质财富来实现个人价值、跻身为所谓的“成功人士”，俨然成为许多人的人生目标。这种极端个人主义的价值观，不仅充斥着利己主义的原则，而且仅仅根据个人自由尤其是追逐物质财富的自由来界定美好的人生，将人类看作是本质上孤立的、互不干扰的原子式个人的集合。当下中国社会生活中人情冷漠、公德沦丧、责任缺失、话语暴戾等丑陋现象与这种价值观念的盛行不无关系。因此，要实现社会有序发展、构建良好的价值秩序，有必要处理好个人自由与社会责任之间的关系，调适两者之间的张力。社会主义核心价值观为此提供了合理的原则。它既强调“民主”“自由”“平等”“公正”“法治”“敬业”和“诚信”等有利于实现个人发展的价值因素，又倡导“富强”“文明”“和谐”“友善”和“爱国”，以培育公民意识和社会责任感。

三是社会主义与资本主义价值观念的差异。1943 年，正是第二次世界大战如火如荼之时，哈佛大学的 12 位优秀学者却在热烈地讨论美国社会的教育问题。这一问题看似与当时最为紧迫的世界大战和人类命运相距甚远，实际上却紧密地关联在一起。在这些学者看来，世界大战本身就是美国和西方文化应该吸取的教训。如果教育不能培育公民的责任感、塑造开放的心灵，不能让民众特别是青年人在个人自由与社会生活、宽容与信念之间保持适当的张力，那么，民众就难以摆脱极端怀疑主义和狂热的盲信，就会陷入混乱和极权主义。虽然美国本土远离第二次世界大战的硝烟，但通识教育的倡导者们却担心美国青年迷失了方向，忧虑美国的自由主义文化走上极权主义的道路。因此，现代通识教育作为一种价值观教育，在当时直面的是世界大战引发的西方文化危机和美国社会的未来方向问题。正如报告所言：“通识教育是美国教育系统中迫切需要的一个概念。只有它能指引我们的年轻人为我们国家的未来作贡献。”[①]尽管如此，我们不能完全忽视报告背后的资本主义意识形态和价值观念。诚然，报告批评了自由主义的个人主义主张，也反思了第一次世界大战以来自由主义者中出现的怀疑主义和狂想主义，但是，报告仍然坚持自由主义的基本预设，仍然以与资本主义制度相适应的自由和民主理念作为现代社会的价值准则与理想。需要指出的是，自从社会主义运动在 19 世纪蓬勃发展以来，诸如自由、民主、平等之类的现代社会的普遍价值均被赋予了区别于资本主义的内涵。例如，社会主义的“自由”以每个人自由而全面的发展为根本价值追求，揭示出实现这一价值追求的基本途径；社会主义的“民主”以人民民主取代了资产

① 哈佛委员会：《哈佛通识教育红皮书》，李曼丽译，北京大学出版社 2010 年版，第 2～3 页。

阶级的虚伪民主，有力保证劳动群众实际参与国家管理，真正享受社会发展的福利；社会主义的"平等"不只是抽象意义上的权利平等和机会平等，还包括在消灭剥削制度和剥削阶级的历史过程中逐步实现共同富裕，保证人民平等参与、平等发展和平等享有。因此，在理解社会主义核心价值观时，我们不能忽视现代社会普遍价值背后的意识形态差异与冲突，应该立足本国实际开展切实有效的价值观教育。

三、学校教育与社会主义核心价值观

基于对现代社会趋势和美国社会问题的诊断，哈佛大学的学者们不仅提出了现代通识教育的理念，而且还根据这一理念，具体规划了在中学、大学和社会实行的通识教育方案。在他们看来，培育现代社会价值共识的努力应该贯穿于国民教育和社会生活的方方面面，甚至应该从儿童抓起。这份报告没有讨论初等学校中的通识教育问题，但这并不意味着该问题不重要，而是因为报告认为美国初等教育有着相对清晰的目标和相对稳定的功能，要比中等教育和大学教育更令人满意。作为20世纪初美国通识教育改革的标志性成果，这份报告很大程度上代表着当时美国教育改革的共识，体现了美国通识教育的基本精神，也规划了美国通识教育的实施方案。时至今日，通识教育已经成为美国教育尤其是大学本科教育的重要内容和显著特色，成为很多后发达国家学习的榜样。如果从培育价值共识的角度来看，我们不得不承认美国通识教育的巨大成效。

在当代中国，培育和践行社会主义核心价值观是中国特色教育改革与发展的重要内容。2013年中共中央办公厅印发的《关于培育和践行社会主义核心价值观的意见》明确提出，要把培育和践行社会主义核心价值观融入国民教育全过程，要从小抓起、从学校抓起，要推动社会主义核心价值观进教材、进课堂、进学生头脑。可见，学校教育是培育和践行社会主义核心价值观的重要环节和关键领域，任务艰巨，使命重大。借鉴美国通识教育的实施方案，我们认为，在学校教育中培育和践行社会主义核心价值观应该注意以下几点：

一是价值观教育的濡染性。价值观教育的濡染性是由价值现象的性质所决定的。一般而言，价值是指客观对象满足主体需要的意义关系，价值观念是人们在生活中所形成的反映价值关系的主观认识。价值是人类在认识世界、改造世界的实践活动中所形成的关系，因而是人类所特有的现象。正因如此，价值现象遍及人类社会生活的各个方面，形成了真假、善恶、美丑、得失、利弊、祸福等各式各样的价值关系。其中，真、善、美等基本价值几乎是人类普遍探索和追求的目标。与之相适应，人们形成了反映各式各样价值关系的价值观念，这些价值观念植根于现实社会的物质条件，受到人们的认识水平、利益、兴趣、爱好等诸多因素的影响，呈现出千差万别乃至彼此冲突的面貌。因此，要开展行之有效的价值观教育，必须充分认识到价值关系的普遍性与价值观念的多样性。由于价值关系渗透于社会生活的各个领域，价值观教育就应该着眼于引导个人客观地认识各种价值关系，形成合理的、有效的、好的价值观念。也就是说，良好的价值观教育应该起到潜移默化、润物无声的作用，让受教育者在不同情境中接受熏陶，从而形成客观反映各种价值关系、指导个人生活的价值观念。具体到学校教育中，价值观教育不应被看作是某一门特定的课程独自承担的任务，而应该贯穿于各门课程当中，甚至是渗透到学校教育的各个方面。以《哈佛通识教育红皮书》为中学阶段所设计的通识教育方案为例，该报告为每门课程给出了既切合中学教育实际又符合通识教育主旨的教学建议。例如，在谈到文学课时，报告指出，名著阅读之所以重要，是因为“我们的文化目前还是一种急需凝聚力的离心文化”，“正是通过诗意，即对于通常事物的具有想象力的理解，人们的思想才会最深刻、最根本地联系在一起”。[①] 而历史和当代社会的课程，除了要让学生掌握历史知识和历史技能外，还要培养他们对公众事务的兴趣和良好意愿，让他们了解构成美国政治、经济和社会系统的历史联系、基本结构与程序，探索美国制度背后的价值观念。可见，虽然各门课程讲授的知识和能力各有不同，但它们都承担着价值观教育的使命，并且正是借助于彼此相异的教学内容和教学方式，从不同角度帮助学生形成与现代社会价值共识相适应的各种价值观念才是可能的。换言之，根据这一方案，即使美国学校没有专门传授价值观念的课程，也不意味着价值观教育的缺乏。相反，可以说美国学校的价值观教育无处不在，各门课程以不同方式、从不同方面培育着符合美国社会需要的价值观念。如果从价值观教育的濡染性这一特征出发，借鉴美国通识教育的经验，在当代中国开展社会主义核心价值观教育，固然要把培育和践行社会主义核心价值融入国民教育全过程，但实现这一目标的合理路径，同时也是最具挑战性的做法，或许是探索各门课程与社会主义核心价值观相结合的方式，让学生在接受文化知识、发展个性能力的过程中自觉形成社会主义核心价值观。

二是价值观教育的思辨性。由于主体及其需求的多样性和多元性，价值关系以及反映它们的价值观念都表现出明显的多样性和多元性。一方面，同一主体有着多方面的需求，追求各种不同的价值；另一方面，不同主体所追求的价值和所具

① 哈佛委员会：《哈佛通识教育红皮书》，李曼丽译，北京大学出版社 2010 年版，第 86～87 页。

有的价值观念各不相同，不能简单通约。在现代社会，由于职业分工、利益分化和个性发展，价值关系和价值观念的多样性和多元性日益强化，俨然成为社会生活的普遍现象。小到个人兴趣爱好、饮食习惯和生活方式，大到新闻舆论导向、主流价值观念和民族文化传统，价值关系和价值观念的差异乃至对立几乎比比皆是。这似乎是现代社会发展不可避免的后果，也是亟须解决的困境。构建价值共识、树立主导价值观念，也就成为许多国家的共同选择。如果说民众在前现代社会主要是被动接受权威和经典所代表的知识和价值观，那么到了现代社会，随着国民教育的普及、民众知识水平的提高以及文化交流的频繁深入，民众对任何价值观念的理解和认同都离不开个人的理性思考和自觉选择。换句话说，任何价值观念只有建立在个人的理性思考和自觉选择的基础之上，才可能是持久且有效的。在以往的革命年代，由于斗争条件的恶劣和民众知识水平的低下，先进政党和革命领袖必须向政治意识和行动上落后的群众灌输阶级意识和革命观念，以便教育群众、发动群众、武装群众。到了现代化建设时期，灌输论指导下的价值观教育已然落后于时代的发展，尤其是不能适应民众理性觉醒的趋势。因此，当代中国的价值观教育要实现构建价值共识的目标，就应该顺应这一趋势，引导民众合理辨别各种价值，自觉选择价值观念。作为实施价值观教育的主要载体，学校教育在这方面肩负着重要的责任。《哈佛通识教育红皮书》指出，学校教育不只是向学生传播知识和方法，而且要培养学生的心智品质，特别是要培养那些契合通识教育理念的能力，包括有效的思考能力、交流思想的能力、作出恰当判断的能力和辨别价值的能力。[①] 简言之，学校教育要培养学生的逻辑思考能力、关联性思维和想象力，让他们掌握听、说、读、写四种交流技能，进而使其能将普遍性的原则运用于具体的经验领域，并且在不同价值之间进行选择，最终将信念和理想外化为行动。这样，价值观教育才不至于沦为空洞的说教，而能为达成价值共识提供审慎思考、平等交流、自由辩论和付诸实践的平台和场所。由于这些能力既是心智正常的个人普遍具有的，又是日常生活和学习工作不可或缺的，所以，基于这四种能力而塑造的价值观念才有可能在学生离开学校后继续发挥作用，至少能够为价值方面的论辩提供普遍接受的话语、方式和原则。我们认为，当代中国的价值观教育应该顺应民众理性思考和自由选择的时代趋势，通过尊重并发展受教育者的思辨能力来塑造价值共识，引导受教育者逐步运用自己的理性辨析各种价值，从内心深处认同社会主义核心价值观，在

① 参见哈佛委员会：《哈佛通识教育红皮书》，李曼丽译，北京大学出版社 2010 年版，第 50 页。

一言一行中践行社会主义核心价值观。

三是价值观教育的阶段性。众所周知，教育是具有阶段性的，个体在不同的年龄段接受不同层次的教育。教育之所以具有阶段性，是由受教育者的生理特征以及教育的内容和方式所决定的。教育的主要任务是向个体传递人类文明的知识、能力和价值。为此，教育必须遵循人类个体成长发育的规律，根据个体在不同时期的直觉、智力、情感等能力的水平和特征，采取与之相适应的教学方式，传授相应的知识、能力和价值。这样，在国民教育的各个阶段，即小学教育、中学教育和高等教育中，教育活动所讲授的内容、承担的任务和设定的目标各不相同。不过，人们往往从传递知识的角度来理解教育的阶段性。这种观点认为，人类世代所积累下来的文化知识体系只有按照由浅到深、从易到难的方式才能被个体较好地掌握，这种循序渐进的方式也是与个体智力水平随着年龄增长而提升的趋势相一致的。这样所理解的教育片面强调智力在个体发展中的重要性，把知识学习看作是教育的主要任务。它不仅忽视了直觉、情感等能力对于个体发展的意义，而且还消解了价值观教育的独特性。实际上，个体对于价值和价值观念的理解、选择和认同，也是与他们的直觉、智力和情感等能力的发展水平相适应的。我们很难想象，一个小学生能够很好地理解“忠孝难以两全”的价值困境；我们也难以要求每一个大学生在面对见义勇为和珍惜生命的两难抉择时都义无反顾地选择前者。如果遵循个体成长发展的规律，在价值观教育方面，我们应该更多地向小学生解释那些美好崇高的价值，引导他们树立积极向上的价值观念，应该为大学生辨明各种价值之间的差异，认清价值冲突背后的现实根源，寻求现代社会的价值共识，营造有利于思考、交流与对话的开放氛围。《哈佛通识教育红皮书》曾这样论述中学与大学阶段通识教育之间的关系：“我们将学院阶段的通识教育看作是中学阶段通识教育的继续。”①“我们的意思是，学院阶段的通识教育应当被看作是从中学阶段就开始的通识教育的更高水平的发展；我们同时也认为，在这个教育过程的不同阶段中，教育的价值和目标会保持一致。”②因此，同样是通过阅读西方名著来打造文化凝聚力，报告认为，中学阶段的文学课主要是学生在教师的指导下精读重要的阅读材料，而大学阶段的文学课应该更多地让学生阅读、思考与讨论精心挑选的经典著作，“教师只能

① 哈佛委员会：《哈佛通识教育红皮书》，李曼丽译，北京大学出版社2010年版，第160页。
② 哈佛委员会：《哈佛通识教育红皮书》，李曼丽译，北京大学出版社2010年版，第160页。

尝试着成为作者传授这门课程的手段而已”[1]。反观中国的价值观教育，不可否认的是，中国的学校教育向来重视思想品德和政治教育，并以此来推行价值观教育。但是，这种始终强调灌输正确价值观念的教育，在一定程度上忽视了个体发展的阶段性，其表述话语和教学方式都显得有些僵化生硬，尤其是不能适应大学生的思维活跃、情感丰富、个性自由、视野开阔的特点。因此，改进中国的价值观教育，有必要根据学生发展的阶段性差异，调整中小学和大学等不同阶段的价值观教育的内容、话语和方式。唯其如此，才能让社会主义核心价值观在学生头脑中生根发芽，才能确保社会主义核心价值观的大树在他们走出校园之后即使面临各种风雨挑战仍能巍然挺拔。

总之，现代通识教育的理念切中了现代社会价值共识这一时代难题，为我们深入理解社会主义核心价值观提供了全新的视角；现代通识教育的实施方案和成功经验，也为我们探索在学校教育中培育社会主义核心价值观提供了可资借鉴的资源。虽然现代通识教育的理念和方案来源于美国社会，但其现实旨向和成功经验具有一定的普适性，我们可以结合中国实际加以批判吸收，推动社会主义核心价值观在中国大地上真正深入人心。

以上就是本场报告的全部内容，谢谢大家！

（本报告的主要内容以《通识教育视角下的社会主义核心价值观》为题发表于《马克思主义哲学研究》2017 年 2 期）

① 哈佛委员会：《哈佛通识教育红皮书》，李曼丽译，北京大学出版社 2010 年版，第 162～163 页。

第二编

良法善治　济世安邦

恶意串通的法律规制问题初探

（2016 年 10 月 29 日）

张平华*

感谢姜院长的溢美介绍，也感谢同学们今晚前来，一起研讨恶意串通的司法规制这样一个看起来比较抽象的民法上的疑难问题。

一、概述

与传统违法行为不同，恶意串通打破了“一对一”式的力量均衡。如甲对乙实施的侵权或者违约行为，这是一对一的违法。而恶意串通恰好与这种违法行为是不同的，他是二对一的合集，是甲乙二人通过恶意串通来共同对第三人实施的违法行为。在法理学上，我们规制一个对象，它的危害程度越高，我们对它的规范就会越加严明。如果稍微作一下比较法的研究，就会发现传统民法非常注重一对一的

---

* 张平华，教授，山东烟台人，烟台大学法学院院长，博士生导师。“民法”国家级精品课、“民商法”国家级教学团队、民法国家级精品资源共享课主要成员，烟台大学优势学科（民商法学）学科带头人、烟台大学中青年学术带头人，山东省理论建设工程重点研究基地（法治研究基地）首席专家。欧洲侵权法研究院（奥地利）、意大利罗马第二大学访问学者。兼任欧洲侵权法与保险法研究中心理事（member）、研究员（fellow）、中国法学会民法学研究会理事、中国法学会法学教育研究会理事、山东省法学会国际法学研究会会长、山东省法学会海峡两岸法学研究会会长。兼任山东省政府法律顾问，山东省公安厅法律顾问。烟台市“六五”普法讲师团成员，烟台市人民检察院人民监督员，烟台市仲裁委员会仲裁员。2010 年获得山东省社会科学学科新秀奖，2012 年入选山东省理论人才“百人工程”，获“烟台市有突出贡献的中青年专家”、2013 年获“烟台市五一劳动奖章”、2014 年度山东省有突出贡献的中青年专家等称号。2016 年被评为“山东省十大优秀中青年法学家”。总计发表学术论文 60 余篇、被转载 13 篇，编著教材或著作 10 部。主持国家社科基金项目 1 项，省部级科研项目 3 项。作为主要成员完成国家社科基金项目 2 项。获得山东省社会科学优秀成果一等奖 1 项、二等奖 3 项、三等奖 2 项，其他厅级奖励 9 项。获第四届佟柔民商法发展基金青年优秀成果著作奖。主讲《民法》《侵权法》《罗马法》等课。两次获得省级优秀教学成果一等奖。所编教材入选“十二五”普通高等教育本科国家级规划教材、北京市精品教材。被评为山东省“挑战杯”大学生课外学术作品竞赛优秀指导老师。

违法，而恶意串通所非常重视的二对一的违法并没有得到当前法律的重视。但这并不代表没有对它进行规制，恰恰相反，大陆法系是将它切割开来进行了一种片面性的规制，也就是用虚假行为或者违法行为这类一对一的模式来规制恶意串通这种多对一的违法行为。在我们中国制定民法典的进程之中，这一问题也很快浮出了水面。综观我们以前的立法，在形式上以串通或者恶意串通为规制对象的法律有70多部，司法解释和规章有更多，有几百部，形式上不可谓不重视。现实中这类行为的危害性也十分明显，如恶意串通的招投标令招标无法按照我们的预期进行。但是对恶意串通的规制上，仍有两个突出的问题特别值得进一步研究，这两个问题就是规范化问题和体系化问题。

规范化问题就是要解决生活中频发的恶意串通问题如何上升为法律规范的问题。我们传统的立法是以一对一的模式来规制的，当代大陆法多局限于串通手段而不顾及串通结果，以“虚假行为”规范恶意串通，只在乎当事人之间的意思表示是真实的或者是虚假的，如果是虚假的意思表示则不生效。到此为止，显然没有关注到我们方才所说的如何切实强化对第三人的保护，从而形成一个完整的三方当事人的法律结构。由此可见，传统大陆法系在这一方面存在片面化的问题。

中国的民事立法关于恶意串通的立法至少可以追溯到1986年的《民法通则》，主要学习了前苏联的做法，对恶意串通进行了一般性规定。集中体现在《民法通则》第58条和1999年的《合同法》第52、第58条和第59条。看起来形成了一种非常全面的规制模式。我们看《合同法》第52条第二项：恶意串通，损害国家、集体或者第三人利益的合同无效。其中鲜明地点出，恶意串通要对第三人造成侵害。不仅如此，它还试图对恶意串通作出一般性的规范，只要符合这一要求合同一概就是无效，可谓十分简明。这一做法相较于传统大陆法系显然是一种大踏步的跃进，但另外一个问题又非常值得我们思考，那就是体系化问题。

大家发现在合同法总则部分或是在民法总则中，对恶意串通的规范特别类似于侵权行为而不是法律行为。基于此，民法学界发表了海量的论文加以批判，认为一定要放弃恶意串通这样一种一般性的规定，回归到大陆法系中传统的片面性的规定例如虚假行为这一类的规制模式，这是其一。第二，民法总则中提到的恶意串通与侵权行为乃至于和诈害债权行为究竟是什么样的关系，这是体系化问题必须要作出的回答。

二、以虚假行为调整恶意串通所造成的片面性

我们将从两个重要的着眼点来分析这个问题，整体上可以分为法律构成、法律

效果两大部分。针对以虚假行为调整恶意串通所造成的片面性，我们将从虚假行为调整恶意串通法律构成的片面性和法律效果的片面性分别展开讨论，我们在整体性研究法律规范化问题的时候，也要从法律构成和法律效果两个层面来看。

（一）虚假行为调整恶意串通法律构成的片面性

从法律构成上，起码从这样几个方面来看明显具有片面性：

1.传统民法把生活中林林总总的很多现象、多样的恶意串通，统一抽象为双方法律行为。恶意串通，不仅仅是法律行为。如果说我们和一个会计事务所恶意串通，作一个虚假的报告，这也是一种常见的恶意串通，但这种串通并不涉及法律行为，是典型的事实行为，或者是侵权行为。而我们传统大陆法系把它抽象出来，只调整其中的双方法律行为，以偏概全是十分明显的。

2.恶意串通被“裁剪”为无涉第三人的行为。在恶意串通的模式中，我们讲甲乙二人的恶意串通是手段，但到此并没有停止，最终涉及对第三人造成侵害，这一结果才是最重要的。某位著名的葡萄牙法学家曾说：大陆法系的虚假行为没有顾及对第三人的侵害，这种做法是错误的。所以我们今天应该注意规避这样一种片面性。

人们提出这样一种设想：假如我们的民法总则以这样一种双方法律行为为典型，那么恶意串通是否可以分解成两个双方法律行为。先考虑甲乙二人之间的法律行为，再将甲乙二人视作一个整体，分别研究这两个行为的法律效力，最后再把它们联合在一起。这种想法很美好，结果很糟糕。因为姑且不讲甲乙二人之间的法律行为是否是双方法律行为，甲乙对丙的行为是否一定形成法律行为？把它区分来看，甲乙二人的行为无效，甲乙二人对丙所实施的行为却未必无效，这说明用合同联立的思维解决不了这个问题。因为假如用合同联立，甲乙二人的行为是无效的，他们对丙共同实施的行为也是无效的。实践中我们常常遇到这样的问题：甲乙二人虚假买卖房屋，甲把自己的房子过户到自己丈夫乙的名下来实现恶意逃债，乙把这个房子卖给了善意第三人。如果使用合同联立，甲乙之间的行为无效，那么乙和善意第三人之间的合同也应当无效。如此一来，善意第三人岂不是处于任人宰割的境地？由此可见合同联立不能契合现实的要求。

3.恶意串通被“淡化”了伦理色彩。大家知道法律行为从法律效力上来看可以区分为有效、无效、可撤销和效力待定。虚假行为注重表示的真实自由，通俗地讲，如果是通谋、意思是假的，那么就不能生效。但这样就会把恶意串通中的“恶意”置于一旁，从而违背了传统的伦理评价。当然有人会讲，法律行为本身就是价值中立的，和伦理无涉的。如果坚持这一观点，就要把生活中发生的各种违法行为都看作与伦理无涉的，这岂不是背离了法律的常识？

所以从这三个角度综合来看，传统的虚假行为解释恶意串通在法律构成上有片面性。

（二）虚假行为法律效果的片面性

依照德国民法典的规范，虚假行为则法律行为无效，结果非常简明。明治维新期间，日本民法典作了一定的修正，原则无效、在当事人之间无效，但对于善意第三人则不能当然无效。这两种在繁简程度上有差别，但在法律效果上并无差别。法律效果一致简明是法律人的理想，可是由于恶意串通的形式太多，所以这种规定就太过于片面。进一步来说，之所以说传统大陆法系有法律效果上的片面性，有两个原因：

1.大陆法系坚持一种自我设限式的救济。民法总则擅长在双方当事人之间进行简明、低成本的救济，在法律行为被撤销或确认无效后，相对人可依靠自我履行来回复原状。法律行为之外的侵权行为坚持采取赔偿损失的救济方式。而恶意串通这样一种法律现象恰恰不允许自我设限式的调整。为达到回复原状的目的，双方都应没有过错，请求权人有权保有标的物，而恶意串通的双方都存在过错，当事人不能直接保有标的物，回复原状的目的无法实现。人们当然会想，关于第三人的救济我们可以通过侵权法来解决，但这会引发一个问题：法律行为里就不允许提及损害赔偿救济吗？如果我们固守自我设限式的救济，那么答案就是肯定的。由此可见，在现实生活中，尤其是到涉及对第三人的特别保护需求时，我们需要打破这样一种自我设限式的救济，转而采取综合性的救济。这也反映出法律效果设计上的片面性。

2.传统大陆法系存在一种条块分割式的规制。法律行为包含三个要素：主体、内容、客体。不完全的法律行为是以这三个要素存在瑕疵作为出发点而派生出来的。我们知道如果主体存在瑕疵，法律行为将会处于效力待定状态，比如无权代理、无权处分，这都是主体本身出了问题。内容上意思表示出现了瑕疵，如基于欺诈、胁迫，基于重大误解都是可撤销的情形。标的如果违法，则行为无效。传统上我们形成了依据三个要素条块切割形成的规制模式，这种模式存在片面性。以无权处分为例，《合同法》第51条规定，无权处分是效力待定的行为。试想，假如不仅是主体出现了问题，而且标的也出现了问题，那这样的法律行为还是仅仅适用效力待定就能起到很好的法律效果吗？如果是无权处分军火或者鸦片这样的禁止流通物，我们从法律效果的总体来看就是无效的，而不是效力待定的。从这一角度来观察虚假行为，我们发现传统大陆法系只关注虚假行为中的意思表示是真实的还是虚假的，如果虚假就是无效的。那么为什么不结合标的是否违法，或者违法的严重程度来下结论呢？我国合同法已经明确告诉我们，无权处分当中很多的行为是有效的，这一立法事实对传统法给予了有力的回击。

所以传统以虚假行为去规制恶意串通在法律效力上存在着片面性。那么我们如何从整体的角度调整恶意串通。如何认真地从二对一的角度来调整恶意串通，这需要从法律构成和法律效果两个方面来研究。

三、整体性恶意串通如何设置法律构成

严格来讲，在虚假行为当中，只有主观要件而没有客观构成要件，仅要求意思表示是虚假的即可。但恶意串通则不同，它不仅要有主观要件，而且还要有客观要件。

（一）主观要件

1.整体性恶意串通是否必须以恶意为必要？答案是肯定的。在中文语词中，“串通”常常自带贬义，但事实上除了贬义，第二个意义至少可以作为中性词来用。当事人之间相互沟通、形成共同的意思在实践之中太为常见，可见串通未必违法，串通未必恶意。这就要求我们在主观构成要件上必须要用“恶意”来限制串通，否则如果一切串通都是违法的，一切串通都是无效的，将会伤害到甲乙二人之间的意思自治，损及整个司法的根基。

比起虚假行为，恶意串通在结构上有一个更为精到的特点，它具备了“纵横交错”的整体性结构：在横向上，甲乙二人是通谋的，在这个层面上讲，甲乙二人的行为相当于大陆法系的虚假行为；但到此并不为止，在纵向上，还要有甲乙对第三人的侵害，即串通人与第三人间的意思表示不自由，可构成欺诈等，如侵害后果严重，则因欺诈而作出的意思表示无效。必须把纵向和横向结合起来，才是一个完整的恶意串通。从主观上讲恶意串通具有一个双重结构，这样一个结构离不开“恶意”这一重要要件。

此外，在实践中“恶意”还存在一个程度上的区分。与“恶意”相对应的是“善意”，物权法中的善意以不知情为基本特征；反之，在民法上恶意以知情作为基本特征。以知情为基本特征，这样的恶意属于“观念主义”，在司法实践中大量适用。但在特殊的情形之下，基于特殊的立法目的，对恶意的确定可以采取“意思主义”。意思就是通谋的参与人不仅仅要知情，还要有对第三人侵害的故意，这样的构造加重了对当事人的举证责任。这种观念适用于立法者鼓励大范围、大批量交易的领域。司法解释中“一物二卖”的规则发生了重大的变化，这一立法进程鲜明地告诉我们：

围绕“一物二卖”核心的交易领域,立法目的正在发生鲜明的变化——正在从过去的管制转变为现在的放松、倡导竞争。

“一物二卖”中如果后手买卖中卖方处于恶意串通的境地,那么这样一种后手行为也是无效的。但后手买卖中买方的恶意应该如何判断呢?实务中通说认为应当采取“意思主义”,也就是说后手买卖不仅要有知情,即知道先手买卖的存在,而且还要存在共同侵害先手买方的这样一种故意,方可构成恶意串通。这告诉我们,结合不同领域,我们引进了恶意,构造了恶意串通这样一种构成要件,可以切割恶意的不同程度来赋予它不同的法律效果,这样一种制度设计将会更加富有弹性,以契合市场经济的发展要求。

2.这样一种恶意应该如何证明?在诉讼法上证明内心的主观状态是一件很难的事情。针对恶意串通,我国《民诉法解释》对恶意串通的证明标准规定要适用排除合理怀疑。一般的民事诉讼所使用的是优势证据,只要原告所举的证据在概然性上占优势即可。众所周知,排除合理怀疑是刑事上使用的一种证明标准,可见以最高人民法院为代表的立法者期望提高证明标准,这反射出来要求原告承担较重的注意义务、尽量不证明恶意串通以鼓励市场交易。但与最高法排除合理怀疑标准相对立的是,在司法实践中,广泛存在着推定恶意串通。这里的推定既包括了法律推定,也包括事实推定。由立法者作出的推定叫作法律推定,如拍卖中的恶意串通。事实推定也并不罕见,它取决于法官对整体交易情势的把握。也就是说事实推定最终能否成立,取决于法官的认定。但无论是事实推定还是法律推定,都使证明恶意串通应适用排除合理怀疑的标准打了折扣。这说明我们想通过整体性立法来克服片面性只是立法者的一厢情愿,还存在立法和司法如何协调的问题,同时也涉及法律如何制定和法律如何实施的问题。也就是说我们在修正了大陆法系的片面性的同时又产生了新的弊端。

(二)客观要件

客观要件包括以下几个方面:

1.在恶意串通中违法这个要件是否是必要的?

没有违法性这一要件的生存空间。我国的《合同法》和《民法通则》事实上都规定了违法性这个要件,这是必要的。因为恶意串通在立法和司法中经常用串通来替代,这样会导致一种层层推定的格局:只要当事人之间存在串通的事实,则推定当事人之间存在恶意,进而推定存在恶意串通损害国家、集体以及第三人利益的行为。这种层层推定对交易中的当事人是一种高度的管制,不利于市场经济的发展要求。为了限制使用恶意串通,违法要件是必需的。

2.广义或者狭义违法

为什么我们认为《民法通则》和《合同法》中规定了违法性这个要件?《合同法》中规定恶意串通而损害国家、集体以及第三人利益的行为无效的,还列举了三类权利或者说是利益。违法性的判断有一种公式叫作结果违法,即权益的侵害且没有阻却违法事由,认定存在违法。由于列举了国家、集体以及第三人利益这三类包罗万象的权益,所以可以认定我国的《合同法》规定了恶意串通中的违法性要件,同时这种违法是一种广义的违法。

3.国家、集体和第三人利益的内涵

这三种利益在《合同法》或者《民法总则》中应当如何解释?首先来看国家利益。在司法实践中我们不应该泛泛地去谈国家利益,尤其是在这三类主体逐渐平等的当下。我认为我们应当区分两种国家利益,一个是抽象国家利益,一个是具体国家利益。抽象国家利益旨在维护国家安全、基本社会秩序、基本社会价值等,属于《合同法》第52条第5项中的"法律、行政法规的强制性规定"的保护范围。具体的国家利益由国家机关、事业单位、企业法人所有,这一些利益不应当再被看成是国家利益,他们和我们的私有企业没有任何的差别。由于国家利益中的抽象国家利益已经在《合同法》中单独规定,所以没有必要再次强调。而具体国家利益等同于第三人利益,这样来讲,国家利益可归为第三人利益。

在社会主义计划经济时期,集体利益非常重要。在今天,随着民商事主体的完善,集体利益已经转化为法人以及其他组织的利益,因此从这一角度来讲,集体利益亦可归为第三人利益。这样就转化为,在法律行为上只承认第三人利益。

今天我们所讨论的《民法总则(草案)》第133条:恶意串通损害他人权益的行为是无效的。这一种表达非常值得认可。但这是否意味着在违法性判断上,国家、集体和第三人利益的区分毫无价值呢?答案是否定的。一般而言,按照国家、集体、第三人利益的顺序,权益侵害的违法程度也由重到轻,越重的违法越应得到严格规范。只有建立与违法程度相适应的效力规则,才能最大限度地鼓励交易、保障自由,实现利益衡量的精细化或确保法律的弹性。这些规则应该包括:对抽象国家利益、整体利益之侵害可构成严重违法,行为无效;侵害具体利益的,属于轻微违法,法律行为可被撤销或相对无效。

四、整体性恶意串通应如何设定法律效果

在恶意串通行为的效力认定上应当区分不同的违法程度,违法程度高的,法律行为当然无效;违法程度低的,法律行为存在可撤销的情形。通过对恶意串通的法

律构成进行考察，我们所采取的主观和客观相结合的构成要件可以防止仅仅规制虚假行为的主观要件所造成的片面性。

但我们会发现，主观上恶意的强行引进以及判断恶意所采取的推定模式，使得立法者的初衷大打折扣，出现了“进一步，退一步”的格局。在恶意串通客观要件对违法性的规定中，可以有效地限缩法律所规制的恶意串通的范围。但这其中又隐藏着一个弊端，立法者企图提出一个一般性的规制，然而由于客观要件的设计内在要求衍生出多样化的规范，打破了立法者的初衷。有其利必有其弊，立法的选择有时并非一定是科学的选择，也就是说并不决然是唯一正确的答案。

（一）恶意串通法律效果的多样性

大量一致的法律构成应当产生大量一致的法律效果，否则法律的体系性和逻辑严谨性或者说是容贯性就比较难以实现。从中国大量的有关恶意串通的规制中可以发现，其中的确存在法律效果有矛盾冲突的地方，当法律构成大概一致，但法律效果却有所冲突的时候，这种问题就需要解决。但今天我所要强调的重点是：面对恶意串通，法律效果必须有多样性，而不能够单单追求它的无效。这种多样性可以从以下几个方面来介绍：

1.恶意串通未必无效

恶意串通的单方行为肯定是无效的。恶意串通的双方行为，如侵害到和国家利益、社会公共利益，这种违法触及了强行性的法律，也应当无效。但按照它的违法程度，在双方法律行为中也不是当然无效的。那么其间是否存在一些一般的规律呢？我研究了一下我们的经济学理论，发现了这样一个共同的规律：原来存在的信息对称的格局因为串通事实的存在被打破了。因此从经济学的角度上来讲，信息对称的结构被打破就需要一些行为来矫正。

但也不是所有的信息对称结构的不平衡都需要被矫正，这就涉及另外一个经济学概念：投机行为。法律对于投机行为的看法“花开两朵、各表一枝”。如果需要克制，那么投机行为也可撤销，否则投机行为就不能生效。沿着这两条线索，民商事领域中这些行为是应当无效的：

第一种情形是市场中对于信息对称的依赖程度非常高，属于信息敏感性的交易。如招投标、证券、期货交易，则需进行严格的规制。各国立法在这些领域也广泛接受恶意串通无效。

第二，在商事领域中，交易主体之间不存在结构上的不对称，因此让他承担较重的注意义务也无伤大局。因此在商事领域中发生的恶意串通几乎无一例外都被认定为无效。

第三，法律行为存在可撤销的情形。发挥了不可替代的作用。涉及法律行为存在可撤销的情形。参与的恶意串通，应当认定为无效，以加强对上述机构的严格管制。因此针对中国当前广泛存在的房地产虚假买卖，是否应当认定为无效？房地产虚假买卖损害到第三人利益，如若按照刚才的理论，则应该当然无效，但由于登记机关所确立的登记确实已经发生了公信力，物权法中所规定的一级登记以及变更登记没有规定无效登记，又没办法按照物权法定原则当然承认无效的登记，所以这一问题有赖于将来的立法解决。如果按照我的理论，将来的立法应当承认，但这样又会衍生出不动产登记机构作为公共机构特别是国家的行政权力机构的问题。这个机构的行为带有准公法行为的特征，它在私法行为的规制中会不会当然地发生效力，法院会不会当然地享有审查权，这又是一个“鸡生蛋，蛋生鸡”的问题了。

2.无效串通未必有溯及力

无效合同的溯及力集中体现在《合同法》的第58条，恶意串通是否有溯及力？《合同法》第59条对此有专门的规定，从这一规定中发现的问题是：恶意串通未必产生溯及力。客观来看，在串通当事人之间没办法当然适用返还财产的规定。原因在于产生溯及力时财产的返还取决于其变动模式。如果是采取债权形式主义的变动模式，那么法律行为无效之后会发生返还问题。但如果严格坚持物权形式主义的模式，那么按照区分原则，财产不会当然恢复。所以并不当然有溯及力。

对于恶意串通溯及力应当区分情形而具体对待：

一是区分一般违法和严重违法的串通行为。在实践中人们常常通过区分恶意串通违法的严重程度来作区别对待。也就是说这个恶意串通是一般违法，那么可以有溯及力，如果是严重违法，甲乙之间就没有返还请求权。

二是基于物权归属情形的差别而设立不同效果。一般地说，如果恶意串通侵害第三人利益，而第三方又是所有人的，合同无效后应向第三方返还；第三方不是所有人的，合同无效后应向原所有人返还。最高法院的第33号指导性案例中指出：在恶意串通中如果没有发生权属变动，应当是向没有发生变动的原权利一方进行返还。

总之，恶意串通未必导致无效，无效也未必发生溯及力。

(二)以恶意串通为框架的制度创新

第一个典型是让与担保。让与担保，如甲把财产让与给乙，目的在于担保对乙的找债权实现。其间看起来所有权发生了变动，实际上是仅仅提供了一个担保。这样一种交易在大陆法系上曾经被认定为是典型的虚假行为，现在让与担保在德国、日本都已成文法化。虽然在中国曾有过巨大争议，但现在不论在理论还是实践上都认为应当承认让与担保。它给我们的提示是，让与担保不能仅仅因为违反了物权法定就不能创设一种新的物权。相反，随着实践的发展可以慢慢修正物权法定从而转化成合法权利。这个在我们的公司法和信托法中也有所体现，如公司法过去只承认显名股东，现在也承认隐名股东。

第二个是“一物数卖”中的效率规则问题。根据最高法的解释，承认“一物数卖”中每一个处分行为都是有效的。法律需要创设一些制度来防止可能发生的恶意串通行为。根据现在的司法解释我们可以发现，法律开始接受这样一些现实法：(1)交付在先则先交付先得房，(2)没有交付的则先定约先得房，(3)约定无先后则先付钱先得房。这些都改变了之前平等竞赛的格局，尊重了现实中先来的人，赋予了他们优先权，这就有效地遏制了恶意串通。

第三个例子是无效合同中的“有效条款”。《最高人民法院〈关于审理建设工程施工合同纠纷案件适用法律问题的解释〉》中明确规定，建设工程施工合同中明知他人无建筑资质而进行挂靠经营、非法转包、违法分包等的，可以构成恶意串通侵害发包人利益、破坏交易秩序的行为，本应归于无效。然而，法律却规定只要建筑工程验收合格，仍然可以按照无效合同的约定支付工程款。所以这也有效地遏制了恶意串通，同时又保护了弱者的利益。

总括起来我们进一步发现，在我们为了克服虚假行为规制恶意串通所带来的片面性的过程中，得出了法律效果必须多样化的结果，这并不是我们所期望的。我们在法典化的进程中，期待的是用简明的规范来解决多样的问题。法律效果的多样性与主客观结合的法律构成更使我们发现法律上的恶意串通是很难进行体系定位的，也就是说它很容易和一些制度发生关联。那么最后我们就来介绍一下恶意串通在我们整个民法上的体系定位。

五、恶意串通行为的体系定位

(一)与不完全法律行为的关系

完全发生效力的法律行为叫作完全法律行为，不完全发生效力的法律行为叫作不完全法律行为，它的类型广泛。在实践当中特别容易与恶意串通发生法律重合的主要是违法行为、欺诈行为和无权代理、无权处分行为。

广义违法包括违反强制性规定(即狭义违法)、违反公序良俗、以合法形式掩盖非法目的、脱法行为等类型。综观整个民法对违法的界定，违法的依据多样化，但违法的程度都可以区分为严重违法和一般违法。沿着这一方法来分类，法律效果都可以分为前者无效、后者可撤销的格局。这么来讲，恶意串通也需要根据违法程度来确定法律效果，说明其在立法目的和规制原理上存在共同性。目的相同、原理相似则可以发生竞合。同一法律目的不可进行两次处罚。总而言之，违法行为可以和故意串通行为发生竞合，脱法行为、违反了公共利益的行为、违反了强制性规定的行为亦然。

关于无权代理，《民法通则》规定了一种代理人和第三人恶意串通损害被代理人利益的行为，但是却没有回答这样一种代理行为的法律效果。理论上有两种看法：一种是认为这是一种滥用代理权的行为，应当是无效的；第二种是认为从形式上来看有代理权，但是所实施的侵害被代理人利益的行为违背了代理权的意义，应当是无权代理。滥用代理权与无权代理分属两个概念，前者无效，后者效力待定。从比较法的角度来看，现在德国、日本纷纷转向这种情况应该适用无权代理，其法律效果是效力待定。原则上恶意串通是无效的，恶意串通的代理行为属无权代理，效力待定。两者法律效力不同，应当按照一般法和特别法的情形来对待，两者构成法条竞合而非制度竞合。也就是说恶意串通的无权代理不属于恶意串通。

关于欺诈，我国法律对于欺诈和恶意串通采取了两种方式进行规制。《担保法》将“恶意串通订立保证”与“欺诈骗保”均列为无效保证。只不过，如果承认欺诈和恶意串通的效果均无效，选择适用的结果也就并无多大差别。《最高法院关于担保法的司法解释》中却承认，恶意串通所实施的欺诈保证人这样的行为是属于可撤销的行为，由此可见，我国立法上存在一定的矛盾与争议。面向未来的立法我们认为，由于仅仅伤及第三人，违法程度不高，应当是属于可撤销的。所以在保证法上的欺诈和一般的欺诈没有什么不同，法律构成上存在差别，他们应当发生竞合。一言以蔽之，在欺诈这个问题上，欺诈和恶意串通形成了竞合。

再来看无权处分，“一物数卖”中的两个合同都有效。司法解释修正了合同法中无权处分是效力待定的这样一种做法。但无论是何种情形，虽然原则上“一物数卖”中的每一个行为都有效，但是恶意串通的除外。这告诉我们，面向未来的立法，无权处分原则上有效，恶意串通时无效。恶意串通是无权处分的特别法，两者之间不应该是制度竞合的关系，而应该是法条竞合。

（二）与诈害债权行为的关系

《合同法》规定，债务人把自己的财产赠与他人，或者以不合理的低价处分财产，导致债务不能清偿害及债权人，债权人基于保全这一目的可以行使撤销权。这就是诈害债权行为的立法目的所在。在这一行为中最常发生的是债务人与第三人恶意串通来实施的诈害债权行为。如果坚持债务人与第三人行为无效，那么就会产生一个问题：既然是无效的，又何必要让债权人撤销这个本就无效的行为呢？我认为这个观点立不住脚，即使是债务人与第三人恶意串通来实施的诈害债权行为无效，债权人也可以行使撤销权。理由有两点：

一是轻的违法行为债权人可以撤销，重的违法行为债权人当然也可以撤销，这是举轻以明重的法律原则。

二是如果适用恶意串通无效再适用合同法，那么这个财产应当是向第三人返还，也就是向债权人返还，但债权诈害行为中应当使用“归库法”，是向债务人返还而不是向债权人返还。承认恶意串通的撤销权和基于诈害债权的撤销权的制度竞合，允许当事人视具体情形选择行使其中一种撤销权，债权实现可更有保障。在比较法上有一个著名的问题就是，无效的行为也可被撤销。

总而言之，诈害行为可以与恶意串通行为同时存在，也就是说恶意串通可以作为债权人撤销权的客体。作为整体，恶意串通所实施的侵害行为可以与债权人的撤销权两者构成竞合。

（三）与侵权行为的关系

从文义上看，恶意串通侵害他人的权益是一种非常明显的侵权行为的表达方式。恶意串通未必构成侵权行为，只有符合侵权行为的构成要件时才构成侵权行为。主要介绍两种，一个是过错，一个是因果关系。

1.恶意串通中的过错。恶意要采取观念主义，恶意以串通人知情为判断标准。也就是说法律意义上的恶意串通不能简单翻译成侵权法上的共同过错，因为判断标准不同。共同过错采取主观说，也就是意思联络说，这里采取的是意思主义的判断标准。这一点明确告诉了我们这两个制度之间的区别。同时也不排除基于观念主义判断出来的恶意串通也构成侵权法上的共同故意。

2.侵权行为中的因果关系。由于恶意串通在法律构成上就具备了纵横结合的法律构成结构，因此在主观要件上已经包含了一种因果关系。这样在举证责任的分配上可以减轻遭受侵害的原告对因果关系的举证责任，甚至可以进行推定。

因此将这两个要件结合起来说，恶意串通也可以构成侵权行为，两者之间存在着竞合。而这是否是当然的竞合呢？未必。这需要作进一步研究，理顺不同制度的基本规则。

（四）理顺不同制度的基本规则

1.恶意串通存在部分与整体两种意义

我们要理顺立法者的目的，去理解此时的恶意串通究竟是一个局部的行为还是一个整体的行为。如诈害债权行为中的债务人和第三人串通这一行为仅仅是诈害债权行为的局部。以侵权行为为例，恶意串通既可以作为侵权行为的局部，如作为共同过错。但恶意串通也可以在整体上构成侵权行为。具体是局部还是整体，要结合具体事实和立法者的目的进行判断，尤其要注意恶意串通与侵权行为的关系。

2.恶意串通与相关制度可以竞合或者聚合

我们既要承认恶意串通与其他行为存在竞合，比如侵权行为和诈害债权行为；也要承认存在聚合，聚合就是同时可以行使多种请求权。可以多种方式、多种请求权一并使用，跟违约和侵权的竞合分处于不同的层面，其中的关键问题取决于立法目的。立法目的相同，方式不同，则为竞合；同一立法目的，兼容不同方式，则为聚合，如恶意串通侵害第三人。

六、结语

我们在研究恶意串通这一手段和结果联动的行为时，要实现立法的目的确实左右为难：如果实行传统大陆法系会造成片面性的立法，如果实行法律效果多样化又会破坏法律其简明统一规制的理想。立法本身就存在着这样的张力，在这一问题上更多的是政策考量或者价值判断的问题。由于借鉴了前苏联的立法，现在又在很大程度上受到大陆法系传统做法的影响。我们要加大研究力度，特别是要解决由于主客观要件同时存在导致的不同要件之间的重复设置，不同要件之间的重叠如何理顺的问题，就是我们所讲的“叠床架屋”现象。同时，既要注意法律效果的多样性，又要很好的类型化，区分严重违法和一般违法。在这一基础之上，建立更好的规制体系，我想这一道路将会非常漫长。

七、问答

Q1：恶意串通具有片面性，但是也有些问题不需要用恶意规制来规定，有些时候可以应用请求权来救济，并不一定需要使用恶意串通的片面性。

A：片面性这样一种提法，只是我针对大陆法系用虚假行为来调整恶意串通行为时所得出的一个评价结论。传统大陆法系的着重点在甲乙二人之间的串通，不顾及它对第三人的侵害。由此得出：只要是虚假行为则无效。恶意串通本身是串通的手段和串通的结果相联动的，涉及三方当事人的。民法更擅长双方当事人之间的行为，针对三方当事人的这样一种结构，我们以双方当事人的模板进行规制，显然是片面的。只讲无效而没有注意到它的多样性，所以我们应当整体性地进行调整。

Q2：假设立法上想要体现恶意串通，应该如何体现？是在总则中加以总括，还是在分则条文中作为新的前提？

A:苏俄民法典中先规定了虚假行为，然后规定了恶意串通的代理行为，形成了一般条款和特殊制度并存的格局，1986 年中国的民法通则学习了苏俄的做法。以我的观点，恶意串通是一种复杂的现象，我们在理论研究上可以把它全面地还原，但这并不意味着要全面立法。它有时候是个局部问题，有时候是个整体问题，只是反映了生活现实的高度复杂性。我的建议是，一是要作进一步的类型化，也要进一步建立起与其他违法行为的关联。这说明在总则部分要类型化，不能只采取一个条款，但也不能过分排他。聪明的做法是，在民法总则规定之中必须要留下连接其他行为的通道，这个是立法者要掌握的技术。但立法词汇的统一也是新的难题。

社会转型中的当代中国家庭:挑战与应对

（2017 年 12 月 22 日）

程胜利*

很感谢弭维老师介绍我,邀请我过来主讲这个讲座,也感谢大家过来听这个讲座。特别高兴,我上次来作城市流动人口的一个调查,一晃十几年就过去了,这第二次来,挺激动的。我们今天会议的机缘是济南校区和威海校区两个专业未来共建共享的计划,所以今天有机会可以和大家分享我作的一点小小的研究。

一、怎样去体验社会、家庭

变化总是存在的,我的本科学的是运筹学,我上大学的时候是 30 年前,那个时候刚刚改革开放,社会是一个快速发展的阶段,面对这样的变化,我就有了很多困惑。社会发展之后,生活在这个社会里面,就是想去寻找这个答案,希望可以让自己的生活更好一点,然后让这个社会也变得更好一点,这就是我为什么从一个数学的学科转变到社会学。这个社会好像看起来有些欣欣向荣的一面,另外一方面好像也有很多不太令人满意的地方,那我们就去研究社会。我读研究生的时候转到社会学,偏一点心理学,我读了社会心理学。之后我就到山大社会学系教书,在教书的过程里面去研究这个社会,其实一直都是很困惑的,但随着不断地学习,不断地读书,不断地研究,就对这个社会认识将越来越深入,对这个社会的看法就变得更加理性。我们会用一个更全面的眼光去看,希望保留这个社会发展带来的便利,这些好的方面,有更加丰富的生活;另外一方面要思考我们能不能让这个社会发展

---

* 程胜利,教授,博士,山东大学哲学与社会发展学院副院长,社会工作系教授。研究领域有社会福利与社会政策、城市贫困问题、社会心理学、家庭治疗。为本科生和研究生开设“社会统计学”“家庭社会工作”“城市贫困与社会救助”“家庭社会工作实务”等课程。现任中国社会工作教育协会常务理事、中国社会工作教育协会家庭社会工作专业委员会主任、中国社会学会社会政策专业委员会理事、山东省社会工作专家库成员、济南市社会工作协会副秘书长、济南市山泉社会工作服务社副理事长。

带来的不好的方面减少一些，或者是防止一些，或者是改善一些。那其实就是我们研究社会学，推动社会变革的工作。社会学可能更倾向于学术，就是用科学的方法研究，我们的社会工作其实更多的是要行动，就是要去做服务的工作，真的去帮助这个社会，去帮助在这个社会发展过程里面被落在后面的一群人。在这个社会快速发展的过程里面，经济方面排在后面的那些人、那些家庭，还有其他的一些群体，我们就叫"弱势群体"。我们现在所确立的这个市场经济制度，它带来的必然的一个结果就是贫富分化。我们这个社会工作专业，一方面去帮助被这个社会落在后面这些群体、这些成员，希望他们可以享受这个发展的结果，这是我们专业的目标。我们希望去改进，让这个社会变得更加公平、更加正义、更加和谐、更加自由，这就是我们的价值观，我们的专业追求。我们要通过服务去做这个事情，学一些专业的技能，去帮助贫穷的人，帮助儿童、农村人口、在城市里的打工者、妇女、残疾人，要让他们能够和我们一样享受发展带来的这些成果，而不是遭受发展所带来的这种不利的影响。另一方面，社工除了直接的服务之外，我们还会推动制度的变革，或者叫政策的变革，推动建立更好的社会福利制度，推动社会政策的变化，让它更加的平等，更加的公平，让我们每个人都可以更好地去利用这个社会发展带来的机会。我希望我们在座的每个同学都从这个角度上去看，当然你们有的刚刚进入这个专业，可能还不太了解，有些已经学了两三年，了解更多一点，我希望我们从根本上去了解我们这个专业。习近平总书记讲我们要不忘初心，其实这个就是我们的初心，让这个社会通过我们的服务，通过我们倡导，通过我们的推动，更加的公平公正、和谐美好，希望大家可以去理解把握。这个和我们社会发展有关，和社会的大的转型直接相关，如果没有这个转型，就不会有社会工作发展出来。我们可以从这个角度去理解我们这个专业，在未来一定是越来越重要的一个专业，它的价值也会为我们每个人所认识，为这个社会所认识。

我们今天的主题是社会大转型当中的当代中国的家庭。我们在座的每个人，都生活在这个时代里面，我们就在这个社会里面，那我从小到大就经历了这个转型，你们可能经历了后面一半，我大概是经历了从改革开放到现在这完整的转型，所以我们就在这个里面。那这个社会我们如何去体验？它带给我们什么样的影响？我们每个人都是从家庭里面成长起来的，那我们的家庭也在这个社会的里面，也经历了这个转型带来的各种影响冲击，也发生了很大的变化，这些变化都会被我们切身地感受到，这个就是家庭带给我们的影响。有些是更好的影响，也有一些是我们不希望的影响。我们希望今天就利用这个时间，好好地去看，用我们社会学的视角，用我们社会工作的视角去看，身在其中的这个社会和在这个社会里面的家庭。那我先问一个问题：在你们的经验里面，你们如何看待这个社会？现在中国的这个社会，你们是怎么看待的，是充满了光明，充满了希望，充满了机会，你是很兴奋，或者很庆幸你可以在这个社会里面，还是其他的一些感受？你们怎么看待，或者你们怎么体验这个时代、这个社会？你们的感受是什么？或者你们的看法是什么？或者你们的判断是什么？你们可以说说吗？因为你们学了很多专业的东西，还有哲学的东西，还有马列的东西，你们怎么看待这个社会？

学生："我作为一个大一的新生，就在这里抛砖引玉。对，我觉得现在的社会就是一个风险、机遇并存的社会。我们不得不承认中国这几年确实是在高速地发展，但是发展的同时也带来很多熟知的社会问题，比如贫富分化、乡村问题。虽然我们在经济上是取得了一定成就，但是我觉得在社会方面却忽略了一些东西，有一些社会矛盾开始凸显。"

非常好，谢谢！基本上是能够特别敏锐地看到这个社会，就是它好像带来了很多我希望的东西，好像也有很多东西我们其实不太希望这个社会是这样的。那其实有些人可能每天都是非常高兴，就觉得这个时代是一个历史上可能最好的一个时代，对不对？有些人也会觉得这个时代好像是他所经历的最不好的时代。这就是两个极端的看法，当然还有一种可能性，其实在我们每个人的生活里面，一方面就觉得这个时代我很喜欢，另一方面又觉得这个时代好像有很多我不喜欢的东西，其实是矛盾的。这当然是一种感受。那我们怎么去理解这个时代？我们是可以理解的吗？比如说我们都学了很多理论，其实好多人看不明白这个社会为什么会这样，我们今天其实就要谈这个问题。

二、"不是我不明白，这世界变化快"

刚才弥老师也讲，我们这里刚有一个卡拉 OK 大赛，我这里有首歌，大家愿意听吗？我可以放一下，崔健的一首歌，其实就反映了大家对这个时代的一个看法。我大概主要是讲这个社会是怎么发展，就是一个大的转型。在这个过程里面，家庭经历了什么样的变化？这个变化其实就是带我们切身感受的这些东西，就是让我们困惑的东西，让我们纠结的东西，其实也是让我们欣喜的东西，那我们其实要去理解它。我们要用一个什么样的视角去看，让我们能够更好地、更安心地在这个时代里面，在这个社会里面去生活、去学习、去工作。崔健的这首《不是我不明白，这世界变化快》其实是说出了很多人的内心的感受。就是真的，我不太明白这个时代，为什么？因为这个时代变化太快，中国社会的转型，不到 40 年的时间，就成了一个完全不同的社会，变了一个现代的、你们现在就在的这个社会。因为变化速度太快,很多东西都不稳定,所以就带来很多这种纠结或者困惑的感受。这个歌词,就是我们小时候幻想的那个未来,其实不是现在,现在的情况不是当时我想象的那个世界,它变得和我的想象不太一样,因为谁也不可能预测。在我小的时候,我根本不可能想象得到,在我现在这个年龄,中国是这个样子。那你们也可以想:在你们10岁的时候,你们想象的你们20岁的时候,中国的社会是不是现在这个社会?发展太快了。大家都知道,这个就是很快的城市化,大量的人口从农村到城市,高楼大厦好像一夜之间就建立起来了。那我们说我们就经历了钢铁水泥的森林,就是在城市里面,交通拥堵,然后我们也经历了空气的污染,我们也经历了农村的衰败凋落。其实崔健这歌就是对这个时代、对中国的转型发出来的一个巨大的困惑。我们要试图去理解,如果我们不能够理解的话,我们就不能够安身立命,这就是他所发出的呐喊。

三、中国社会大转型

(一)市场、市场经济、市场社会

有一个人他就专门去研究转型,叫卡尔·波兰尼,一个著名的社会学家,他也是一个著名的人类学家,他写了一本书就叫《大转型》,如果大家有兴趣可以去阅读一下,也有人把它翻译成《巨变》,它的副标题就是"我们这个时代的政治与经济的起源",就是要从理论上去认识这个社会大转型,这个书是1944年写的。他认识的是西方的发达资本主义国家,他们所经历的从传统社会到现代社会的一个转型的过程。他们所经历的这种极端的两极化的效果和体验,我们可以用这个理论视角来看我们今天的这个社会的变迁和转型。他写的是很大一本书,但是他的思路是很清晰的。他有三个重要的概念,我可能不会特别详细地讲,其实也是比较容易理解的。一个是市场。大家知道什么是市场?资源配置,市场就是一种交换的地方,在古代就是一个场所。大家你有你的,我也有我的,希望用我的去交换你的,就形成了市场。那交换会带来什么?我们叫作"效用的增加",我得到我想要的,然后你也得到你想要的,交换会产生效益,这个效应的增加是非常好的机制。当然也谈到它的滞后性,或者它的盲目性,那是另外一个方面,但市场是一个带来便利的地方,是我们互通有无的地方,我有的多的,希望可以换得你有我没有的。古代的时候,大部分的生活其实不是靠市场,我们叫"自给自足的自然经济",大部分东西其实都是自己生产,自己消费,市场在生活里面所占的比重很小,只有最重要的一些物质才会用市场,就是自己不能生产的。市场经济不一样,市场变成是组织经济的制度,它在我们生活当中的作用越来越大,我们不再是自给自足的,我们所需要的几乎所有东西都需要从市场里面得到。这个时候，整个经济的运作方式就变成市场经济这样一个机制。其实我们生产的东西往往都不是我们所需要的，因为市场会带来分工，带来规模的效益，可以丰富物质的生产，但是我们生产的东西常常主要是用来交换。比如说现在农民生产的粮食，大部分可能不是他自己吃，他要去交换，市场变成一个制度，我们生活的一个重要的机制，而且我们不再是自给自足的，市场在满足我们的生活需要里面大概占了90%。比如我是个老师，我的生活基本上都是通过市场来获得的，我的衣服、我的房子、我开的车子，我去坐高铁、飞机，没有一个是我自己生产的，如果没有市场，我就没法生活。古代人如果没有市场的话，其实生活基本上还不会有太大的问题。但是现在如果没有市场，你可以想象，几乎是不能生存。这就是市场经济，就是市场经济成了组织经济的一个主要的方式、工具。我们希望市场带来规模效益，带来分工，每个人都专门在他这个领域里面。有一个著名的经济学家叫亚当·斯密，他写了一本书叫《国富论》，专门论证财富是如何能够快速地生产出来、增加的。它的基础就是劳动价值论，这个背后的核心就是劳动创造价值，当然也是马克思的一个理论。但是重要的不是这里，他论证的是分工，分工带来的效益，生产的效率不是一倍两倍三倍的增加，它会是从几十倍到上千倍，所以当这个市场成为组织我们资源的一个机制的时候，我们这个社会就进入了一个快速发展的轨道。所以我们从1978年到现在，一个根本性的东西，就是市场组织社会的各种资源，进行有效的配置，成为市场经济。

关键的问题是波兰尼他提出一个非常重要的概念，叫"市场社会"。市场经济组织资源、组织生产，是没问题的。但市场经济有一个很强大的侵入性，就像马克思论证这个资本一样，要不断地扩张，因为生产东西要销售，要不断地扩张。而且它不仅是用来组织生产和销售这个经济领域，它也侵入到我们的其他领域里面，包括政治领域。权力其实也可以拿到市场上去换钱。这个就是权钱的交易，就是腐败。它也侵入到我们的自然领域，土地变成了商品，可以交易。还有我们人，也变成了商品，这是马克思所讲的我们也变成商品，我们在市场里面出售劳动换钱。布兰尼的观点是说像土地、人还有货币，创造出来不是作为商品而存在的，它其实有超越商品的那个属性，人不是为了市场而存在的，人一定有超越市场，去工作换钱的价值之外的一些价值。他认为他们只是虚拟商品，但是在市场经济快速地扩张过程中，我们都进入了这个市场经济的体制里面，包括我们的人情，我们的感情也市场化，所以你会觉得好像大家都变得没有人情味了。市场这个机制，它的力量慢慢地越来越大，要脱离社会的控制。市场经济，它带来更多的好处是效益，是发展，但是当它侵入到社会的时候，人就变成了它的一个工具，就变成了市场里的一个商品。当你在这个市场里面不能够交换的时候,人就没有价值,这不是我们所希望的。它消灭了人情,消灭了社会,消灭了政治,包括我们说的公平正义那些东西,这个才是要害。用波兰尼的思路去看我们1978年以来的这个社会,那基本上就是这样一个发展的过程。1978年之前基本上是一个计划经济体制,没有市场,所有的东西几乎都是计划分配的,改革开放主要是引入市场机制,改革的根本性的东西就是市场化,中国要进入到世界的市场体系里面去,我们要加入WTO,加入世界贸易体系里面去。其实我们就是要发展,那发展必然带来很多的便利,同时这个市场机制切入经济之外的其他领域的时候,就带来了一系列我们所知道的环境的破坏污染、人情世故的淡漠。人的这种无价值,特别是弱势群体没有劳动能力,不能在市场里面去用劳动换取价值,那么市场是不会管你的。市场讲究经济理性,如果我们完全用市场去组织我们这个社会的话,这个社会一定不是我们希望的社会,这个才是根本性的东西。所以从计划经济到市场经济是一个渐进的过程,到了党的十八大的时候,我们才提到一个叫"市场机制在资源配置中起决定性的作用",其实还是不断地在肯定市场机制的正向积极的作用。同时,我们也看到,市场经济发展带来的这种社会的破坏,所以有一个反向的发展,带来的破坏就是从市场经济已经到了市场社会,医疗卫生也市场化了,教育也市场化了。然后我们的人际关系,我们的情感,现在很多时候强调的叫"狼性的文化",就是我们在市场里面要有狼性,你才能生存,如果你没有这个的话,你就不能生存,其实这是不符合人性的。有一个词叫"社会达尔文主义",在一段时期之内在中国是非常盛行的,它当然引起一些反的作用力。所以我们现在要做的事情,不是说要把市场消除,现在有一些人就主张我们要退回到计划经济时代去,其实这也不是我们所希望的,我们希望保留市场机制在经济领域里面发挥作用,但是要防止它进入其他的方面。我们要把市场经济限制在经济里面,其他的方面我们就叫"社会",要把这个社会重建起来,这也是波兰尼的一个基本的观点,就是要把这个社会已经市场化的那个部分,把它从市场里面抽离出来。比如说医疗卫生,我们现在就要强调不能够市场化,要把它变成一个公共的服务。文化教育市场化很多年,你们当然都是受益者,如果没有这个市场化,没有扩招,很多的同学都不会在这里,所以这是好的方面。但另外一个方面,很多的穷人家的孩子可能就选择不上学,因为觉得上学的投入和去打工、就业的收入比起来好像不合算,有一个经济理性的考虑,这就是我们不希望的一个结果。

(二)贫穷到小康

在短短40年不到的时间,我们这个社会发生了巨大的变化,这个叫"转型",我们的GDP(国内生产总值)从全球第十现在到了第二,从原来很贫困的一个状态变成了小康。对比一下就很鲜明，我们的 GDP 总量 1978 年的时候是 3000 多亿元，到了 2015 年的时候是 68 万亿元，这是一个巨大的变化，增长接近 200 倍，这个没有扣除物价增长因素，大概五年翻一番。这是总量，如果看人均的话，财富也基本上超过了 1978 年的 100 倍。从总体上看我们其实是比原来更富了，我们大家都体会，享受到这个发展在物质上增加的便利和服务，这个是量的增长，真正重要的是结构的变化。这个是老生常谈，40 年的时间，我们的社会从一个农业社会到了一个工业社会，现在基本上我们可以说它是一个后工业的社会。这个概念怎么来的？其实就是看 GDP 在总量里面所占的比重，当然也看人口的产业分布。1978 年的时候，我们是农业社会，虽然那个时候工业是占比最大，但是农村人口超过 80%，82%的人都在农村，只有 17.9%的人在城市。那一定是个农村社会。到了 2013 年，第三产业服务业占到最大的比重，制造业还是很重要，但是服务业已经占到最大的比重，已经变成一个服务型的社会，或者是说一个后工业的社会，带来一个社会根本性的变化。从产业角度，从一个农村社会到一个城市社会，人口城市化。从价值观传统上来讲，从一个传统社会到现代社会，生活方式的根本性的不同。在农村社会里面是熟人社会，而在城市社会里面基本上是一个陌生人的社会，所以人情淡漠。在农村我们都很熟，大家都知道每个人的品性，所以不会上当受骗。但是我们在现代社会，在城市社会里面，常常不小心就上当受骗，这也是社会性质的一个根本性的变化。

（三）当代中国家庭

这个时代快速的变化带给家庭巨大的影响和冲击。我大概谈四个方面，其实你可以从很多方面去谈。

1.小型化、核心化

1973 年的时候，中国家庭的平均人口是 4.81，那时候老年人很少，夫妻带着一群孩子比较多，到了 2014 年的时候，家庭基本上就是两个人的家庭、三个人家庭，我们常说的就是“核心家庭”。家庭的核心化让人感觉不到大家庭带来的人情、家的感觉。另外就是更多的老人，老人的增加一定和社会发展有关系，就是家庭结构变化。没有大家庭了，人均寿命越来越高，越来越多的老人独居。当然中国还有一个特殊的原因，就是计划生育。计划生育带来的人口减少，人口的结构变得像一个倒的“金”字，对中国来讲也是一个巨大的挑战，对每个家庭都是一样，我们如何抚养孩子？如何照顾老年人？其实这个也和生产方式有关系，如果大家都在农村，靠子女去养老年人还是很容易的。但是在城市里面，特别是不住在一起的时候，那么养老就变成一个巨大的压力和挑战。

2.破裂与碎片化

更重要的会感觉家庭破裂,就是离婚现象增多,另外一个就是叫“碎片化”,特别是从农村到城市的劳动力的流动带来的家庭的破碎。虽然这个家还是三口之家,但是他们在不同的地方,你们去观察周围,就会发现离婚是很平常的事情。看看你周围的人,你的亲戚朋友或者是你的邻居,离婚现在已经是非常常见的一个现象,不像我们小的时候,几乎不知道离婚是怎么回事,那时候离婚也很难,现在变得很容易。一个是容易,另外一个原因是大家也有离婚的动力。原来都没有这个动力,也不容易离婚,现在变得又想离婚,而且很容易离婚,所以离婚的数量越来越多。举个例子,1985 年的时候,全国离婚大概 46 万对不到,2016 年这个数字到了 416 万。30 年就增加到原来的 9.1 倍。400 多万是什么概念?就是我们 2016 年的时候总共有 400 多万夫妇离婚,平均每天都有 1 万多夫妻离婚啊。这 1 万多离婚,其实就牵扯到夫妻双方,要乘 2,然后再有孩子要乘 3,就是指离婚影响到的人,如果还有双方老人你就要乘 7,一对夫妻离婚其实就牵扯到 7 个人都会受它的影响。你可以想象每年都是这样,所以大家就觉得这个婚姻家庭其实变得越来越值得怀疑,还有没有爱情的存在,有没有家庭情感的存在,所以这个也是让我们很纠结的一个问题。我们再看离婚率,1985 年是 0.44‰,2016 年的时候达到 3‰,这个也是 30 年的时间变成原来的 6.8 倍,或者说接近 7 倍。这个是离婚数量与总人口比,所以感觉不是很高,所以要再看离婚结婚比,就是当年的离婚的对数除以结婚的对数。1985 年的时候是 5.5%,就是差不多 20 对结婚的才会有一对离婚。然后到了 2016 年的时候变成 36.4%,超过 1/3,也就是说每三对结婚的夫妇就有一对离婚的。保持这个趋势不变的话,可以想象将来超过 40%的夫妻都可能会离婚。但是这个是好还是坏呢?凡事都有正反两方面。离婚容易其实也有很多好处。女性在有的时候可以摆脱家庭,比如说丈夫有家暴,她也可以有自己的自由,这是好的方面。当然不好的方面就是会产生负向的影响。这是一个趋势图(图略),我们可以发现,在 2002 年的时候,这前面基本上还比较好,离婚数量比较稳定,慢慢地增加,2002 年之后快速增加,大家看斜率增加的比例,而且这个趋势一直不变,你能想象明年会更高。离婚结婚比也是一样的,基本上是一个趋势,你会发现这个曲线后面很陡,因为结婚的对数越来越少,但是离婚的越来越多,所以这个离婚结婚比变得越来越高,我估计可能很快会超过 40%,达到 50%。碎片化,这个我就不再说了,大家都讨论了很多了。

这个是家庭的破裂和碎片化,其实就是大转型的一个结果,是大转型对家庭的冲击。为什么这个人宁愿家庭破碎,也要去到城市里面去,就是他要追求经济收入。所以当他追求经济收入的时候，其实人情、夫妻感情，在这个地方都被物质的、经济的追求削弱了，所以社会就变得让我们不太喜欢。这个就是社会快速发展和转型带来的一个结果，这就需要我们去做点什么去改变这种情况。具体来讲，我们说涉及的人，比较容易受到冲击的就是儿童，还有妇女，还有老年人。当然对男性，就是对这个出去打工的人其实也不好，因为他自己孤身在外打工，也得不到家庭的温暖，得不到家庭的支持，对他也是不好的。家庭的破碎对每个人都一定有不好的影响。

还有一个叫"重组家庭"，当然这个也和社会的变动有关，和离婚有关，离婚越多的时候，再婚的人也就越多。1985 年的时候大概是 50 万人，到了 2016 年再婚的就达到 300 万人。再婚其实也是涉及很重要的问题，就是涉及这两个人，还涉及两个人的孩子，还涉及两个人的家庭，再婚家庭的家庭关系其实面临一个巨大的挑战，他们有家庭冲突矛盾的可能性也更大。当然也有研究表明，再婚家庭离婚的风险比初婚家庭更大一些。

3.家庭关系平等化，家庭权力下移

其实家庭关系平等化、家庭权力下移也是前两个的结果，它也会影响家庭关系。原来我们说传统的家庭里面，我们那个时代叫"长幼有序"，"夫为妻纲"，原来在家庭中就是一个等级的关系。家庭其实以亲子关系为主轴，原来的家庭到现在的家庭关系，越来越变得事事平等，特别是夫妻之间的平等。这个当然是一个好的变化，但是它也带来了婚姻关系的不稳定。如果没有更好地处理矛盾冲突的能力或者是方法的话，当两个人变得更平等的时候，其实也就是更容易离婚的时候。家庭的关系，原来我们都是传统的儒家文化，后来我们才强调情感，情感的理性，就是追求爱情，追求浪漫，我们现在可能更多的是追求经济理性。比如女生要找一个什么样的丈夫，就是要效益最大化。男生也是一样，其实这时候关系情感也很重要，但是可能要求你在感情上不要太天真，这个就是我们这个时代要去考虑的。

4.家庭照顾模式的转型

第四个是养老。家庭照顾主要是指养老，随着社会的发展和转型正在由"互惠模式"转向"接力模式"。这不是我的概念，是费孝通的概念。在 30 多年前，1982 年到 1983 年，费孝通写了三篇文章，当时他去研究江村，就是苏州旁边那个。当时正在实行改革开放，包产到户，这个时候就发现，养老变成一个问题了。年轻人不愿意和老年人一块了，老年人没有劳动力，年轻人愿意独立。互惠的模式是中国传统的养老模式，就是在孩子小的时候父母养孩子，孩子长大了，孩子养父母，这叫

“互惠模式”。另一个模式叫“接力模式”。这个是他观察西方现代社会发现父母负责养孩子，孩子不负责养父母，那谁来养父母？是社会福利，这就是西方的接力模式。他当时就提了一个问题：中国在改革开放之后，在社会转型之后，家庭照顾的模式会不会从互惠模式转到接力模式？他当时只是提出了这个问题，并没有给出回答。我写过一篇文章尝试回答这个问题，我说一定会的，现在这个就已经是一个趋势了。

那为什么会是一个趋势？我们不是从情感的角度，或者从孝还是不孝这个角度去讨论，而是说社会转型之后，子女有没有可能去为父母养老？不是想不想，而是说他能不能。比如说分居两地的，比如说现在的生产方式，夫妻两个人都要工作，所有的子女都要全日制地工作，不像是在农村，女性可以在家里，现在的生产方式就是子女不可能养老，不管他有没有孝心，他没有可能去完全承担给父母养老的这个责任和义务。所以必须发展到接力模式，但是我们现在没有作好准备。所以老年人就过得很纠结了，特别是农村的老年人，如果在座的大家有农村的同学，你们可以作一些观察，农村的老年人生活的状况其实越来越糟糕。当然有些家庭是很好，但是我们是看趋势，看大多数。所以这就给我们社会的转型、我们家庭的变化带来了巨大的挑战，比如养老一定是个巨大的挑战。当社会转型之后，当家庭结构变化之后，家庭的功能、关系发生变化之后，我知道你们都很有孝心，可能都立志要将来去养你们的父母，但是你们的父母真的老了的时候，你们养老的压力会很大。不仅是直接的经济、时间压力，而且还有精神上、心理上的压力，我们现在独生子女很难去完成这个任务。再说儿童养育方面的问题，这个是和离婚有关系、和家庭的破裂与碎片化有关系的，儿童现在没有得到父母很好的照顾和关心，所以他们在成长的过程中有巨大的情感上的缺失或者心理缺失，这是我们特别要去关注的。前几天暴露出来那个虐童事件，不是个案，因为父母的监护不到位。把这个子女交给爷爷奶奶，这在西方来讲不是一个被认可的方式。一定要是父母亲自去照看抚养这个孩子。当然我们说社会转型和家庭的变化，带来的是对家庭的稳定和谐的巨大挑战。我们很难去处理，变化太快，我们都没有学会如何在一个平等的关系里面去处理矛盾、处理冲突。所以一有矛盾冲突，就去离婚，离婚很简单。两个人达成协议，到民政局 20 分钟就办完了离婚手续，因为 2002 年离婚登记的办法改了，变得更加简单、更加快捷、更加有效率。

现在老年人如果是在城市里的，有退休金的，经济不是问题，真正的问题是缺少陪伴和情感的支持，是孤独。我正在作一个分析，孤独是影响老年人幸福感的最重要的一个因素。不是性别，不是年龄。这里有一个离婚的数据图（图略），涉及家庭破裂的情况。丈夫出去打工，妻子在农村带着孩子，即使他没有离婚，这个丈夫也是缺位的，对孩子的抚养没有正面影响。这个是留守的老人，老人照顾孩子。这个数据表现的是越来越多的人不相信婚姻，不婚的人越来越多。有一个数据表示现在选择不结婚的人越来越多，包括男生也包括女生。因为他觉得结婚不结婚，也没有大的影响。现在市场这么发达，我要什么都可以，市场里面都买得到。何必找一个人来整天和我吵架，我要寻求安慰，可能就去打个热线，或者看电影，反正有各种各样的现代化手段。其实这个是社会变化的一个结果，也是家庭变化的一个结果。人的孤独感，在现代社会里面的这种孤独感是非常强烈的。这就需要我们来做一些事情。当然说起来很简单，用波兰尼的说法来讲，就是我们一定要把市场管住，不能让它到处乱跑，跑到经济之外。我们要重建我们的社会，包括很多方面，我们等会儿也会谈到，比如说我们重建环境，重建人情世故，重建我们美好的社会关系。重建对人的关心和关怀，这个就是社会福利制度、社会政策，很多东西我们一定要把它从市场那边拿过来。比如说我们一定要让穷人的孩子也可以上学，要建立社会的保险或者是公共的医疗服务，让穷人也可以得到医疗的照顾，人要被看重，要被尊重，要能够超越市场。

四、挑战与应对:社会的反向运动——重建社会

每个人都是有价值的人，不管他在市场里面能不能成功，从人的角度，是有平等的价值的。这是我们社工要坚持的初心。所以我们要重建社会和家庭，我们的方法就是要确立一系列的社会政策、社会福利，就是要让人更好地摆脱市场的控制，这些东西都在市场之外。你会发现我们做的所有的社会福利、社会保障其实都是和市场对着干，都是要预防市场所带来的不好的现象。当然环境的问题也是一样，我们一定要重视土地的价值，它不仅仅有市场的价值。有的东西钱是买不到的，土地、自然、美好的人情，还有我们的空气。

除了政策之外还有社会服务，就是我们社工要做的事情。这个服务不是说老大妈干这个事情，而是要很多专业性的服务，不是说找个邻居老大妈，帮我解决夫妻的冲突，解决亲子的关系，解决我遭遇的社会不公正。这其实就是我们社会工作要干的事，我们是要推动用专业的方法去服务需要服务的人群。这个也不是市场，不能够用市场机制。这个一定是政府的责任、社会的责任，是我们专业的责任，要超越市场机制，让所有的人都可以均等化地享受公共的社会服务。这就是我们要做的事情。我们现在这个社会也已经认识到了市场侵入社会带来的这些不好的影响，所以我们国家、社会和政府也越来越重视反向的工作，我们叫“社会的重建”，这

个从 2000 年已经开始了，我们提出“和谐社会建设”，它不是一个口号，它是落实在这些方面，比如说社会保障制度。其实从 1997 年开始，我们的最低生活保障制度、医疗保险、养老保险，包括农村和城市的，所有的这些都是让我们人脱离市场，就是不是完全由市场所决定的。你在市场里面不成功，我们还可以有社会保障。另外一个就是环境，大家知道我们现在越来越重视，从党的十八大开始我们就有一个口号，这是社会重建的一部分，就是“我们要建设美丽中国”，在党的十九大报告里面，这是一个新的提法。

当然反腐败也是在重建社会，是重建社会的一个很重要的方面。要重建大家的信任，对政府的信任，相互之间的、社会的信任，对这个政治体制的信任，对这个政治制度的信任。家庭建设是习总书记特别强调的，大家也要从这个重建社会的角度来看家庭。不是说要回到传统，不是说回到那个传统的纲常伦理，而是要在一个新的高度上重建家庭关系，让这个家庭成为抗击市场冲击的一个最重要的地方。比如我在市场里面可能是失败的，但在家庭里面我一定是得到接纳、认可、包容、重视的。这是家庭的作用。

五、新时代：让市场经济服务于人

我们从波兰尼的角度来看，从改革开放到新时代，市场越来越确立，市场经济制度得到恢复和重建。那新时代呢，一定是更加重视社会的这个时代，所以我们的基本矛盾其实已经发生了变化，我们不再只是要通过市场机制来促进经济的发展，而是要让经济的发展能够服务于人的对美好生活的追求。

让市场经济为人服务，而不是说我们都是市场经济的一个工具，所有的论述其实都可以归结为我们认识到市场这个制度进入社会其他方面所带来的负面影响。所有的“失调论”其实都是在重建社会这个方面发出的最强有力的呼声，但是并没有否认市场经济的重要性。不是要回到计划经济时代，而是我们要保留市场经济所带来的经济发展对资源配置的重要作用，但把它限制在经济的领域之内，要在市场经济制度之外建立一套保护人的机制，不要让人、让自然和美丽的环境受到市场的破坏和冲击。所以个人的全面发展才能叫“社会的全面进步”。我们关于发展的认识更全面了，它不仅是经济的增长，而且还是社会各方面的发展。具体来说，就是“五位一体”“四个全面”，看起来像口号，实际上都有非常重要的意义。我的观点是说，党的十九大报告值得大家去看，它一定是决定我们未来 50 年的最重要的一个文件，它代表了我们中国将来发展的一个方向。

最后我们说说新时代的市场与社会。我们既要肯定市场的重要作用，党的十九大报告里面的表述仍然是一样的，就是市场在资源配置里面还是要起到决定性的作用，但要加强其他的社会方面的发展。最后，家庭这个问题是习总书记在2015年春节的时候提到的，就是实际上要从重视家庭、注重家教、注重家风、注重家庭来建设家庭。这个非常重要，这是有一整套的非常严密的理论支持的，是一个体系化的论述。

法治思维与法治方法

（2018 年 10 月 23 日）

门中敬*

非常荣幸来到山东大学（威海），来到我们法学院，我今天报告的题目是“法治思维与法治方法”。党的十九大报告当中明确提出推进国家治理能力、治理体系的现代化必须用法治思维和法治方式，发挥法治的推动和引领作用，这就意味着应当对法治思维和法治方式有一个正确的认识。我想结合法治政府建设，谈谈个人对政府法治思维的一些认识和体会，在这儿与同学们作一个交流。

要了解什么是法治思维，必须首先了解什么是法治，什么是法治政府。

一、应当摈弃对法治政府的一些错误认识

曾经人们一旦提及“法治型政府”，便立马会想到“依法行政”，似乎只要贯彻了依法行政，那么这个政府就一定是法治政府。所以，曾经在相当长一段时间内，政府官员开口闭口“依法行政”。这种观念认识在某种程度上促成了 2004 年国务院《全面推进依法行政实施纲要》（以下简称《纲要》）的出台。《纲要》明确提出要“经过十年左右坚持不懈的努力，基本实现建设法治政府的目标”。其后，随着认识的深化，2015 年中共中央、国务院印发了《法治政府建设实施纲要（2015～2020 年）》，把“依法行政”改为“法治政府”，但由于这里的“政府”仍然属于小政府的概念，法治政府本身不过是实现法治的一个手段或必要的环节，法治似乎仍然被“切割成了片段”，容易产生“依法行政等同于法治政府”的错误认识。

不得不承认，对于法治的理解，人们往往会关注法治之人权保障的一面，而忽视了法治调整国家和社会的政治功能。如果在建设社会主义法治的过程中忽视了

---

* 门中敬，青岛大学特聘教授，硕士研究生导师，山东省第三届十大优秀中青年法学家。主要从事宪法哲学、宽容与宪法解释、行政权、行政保留理论等领域的研究。主要学术兼职有中国宪法学研究会理事、中国立法学研究会理事、山东省法学会宪法学研究会副会长兼人大制度专业委员会主任委员，山东省法学会党内法规研究会副会长等。

法治的政治功能和目标导向，那么法治的作用就会被消解。以依法行政为例，虽然依法行政的目标指向法治，但依法行政并不能等同于法治。

举一个个人亲身经历的事例。十多年前，我家在青岛市四方区的本溪路上，这条路南北走向，青岛大学四方校区的家属宿舍在道路的东侧，国棉厂的职工宿舍在道路的西侧。不知何时，在这条马路上自发形成了一个早市。早市的存在为人们的生活提供了便利，但也带来了诸多困扰，阻碍交通，垃圾成堆，噪声污染严重。尤其是像我这样的"夜猫子"，经常睡得晚，起得也晚，但在凌晨时分，早市便开张了，"叮叮当当"的声音便开始响起，真的是不堪其扰。有人打电话给城管，城管来了，商贩们便开始"逃跑"，还经常躲到我们教工楼的楼道里。城管走了，市场便迅速恢复原样。为此，人们会经常看到"猫捉老鼠"的游戏上演。我至今仍然清楚地记得，在 2007 年的秋天，我亲眼目睹了城管执法人员与小商贩的"对峙"事件。记得那天上午 9 点左右，我吃完早饭下楼，发现马路上到处是人，围着一辆城管的执法车辆，我凑近一看，一位身上背着一个 2 岁左右儿童的妇女，双手抓着被强制扔进执法车里的"铁推车"（经营用的）死不放手，城管执法人员正在"劝说"这位妇女配合执法。但是，周围围观的群众开始七嘴八舌地指责城管执法人员，"人家身上背着一个小孩子，容易吗？""做个小买卖还犯法了不成？""你们这些吃公家饭的真没有良心！"……

众所周知，法治的首要含义是"人人遵从法律"。那么，这位背着孩子的妇女商贩的行为，显然是不符合法治要求的，城管执法人员对占路经营的行为进行执法是一种合法性的行为，是依法行政，是符合一般观念上的法治要求的。可能学法律的朋友会问：法治的第二层含义是"人人所遵从的法律是制定良好的法律"，也许城管执法人员所执行的"法律"并不是什么良法呢？这个问题我不是没有想过，为此我还查阅了相关法律文件，发现并不存在所谓的"恶法"问题，法律似乎没有也不可能对哪条街道开设早市这样的问题作出规定。为什么呢？我想学习法律的各位都清楚，由于行政与立法的分工不同以及行政活动本身所具有的"无所不在、随时在场与持续不间断"[①]的特点，诸多行政管理事务领域并不能完全由法律来加以规范，也就是说，法律不可能对哪个地方哪条街道可以开设早市这样的问题作出具体规定。我们行政法学讲法治，讲的是依法行政原理。那么，什么是依法行政？"依法行政"的"法"是什么？如果是法律（广义上的），那么在法律并不属于"恶法"的情况下，这种执法困境如何解释？即便是上升到受到人权保障的高度，似乎也无法得出

① 尹夕阳：《论法律保留原则》，武汉大学硕士学位论文，2008 年，第 23 页。

一个令人满意的答案。换言之,欠缺政治功能和目标导向的"依法行政",失去了它本来应有的作用。所以,必须对什么是法治政府的基本内涵,在政治和社会功能方面进行一次重新评估。

二、法治政府的根本是服务行政

要对法治政府(即行政法治)作一个重新评估,首要的是要清楚政府法治的基本内涵是什么。从传统法治的内涵出发,我们大致可以得出以下结论:政府执法所遇到的执法困境本身,彰显了一种非法治的社会治理状态(并非人人遵从法律)。或许,人们可以把这种非法治的治理状态"归罪"于不守法的民众(如城管执法中的小商贩)。但很显然,这样的"归罪"并不合情合理,甚至可以归类于"强盗逻辑"的范畴。因为,"有法可依,有法必依,执法必严,违法必究"只能说是执法活动的一项原则精神,不能认为达到"有法可依,有法必依,执法必严,违法必究"的社会治理状态我们就实现法治了,如果这样的话,我国早在秦始皇时代就已经实现法治了。

或许,你可以将这种非法治的状态归罪于依法行政的"法",或者说这个"法"不是良法。但很显然,这样的论断同样过于武断。在多数情况下,依法行政的"法"并非恶法。因为什么是恶法,并没有一个明确的、统一的标准。有人可能觉得,那个标准是人权,凡是侵犯人权的法律都属于恶法。但是,这样的观念更加武断。因为,根本就不存在不受法律限制的人权。[①] 以自由权为例,我们规定开车时靠右侧行驶,这个本身就是对自由权的限制。再比如,划定单行线,也是对自由权的限制。只有那种类似于《反犹太人法》这样的法律才显然属于恶法,不过这样的法律毕竟是极少数的。

那么,如何才能形成一种政府法治的治理状态呢?我想最重要和最根本的,是人们自愿遵从法律,自愿遵从政府管制。因为,真正反映人民意志的法律便是好的法律,人们才更愿意遵从。问题是,解决诸多现实社会矛盾问题,似乎并不能全部通过民主立法的方式解决。而且,依法行政的"法"在多数情况下并非恶法,而且也在某种程度上反映了人民的意志。那么为什么还会出现非法治的状态呢?

记得在2009年,我曾经给青岛市所有的城管中队长作过一次学术报告。学术

---

① 在《社会契约论》一书中,卢梭解释说,他所说的"每个结合者及其自身的一切权利全部都转让给整个集体",这并不意味着全部权利、财富和自由的让渡:我们承认,每个人由于社会公约而转让出去的自己的一切权利、财富、自由,仅仅是全部之中其用途对于集体有重要关系的那部分。参见[法]卢梭:《社会契约论》,何兆武译,商务印书馆2005年版,第19、38页。

报告结束后，有人提了一个大家共同关心的问题：怎么解决城管"执法难"的问题，尤其是小商小贩违法摆摊的现实困境？这个问题似乎并不容易回答，因为，城管执法难的问题，既不是依法行政的"法"存在问题，也不是城管执法人员没有依法行政，而是我们对行政法治的理解存在观念认识上的偏差造成的。当时，我给大家提了一个建议，请大家回去以后在本辖区内作一次深入调研，并提议在调研报告的基础上向所在政府提出以下建议：在每3～5平方公里的区域内，设免费的早市和夜市，不收费或仅收取卫生费，由政府负责清扫卫生。理由是，我们的政府，既是富人的政府，也是穷人的政府，最根本的不是传统的干涉行政做得好不好，而是服务行政做得好不好。也就是说，法治政府最根本或最基本的职能是"为人民服务"这一政治功能。因为，我们的国家不是夜警国家，我们的政府也不是有限政府，而是人民政府、全能政府。而且，基于中国的文化传统，富人和穷人在一定区域内混居是比较普遍的现象，这不像有些西方国家如美国，有明显富人区和穷人区的区分。所以，源自西方法治发达国家的夜警国家、有限政府和传统干涉行政理论，并不能解决我们面对的问题。

将服务行政作为法治政府的根本，主要考虑的是行政权能的实现。传统上，行政权能的实现主要是通过法律赋予的强制性手段，即靠国家强制力为后盾的一种行政权能实现方式。这一方式，对于国家治理来说具有举足轻重的地位。单纯依靠强制手段，是不可能真正实现法治之"人人守法"的状态的，人们的关切点更应当放置在政府如何基于其权威和吸引力来协商、说服、引导人们与政府的合作上来，而不是动辄透过强制性手段来实现社会的行政管制目标。所以，对于中国这样一个法治起步比较晚、儒家文化长期占据主导地位的国家来说，实现政府职能最根本的手段应当是服务行政。当然，这并不等于说干涉行政不重要，而是说，单纯靠依法行政（干涉行政）并不能实现"调整国家和社会"的政治功能与目标。对此，世界银行行长詹姆斯·沃尔芬森说道："政府作用的问题无论在发展中国家还是在工业国家的日程上都是首要问题之一。对于很多的国家来说，近年来的教训是政府未能兑现诺言。因此很多国家感到符合逻辑的结局应该是小政府。这样的政府就会无害了，但也做不了多少好事了。"[①]所以，对于一个全能型政府来说，过于强调限制政府权力，完全奉行消极行政的宗旨，仅仅把政府看作"守夜人"，是无法实现法律的调整政治和社会的功能与目标的。

---

① 转引自世界银行：《"有效的政府"》，《科学决策》1997年第3期。

三、法治政府建设并没有一个标准模板借鉴

之所以强调法治政府的根本是服务行政，有一个更为重要的理由，即法治具有社会性。一个社会形成一种有序的状态，靠的不完全是严刑峻法，而是靠普通民众的利益维护。比如，目前中国的乱停车现象比较严重，需要依法治理。但是，这一现象并非完全因为中国人的素质问题，更多的是停车场供给不足的问题，是行政服务中规划不到位的问题。现在的多数老百姓觉得，交通警察贴罚单就是为了“完成任务”和“捞钱”，为什么？因为停车位严重不足！社会性的另一个表现是社会法治。社会法治是指人们普遍形成遵从社会规则的意识和习惯的一种治理状态。在社会领域，绝大多数的人与国家法律是不太打交道的，除了生老病死、结婚、偶尔的交通违章等行为与国家法律有关以外，多数情况下人们遵从规则的意识和习惯是由学校、单位和行业的规章制度决定的。学校、单位和行业作为人们日常工作、生活的场域，对人们规则意识和习惯的养成发挥着非常重要的作用。

西方法治的发展却经历了若干个世纪，而且西方法的概念跟我们所讲的法律的概念是存在很大区别的。西方讲合法性，主要是讲正当性。我们讲合法性，主要是指合乎法律的要求。所以他们就有所谓的“神法”“人法”“兄弟法”这样的划分标准。显然，这跟我们的文化传统包括思考问题的方式是不一样的。举一个我听到的有趣事例来说明。一位中国人到美国去，因交通违法被起诉到法院。法官就问那个警官，你有什么证据证明这位中国人违章。警官说，我没有证据，但我以我的职业道德发誓，他绝对违章了。转过头来，法官问中国人，你有什么证据证明你没有违章？这时中国人从口袋里掏出一个小本本来，他说，我以圣经的名义发誓，我绝对没有违章。你猜怎么着？法官竟然直接说，你可以走了，你没有违章。为什么？因为，在西方圣经是“神法”，说明这个人肯定没有撒谎。这说明什么问题呢？实际上我们谈法治，必须考虑它的社会性，法治与宗教、政治、道德是不可切割的，它是社会性的一个表达。或者说，一个国家选择的法治样态与这个国民的品格是紧密相连的。

再就是法治具有历时性，它不是一夜之间就可以建成的。大家知道美国 1787 年宪法，历经 188 年才实现白色人种和有色人种的平等问题，我们从 1982 年宪法算起到今天，还不到 40 年，它需要一个很长的时间跨度，去调顺，去认知。像德国，也经历了立法国、司法国到行政国这样一个非常清晰的发展路径。因此，法治的社会性和历时性表明，法治并没有一个标准的模板可以学习，把某个国家的法治模式直接拿过来用，恐怕是行不通的，所以我们需要给予法治的社会性和历时性特别的

重视和关注。

四、法治的价值核心是社会正义，而正义是真善美的化身

正义是什么，正义就是真善美。社会主义法治也好，资本主义法治也好，都是要维护社会正义，追求真善美。我觉得正义是法治的灵魂。问题是，如何实现法治的真善美呢？比如说我们山东人，山东人特别讲孝道对不对？可是在儒家文化中孝道是怎么讲的呢？我们现在不提礼法制度，觉得这是对大家的一种道德的要求，而不是一种法律的要求。但在法治社会建设中，通过立法的方法我们是可以实现或者保障这一传统优良文化的。以香港特别行政区为例，这里的数据不一定准确。香港地区的个人所得税，比如说 7 万港币开始起征，但它还规定，如果你有父母在养的话，12 万港币起征，如果你不仅有父母在养，而且还跟父母住在一起的话，20 万港币起征。讲孝道原来靠的是道德，现在好了嘛！我愿意跟父母住在一起，这是我的一种道德义务，但这种道德义务是以法律的方式给予保障的。显然，这种征税的规定对于传统优秀文化的维护来说，作用很大，把法治与德治进行了无缝衔接，是一种人性化的做法，体现了一种公平正义的理念。这一次我们大陆的个人所得税法修改也有一定的进步，可以减征养老的一部分，但规定得比较简单，在公平性上还存在问题，没有考虑父母收入问题。再比如，我国房产税立法方面已经列入全国人大立法计划，大家都在讨论这个问题。曾经有人大代表建议，一套房子不用征税，第二套房子开始征税，但如此征税怎么来实现它的社会功能呢？我觉得应该认真对待和研究。以台湾地区的房产税法为例，我夫人曾经去台湾，回来以后跟我讲："台湾的经济好像一般般啊，比起我们青岛的香港路、东海路差得很远，但他们的房子特别干净、整洁。"我不同意她的观点。为什么呢？因为台湾房产税法规定，征税的基数既包括房屋的价格，也包括装修的价格。也就是说，装修不能奢华，否则就要多交税。所以，台湾地区民间有句俗语，叫"装修的话，够用就好"。这样的法律规定，同样体现了中国传统优秀文化，并实现了它的社会功能。我国 1982 年宪法也有一条基本国策，是讲节约和反对铺张浪费的。我们勤劳节约做到了，但是反对铺张浪费好像并没有做到。这个问题值得我们认真思考、学习和借鉴。

正义的实现不能光靠立法，还要靠司法和执法。执法如何实现正义的问题，由于时间关系，我今天就不讲了，在这里只讲讲司法。司法是一门艺术。我们学法学的人都知道，规范正义主要是靠立法来实现，个案正义主要靠司法来实现。我们国家提出"公正司法"的口号，进行司法体制改革，目标不应仅仅指向防止冤假错案，还应当包括实现社会正义，倡导一种真善美的文化。举一个我听到的美国案例，在

美国俄亥俄州曾经发生过一个案子，叫“伊丽莎白一世案”。该州一名男子喜欢周六周日到乡村郊游，但在一次郊游时不小心轧死一只鸭子，这只鸭子是一只宠物鸭，而且有一个美丽的名字，叫“伊丽莎白”。根据当地的法律，该名男子犯了谋杀动物罪，要被判处两个月的监禁还要缴纳罚金。此事被报道出来以后，当地的市长知道了这件事，觉得不合情理，就给法官写了一封信，说当地的动物保护法是 40 多年前制定的，40 年来我们从来没有一个人谋杀过动物。而且，40 年前制定法律的时候还没有人工养殖的鸭子，这只被轧死的鸭子是一种宠物鸭，它没有学会过马路。所以市长建议，让该男子再买一只鸭子，利用周末郊游时领着这只鸭子学过马路。两个月下来，估计这只鸭子差不多就学会过马路了，然后再送还宠物鸭的主人。大家猜怎么着，法官竟然听从了市长的建议。该判决出来以后，引发了较大的争议，但无论如何，当我们看到这个判决的时候，会觉得特别温馨，既人性化，又提高了社会公众的动物保护意识。可见，在维护社会正义方面，西方的判例法有它天然的优势。我们的司法制度虽然也有一定的优势，但如何让成文法和判例法两种制度能够更好地融合，是未来相当长一段时间内中国司法体制改革包括中国法治发展必须面对的一个问题。

五、法治与法治文化紧密关联

下面我们来谈一谈法治文化。“法治”不仅仅是一个口号，它与人们的心灵有关，与法治文化关联密切。一个国家的法治文化，会影响到人们对待法律的态度。众所周知，法治文化表现在我们的日常生活中，像文化作品、建筑物、文化标志物等，都反映了一个国家的法治状况，并影响到法治的建构。如果说一个国家制作的电影电视节目充斥着一些反法治的情节，那就说明我们的法治还处于比较低级的状态。记得我儿子小时候看过一部动画片，叫《围棋少年》，里面充斥了钩心斗角以及不遵从规则的片段，这些电视剧或电影里的情节会对公民守法和法治建设产生深远的影响。再就是我们从小就喜欢看《西游记》，《西游记》这部电视剧从法治文化的角度来看，是反法治或者说对法治建设是非常有害的。大家看《西游记》里的孙悟空，在西天取经的时候，他摇身一变成为一位“执法者”，一位同违法犯罪分子（妖魔鬼怪）作斗争的法治维护者，但在孙悟空经历九九八十一难的过程中，造成这些灾难的妖怪，很多居然都是某位神仙的“坐骑”或与某位神仙有关系。这是一种传统“关系社会”的映射，是我们独特文化的反映，这种传统中总是关乎关系和权利的影子，从某种程度上看，是与我们现在的法治社会构建方向不一致的。

下面我们来谈一谈法治思维。

（一）法治思维首先是一种理性思维和规则意识

法治思维首先是一种意识层面的东西，是一种观念和历史层面上的东西。要有法治思维，你首先要尊重信仰法律。如果你不尊重和信仰宪法和法律，如何来的法治思维？你相信神，相信上帝，还不如相信某个权威。我们讲法治思维，它首先是一种和传统仁政思维相对的思维。为什么中国到现在发展法治进程比较艰难？因为大家都知道，中国人的思维是一种模糊的思维。模糊思维的典型表达就是中医。中医的思维大家都知道，叫“对症下药”。这种思维在法律上的一个重要体现就是那些中国式的兜底条款，在法理学上，这些规定被称为“例示规定”，例示规定的最后一条规定叫“兜底条款”，属于性质的规定，但我们呢，把它改为“法律法规规定的其他事项”。西方人特别理解不了中国人的思维。当然我不是说中医不好，中医也有特别好的一面。我是说模糊思维跟西方人的理性思维、科学思维是截然不同的。法治思维实际上就是合理划分权利、义务和责任的一种思维模式，肯定不是一种模糊思维。大家看中医现在中国的式微，实际上与我们这些年来倡导科学精神、理性思维、法治发展有着不可分割的关系。我们国家现在也建立了一些制度，比如说宪法宣誓制度，实际上是要在全社会倡导尊重、信仰宪法和法律这样一种观念，倡导一种法治思维。我们在座的同学去学习法律，首先你要相信法律、尊重法律。你是一个法科的学生，你就不能过马路的时候随便闯红灯，是不是？你要遵从规则，有规则意识，这个非常重要。要尊重法律，并且信仰它。

（二）法治思维其次是一种制度思维

我昨天晚上作报告的时候，曾跟我们的研究生讲过一个例子。前一段时间在青岛大学教育培训中心作一个学术报告，作完报告以后，负责学术报告的一位年轻女老师非要请我一起吃午饭。吃饭的时候我就问她：“您的芳龄是？”她说：“我 28 岁了。”我说结婚了没？她说没有，因为个人的原因找对象有点困难。我说：“这不是个人的原因，这是制度原因，是我们九年制义务教育制度的问题。”虽然我没有作过调研，但我有一种感觉，肯定是哪个制度出了问题。因为经常有人找我介绍对象，说某女孩快 30 岁了，还没有谈对象，让赶紧帮忙介绍。我们法律人，凡是出现特殊的社会现象，就会考虑是不是由制度原因所造成的。

在我们的传统文化当中，女孩子找对象，喜欢找有文化的，正所谓“女子爱才”，也就是说，通常会找学历比自己高的、有文化的。一个女大学生通常不会与高中生谈恋爱的，去找一个高中生，这在中国文化传统里面很难让人接受的。而且，女孩子找男朋友，通常会找比自己大的男生，不太会找比自己小的男生。这是我们的传统文化习俗。可是大家有没有考虑过，如果我们一个班，十个人有五个大学生，有五个女生,五个男生,结果会怎么样呢?由于男生找的对象年龄可以比自己小很多,有两个找的是比自己小的,是不是会剩下两个?当然了,判断我们上述这种制度思维正确与否,还需要作法社会学的调查。这我想到了,我曾经试图让我的学生去做一个调研,把青岛市所有的数据拿出来,但因为数据保密的原因,没有成功。

但是,这跟九年制义务教育制度又有什么关系呢?我们从6岁上学,过了9年就是15岁,15岁正是女孩子的青春期,青春期的女孩子特别聪明。我们多数地方,特别是山东这个地方,初中升高中的时候,有50%的学生是被动进入高职学校的。但是,由于男生发育得比较晚一些,又比较调皮,很多调皮的男生在升高中的时候都被刷到职高去了,导致大学生的男女比例好像存在一定的问题。在座的女生特别多,我们法学院的男女生比例看上去大约在1∶4,实际上各个学校都差不多。而据我的观察,理工科的男女生比例现在已经基本持平了,而这恰是当前高知"剩女"较多的主要原因。所以,教育的社会功能应当引起立法者的重视,应当对九年制义务教育制度的社会功能进行立法后评估。这种思维,就是典型的制度思维。

制度实际上包括实体规则和程序规则两个方面。程序规则很重要。我们的教科书讲,西方人重程序轻实体,中国人重实体轻程序,这种观点并不完全正确。中国人并不是不重视程序,而是容易滥用程序。你会发现,程序在中国人这里经常会产生非常奇特的结果,我可以举很多类似的事例。所以,讲程序正义,在中国人这里往往会产生不一样的结果。各位同学有兴趣的话,可以读一读瞿同祖先生写的《清代地方政府》,你就知道中国人古代不是不讲程序,而是讲程序的时候,要把人的因素考虑在内,用一句经典的话来表达,叫"人控人,事控事"。什么意思?就是把某件事划分为几个环节,每个环节安排不同的人去做。这样一来,程序中就被加入了人和人情的因素。程序本身实际上是为了排除人和人情成分而设计的。但完全排除人与人情的程序在中国文化中是难以想象的,中国的程序设计与我们的传统文化和民情密切关联,这也是同样的制度和程序被引入中国后会发生变化的原因。

(三)法治思维是一种权利保障的思维

权利保障的思维在根本上是一种宽容的思维,我们现在社会的宽容度比以前提高了,因为权利保障思维告诉你,我不同意你的观点,但我尊重你说话的权利。严格说来,权利保障思维是一种个人主义的或自由主义的思维。我们传统社会是一种家团主义、集体主义和国家主义文化,采用的是社会压制方式,所以模糊了法律与道德的关系。以《西游记》里面的孙悟空为例,孙悟空为什么是石头缝里蹦出来的?我一个做法学研究的人,可以明确告诉你,孙悟空必须是石头缝里蹦出来的！否则孙悟空大闹天宫时，对付他就不用天兵天将了。因为他有父母，有老师。社会压制性思维方式在当今社会仍然存在，比如有的地方婆婆不配合拆迁，把儿媳妇从学校调到拆迁办上班，这是典型的社会压制思维和社会压制方式，而不是权利保障思维及其方式。

权利保障思维很重要，权利保障得好的话，实际上会增加社会缓和度，减少官民冲突。我记得我儿子上初中的时候，他在重点班，孩子们上课时经常说话，说得特别厉害，还有同学说脏话，老师们管不了。班主任急了，就在家长群里要求家长们配合管教孩子。后来我实在看不下去了，就给班主任打了个电话，建议班主任跟孩子们说明孩子们需要改变的地方，让他们自己去讨论，拿出一个解决问题的方案来。班主任采纳了我的建议。于是孩子们就开始讨论了，吵得不可开交，最后终于达成了一致意见，而且还写了一个简报送给校长。讨论的结果很有意思，孩子们认为，他们这个年龄的年轻人，就喜欢说话，不说话不行，不说话会憋死的！可是老师们经常要么提前上课，要么下课拖堂，导致大家没有时间说话，只能在上课或晚自习时说话。至于说脏话，孩子们认为，原因在于父母和老师，我们生来并不会说脏话，是老师和父母说脏话时跟着学会的。所以，孩子们定了几条非常有趣的规则。其中几条规则是关于上课说话的，大体上是这样的：如果老师提前上课的话，罚老师唱一首歌；如果老师下课拖堂的话，同学们可以举手示意并可以直接离开教室；如果有同学上课说话的话，第一次撤掉桌子，第二次撤掉凳子，第三次中午去操场跑 10 圈。关于说脏话，我记得是这样规定的：如果说脏话，放学后负责打扫班级卫生一个周。大家猜猜最后执行的情况怎么样？非常好！更有趣的是，在第一周，班主任就因为说脏话而被罚放学后打扫班级卫生一周！

今天的讲座时间安排得比较短，很多问题因为时间的原因无法展开，效果上肯定是有折扣的，有很多问题还没有讲透，请同学们谅解。非常感谢同学们，能够认真听取报告，谢谢大家。

国家治理现代化与行政程序法典的制定

（2018 年 11 月 17 日）

王万华*

十分感谢山东大学（威海）的邀请。各位同学，早上好！很高兴今天上午有机会和大家就“国家治理现代化与行政程序法典制定”这样的一个主题作一番交流。

《民法总则》已经通过，《民法典》的编纂正在进行。我们都知道，民法就像慈母一样注视着我们每一个人，我们都能感觉到民法慈母般的温暖。但对于公民来说，民法仅确立了私权，我们的法律其实还有一个更重要的使命和问题没有解决，那就是对于私法权利的公法保护。来自公法的保护和民法的保护，才一起构成完整的对于公民权利的基本保障。所以我们今天要探讨的，也是我们行政法领域一直在呼吁的规范行政权的最基本的一个法典《行政程序法典》的制定问题。

这个主题有两个关键主题词，“国家治理现代化”和“行政程序法典制定”，那这两者之间的关系是什么？为什么由“国家治理现代化”引出“行政程序法典制定”？《行政程序法典》如何推动实现国家治理现代化？这部法典需要包含哪些内容？这是今天我想和大家交流探讨的主题。

首先我们来看一个背景。我们知道，从 1840 年开始，我们在外力的强力压迫下，开始了现代化进程。但是，一直到现在，它都还是一项没有完成的历史任务。现代化起源于西欧，目前被视为人类发展的必经历史阶段。对于中国，这是一个 100 多年来我们一直在探索的问题。党的十八届三中全会提出了国家治理体系和国家治理能力现代化的目标，这个命题就是要回应中国还没有完成现代化的历史任务这一问题。这个命题提出来之后，我们需要思考怎么样能在制度上保障、推进实现国家治理体系和国家治理能力现代化。

---

* 王万华，中国政法大学教授，博士生导师，研究领域为行政法学、行政程序法学。第七届“全国十大杰出青年法学家”，国家“万人计划”哲学社会科学领军人才，中国法学会行政法学会常务理事；北京市人民政府立法专家委员会委员、北京市人民政府行政复议委员会非常任委员。

这个命题提出来以后，我也一直在思考如何解读。我觉得这里面涉及三层问题：第一个就是国家治理内涵是什么？什么是国家治理？这个是我们首先要回答的一个问题。第二个就是现代化，它的内涵是什么？我们都在说现代化，那在理论上怎么去解读现代化？现代化有没有通行的标准，它既然是作为整个人类发展的历史阶段，那现代化相对确定的内涵是什么？可能在不同的国家，会结合自己国家的国情，有一些不同的理解，但我想它作为人类的共同的发展必经历史阶段，应该还是有它基本确定的内容的。第三个就是如何实现国家治理现代化？实现路径是什么？这第三个问题与我们要讲的程序法有很密切的关系。我不知道在座的各位同学，大家对于程序是否感兴趣，我自己一直对程序非常感兴趣。如果对程序感兴趣的同学，我觉得从性格上来讲，你应该是一个比较理性的人，因为关注程序的人，他会更关注一个目标提出来之后，实现的路径到底在哪里。这也是我一直在思考的三个问题。由于时间的关系，我的重点主要放在后面两个问题的思考上。

一、如何理解国家治理

第一个问题，关于什么是国家治理，这个更多还是在政治学层面研究的一个问题。我主要是通过对一些文献作梳理，给大家作一个简要的介绍。如果大家有兴趣，可以再去收集相应的文献，再作详细的了解。怎么理解国家治理？联合国开发计划署、全球治理委员会等机构对于治理的含义虽有不同的具体表述，但是，包含了很多共性要素。如治理要解决的问题是公共事务，我们作为一个这么多人组成的社会，在资源的配置、公平正义的分配等方面，会有很多共同的事需要去解决，所以治理要解决的问题就是公共事务，怎么样去解决公共事务？这是明确了治理要解决的问题，紧接着就是解决公共事务的主体到底有哪些。是国家，还是国家与社会一起来解决公共的事务。还有在解决公共事务的过程中，权力是怎么来分配的？谁具有更多的支配权？国家、社会和个人，在公共事务的解决中，三者是一种什么样的关系？比如说是由国家代替社会、个人作选择，还是采用共治这样的一种方式？

国家治理体系现代化提出来之后，国内学者对于国家治理作了非常广泛的解读，大家也可以去查阅，文献非常多。这其中比较典型的一种观点是结合中国国情理解国家治理，与西方新公共管理运动之后的治理，既有交叉，也有很大差别。大家都知道我们中国是在中国共产党领导下展开国家治理的，所以比较典型的一种观点认为国家治理就是主权国家的执政者及其国家机关协同经济组织、政治组织、社会、公民共同管理公共事务。大家看一下这里面，仔细地去分析和琢磨主体的关系。“执政者及其国家机关协同各类组织”，从中可以看到我们对于国家治理的理解，与西方强调的由管理转型而来的治理实为社会治理，是不一样的。我们在理解国家治理的时候，其所呈现表达的意思，更多的是治国理政的内涵。我们今天在讲治理的时候，更多强调的是国家权力的主导性，在党的领导下，由国家权力主导去协同社会组织，共同管理公共事务。而在国家的权力结构中，在计划经济体制下形成了行政主导的特点，这就使得行政权的运行实现现代化成为国家治理现代化需要解决的非常核心的问题。所以在国家治理的问题上，我想政府治理必然成为我们国家治理的一个重要组成部分。俞可平教授认为政府治理、市场治理、社会治理是现代国家治理体系中的三个最重要的体系。既然政府治理为国家治理的重要组成部分，就需要我们行政法去思考一个问题：怎么样去实现政府治理的现代化，路径何在？我想这个就是当下摆在我们面前的一个重要的问题。

二、如何理解现代化

第二个问题，我们来看，怎么理解现代化？这是很重要的一个问题。前面我们提到源起于西欧的现代化已经演化为人类发展的一个必经历史阶段。作为人类发展的必经历史阶段的现代化应当有它确定的内涵，那么，它的基本内涵到底是什么？对此，我想当然需要到源头去寻找，因为我们在研究一个概念、研究一个制度的时候，你只有了解它的过去，才能理解它现在为什么是这样。为了更好地理解现代化，我们就要回到1500年。瓦特的墓碑上就写着这样的一个墓志铭：“吹响工业革命的号角，使人类进入蒸汽时代。”其实不是，大家看一下，现代与中世纪的分水岭在什么时候？是1500年，为什么把这个时间定为中世纪和现代的分水岭？因为在1500年前后发生了宗教改革、文艺复兴、发现新大陆这三大标志性事件。从时间来看，现代是远远早于工业革命的。工业革命的出现正是基于西方进入现代以后发生的，也就是说是现代这样一个特定历史时代产生了工业革命这一现代文明。所以二者的关系是先有现代这样一个历史阶段，后有工业革命的发生。为什么现代能够催生出现工业革命，乃至于造就了西方如此繁荣的现代文明？黑格尔、哈贝马斯对于现代性这个问题都有非常深刻的论点阐述，对现代性问题感兴趣的同学也可以进一步阅读黑格尔、哈贝马斯关于现代性的一系列论述。哈贝马斯在阐述现代性的时候，一开始就讲到了在西方语言中，不管是英语、德语，还是其他语言，关于现代的意思是没有任何歧义的。现代，意味着新的时代，对此，没有任何歧义。黑格尔说：“我们这个时代是一个新的时代，是跟过去彻底的决裂。”彻底的决裂，它主要体现为什么？主要体现为人的主体性的确立。西方通过文艺复兴、宗教改革一直到后面的资产阶级革命，把人从神权和王权之下解放出来。从神权和王权之下解放的人，实现了人的主体性的确立。也就是说，人从他降生那一天起，他就是独立存在的个体。我就是我自己。我们不是实现我们父母人生目标的工具，我们的父母没有学会这个，没有学会那个，就让我们都去学。我们有的时候上那么多课外班，不是因为我们有兴趣、我们热爱我们才去学，而可能是在实现父母没有实现的理想。我们的父母好多目标没有实现，就让孩子去实现，而且觉得就是为你好，但事实上我们这个时候只是实现我们父母目标的工具而已。人的主体性强调，作为人，他从一出生开始他属于自己，不属于其他任何人，我们讲他就是他自己，这是现代最核心的命题。所以我们会看到现代的确立不在于物质层面，更多的是人的精神层面的解放，人作为自身，其自我的存在就是目的。与人的主体性的确立相对应，经济领域实行市场经济，政府要尽量少干预；政治上，则实行民主政治制度。

在通往现代社会的过程中，不同国家、不同民族可能会出现不同路径，也就出现了不同结果。摩尔在《民主与专制的社会起源》这本书里分析了通向现代社会的三条政治道路。法国、英国、美国等国家在资产阶级革命结束走向民主政治之后，通过制宪活动，把哲学层面的人的主体性引入国家法律制度中，在宪法中明确了个人的一系列基本权利，将人的独立主体地位通过基本权利的形式予以确立和保障。因此，制宪是极其重要的一项活动。宪法确立了一个国家的基本权力结构，也明确了国家权力与公民权利之间的基本关系。我们知道宪法要解决两个问题：一个是国家的权力结构问题，另一个就是公民权利保障的问题。公民权利保障有两条传统路径：权利制约权力和权力之间的分立与制衡。美国研究民主理论的著名学者罗伯特·达尔提出了第三种权利保障机制——社会自治的问题。前面两种经典的权利保障路径，是在国家权力层面去展开的。大家看图表（图表略）上，权利制约权力也分为两种：私法实体权利与公法程序权利。私法实体权利就是前面我讲的民法是慈母，但就像一个家庭一样我们光有母亲肯定是不够的，我们还需要宪法、行政法、诉讼法等公法法律。私法确定了实体权利，公法确立了我们的程序权利，今天我想跟大家探讨的主题——行政程序法，就属于公法范畴的程序权利。诉讼法是传统的公民权利程序保障法，公民权利程序保障由诉讼法扩展到行政程序法，这中间是走过了一个比较长的历史过程，没有同步发生。为什么？这有时代的背景，我们在后面会进一步讲到。在权利制约权力这个问题上有两条路径：一个是三权分立，这是西方；我们倡导的是权力之间进行分工。三权分立和权力分工有什么不同，我不去具体讲，留给大家思考。

德国、日本在第二次世界大战之后，也完成了人的主体地位在法律层面的确立。第二次世界大战之后，《德国基本法》第一条明确规定人之尊严不可侵犯，尊重及保护此项尊严为所有国家机关的义务，完成了把人作为国家客体到人面对国家作为独立主体存在的根本转变。我们来看一下中国的情况。我们中国在近代确立的是“中学为体，西学为用”的基本方针，这个路径和日本是不一样的。日本的现代化之父福泽谕吉先生认为现代化有三个层面：观念层面、制度层面和器物层面。中国和日本的现代化路径分别走了不同方向。我们从第一层面器物层面开始，而日本从观念层面着手，所以我们看到日本非常重视国民教育。他们认为要通过国民教育塑造有现代观念的国民。没有具备现代观念的国民，如何去实现制度文明和器物文明呢？过去日本是敬畏我们的，他要学习我们。但是甲午海战之后，日本不再学习中国，转向西方学习，福泽谕吉提出“脱亚入欧”。1949 年新中国成立时，我国的现代化任务仍尚未完成。党在不同历史时期对实现现代化提出了不同目标和要求。当前，党提出了“两个一百年”的奋斗目标，前一个百年目标要在 2021 年全面建成小康社会，后一个百年目标要在 2049 年把我国建设成为社会主义现代化强国。要实现这一目标，需要我们深入思考现代化是什么以及现代化实现的路径又是什么。我个人觉得，现代化，它的内涵，要坚持从它的起源去探究，也就是我们今天在谈国家治理能力和治理体系现代化的时候，我们要解决的一个核心问题是解决好制度建构中人的地位的问题，就是在国家运作体系中，个人和国家之间的关系如何定位。现代化从它的源起，持续迄今，人的主体性的确立这一主题始终是没有偏离的。我们所做的一切治理努力，应该是让我们每一个个体获得充分的自由，我们的家庭也好，教育也好，我们整个社会也好，它应该是让每一个人的潜能能够有充分发挥的空间。我们研究法律，研究国家这个层面的治理，其实就是要使得我们个人的权利、潜能的发挥，能够有制度予以保障。所以国家治理能力和治理体系现代化，它要解决的问题还是如何从制度上保证实现人的主体性，通过完善法律制度，为个人权利保障提供制度支撑。

除其源起外，我们再进一步考察现代性的两大基本要素。韦伯提到的理性包括价值理性和技术理性两个方面。所谓价值理性就是人的主体性地位的确立，对个人权利的制度保障，它是现代化最核心的一个问题。对公法感兴趣的同学，应该是有比较强烈的使命感这样一种性格，因为公法要解决的一个问题就是个人面对国家到底有多大的自主性，国家应该在多大程度上尊重个人，在制度上怎么去实现对个人权利的保障。比如我们在追究犯罪的时候，实体法上明确要遵循罪刑法定原则，在程序上则要遵循正当程序原则。那么对个体的尊重在行政中又应如何体现呢？这就是行政法要研究和回应的问题。除价值理性，现代化也离不开第二个重要的层面，就是技术理性。黄仁宇先生，大家都知道他的《万历十五年》影响非常大，他研究的一个独特的视角就是在挖掘历史上中国的管理思路上，认为存在着一个和现代化体系不相容的问题，即欠缺精确的数目字管理。他在研究明代财税制度时提到，明朝为什么会亡？亡在了自己，到最后中央政府都不知道自己的国库里有多少钱，不知道自己的国民有多少，这都是缺乏一种精确到数目字管理的表现。缺乏精确的数目字管理这个问题到现在仍然存在，如有的书上写我们中国国土面积有 960 万平方公里，我们中国人口有 13 亿，那“96”和“13”后面都是“000……”，大家看，这些“000……”，像欧洲一些小国家，它这个国家可能就 30 万平方公里，我们一省略就把一个国家的国土面积省略掉了，我们说 13 亿，后面那么多的“0”，我们很多人就被零掉了，不精确。价值理性与技术理性这二者之间有没有关系？有关系。价值理性是对人的主体性地位的直接确立，它在法律制度上体现为公权要慎重行使，在刑事法律上讲“谦抑”，国家的权力不要轻易启动，要尊重国民的权利，以一种消极方式去实现和保障公民的权利。技术理性则是通过精细化的管理，积极地去实现国民的福利。“公民从摇篮到坟墓都在跟行政机关打交道”，我们每个人离不开国家，医疗、教育、公共基础设施都需要国家提供，所以技术理性解决的就是公共事务管理的有效性，这种有效性依赖于政府权力的积极有效行使。一个无所作为的政府，不是我们欢迎的政府。一个有效的政府，才能够为国民提供很好的公共保障。技术理性解决的是权力的有效行使问题，价值理性解决的是防止权力滥用的问题。

在现代风险社会，我们更是看到仅仅谈防止权力滥用是不够的，但我个人认为它应该是最重要的一个方面，当然同时我们也需要技术理性带来的权力行使的有效性，这就在理解现代化与公法研究中形成逻辑上的连接。正当法律程序一开始作用于司法这个领域，如英国的自然正义原则，一开始只适用于司法活动，到后来扩展到行政领域；美国联邦宪法上正当程序法律条款最开始也只适用于司法领域，不适用于行政领域。资产阶级取得革命胜利后，基于王权太强，在国家权力结构中实行议会至上，实行弱政府强议会，政府权力很小，是为“守夜人政府”。美国联邦政府成立时仅有 6 个部，权力非常小，职能非常窄，政府当好“守夜人”就可以了，其他交给市场，交给社会去自治，行政的权力非常小。但是所有一切在 20 世纪就发生了变化，在国家权力结构上发生了巨大变化，行政的权力越来越大，形成了现在的行政国家。为什么会出现这样的变化，背景非常复杂。经济发展之后，既存在市场失灵的问题，也产生了一系列社会问题，于是国家不断扩权干预，如美国的“罗斯福新政”。国家干预市场活动，违反传统的契约自由，但后来大家逐渐认可，国家扮演着越来越强大的角色:它要进入经济领域,防止垄断的发生;它要进入生产领域,防止劳工缺乏保障,工人的最低工资和最长工作时间,国家都要干预。所以行政的权力越来越大,尤其是风险社会的出现,加剧了行政权力急速扩张的趋势,这种趋势直到今天依然是没有改变的,正是在这一背景之下,世界范围出现了行政程序法典化浪潮。

三、行政程序法在世界范围的兴起与最新发展

行政权力的急速扩张对作为国家治理重要组成部分的政府治理提出了新问题,这就是我们今天要讨论的第三个问题:实现国家治理现代化的路径是什么?我结合专业主要着眼于政府治理现代化的实现路径。20世纪之后西方国家权力机构发生了根本性的变化,由议会国家变成行政国家,行政权在整个国家权力结构中成了老大,这种情形下,行政权力一旦滥用,就会对公民权利造成侵权;另一方面,行政不作为就会使得很多的公共服务无法被公民获得。为防止行政机关滥用行政权力,推动行政机关积极作为,一些国家制定了《行政程序法》,通过规范行政机关行使行政权力的程序,来实现这些目标。以美国、德国等国家为代表,20世纪在世界范围内出现了行政程序法典化的现象。如果说18～19世纪是民法法典化的世纪,20世纪就是行政程序法典化的世纪。我们把20世纪行政程序法的发展归纳为三次浪潮,每一次浪潮都有代表性的国家和地区,第三次浪潮发生在东亚,日本、韩国和我国台湾地区,都制定了行政程序法,我国立法一直还在讨论中。我个人认为,互联网与大数据背景下正在发生第四次行政程序法立法浪潮。行政法的特点之一是形式上没有一部法典,刑法有《刑法》,民法有《民法总则》,现在要完成民法典的编纂,而行政法典,不光是中国没有,任何国家都没有,所以行政程序法尽管名称上叫"行政程序法",但其实内容有很多实体法的内容,以解决行政法没有法典的问题。那为什么叫"程序法"?形式上是因为主要内容还是程序,但其实更深层次的原因是因为法治的核心其实就是程序法治。行政处罚法、行政强制法、行政许可法最主要的条款都是程序性条款,所以道格拉斯法官那句名言是我们学习程序法时人人皆知的,权利法案的大多数条款都是程序性的,程序是人治和法治的根本区别。

行政国家出现之后,行政现代化就成为国家治理现代化的一个关键,行政程序法典在世界范围的兴起,回应了这一现实需求。行政权力运行的价值理性和技术理性,均通过行政程序法将宪法上的正当法律程序原则在制度层面具体化。行政程序法典解决了行政现代化的两个层面的问题:第一个层面是个人权利保障,就是

价值理性的问题。价值理性主要是在第一次浪潮和第二次浪潮中解决的重点问题。第二个层面是有效治理的问题，就是技术理性的问题。随着风险社会的到来，行政管理手段上出现了规制行政，如何有效实现规制目标，这更多就是在第三次浪潮之后，特别是第四次浪潮重点解决的问题。传统的行政法解决的是“政府是守夜人”的问题，行政的方式主要是秩序行政，违反治安就治安处罚，违反交通就交通处罚，违法就处罚，处罚就是秩序行政，做到维护秩序就可以，但风险社会到来之后，政府怎么应对风险，怎么解决环境治理问题、工业发展和社会发展平衡问题等，成为立法需要解决的问题。所以行政法也发生了重大转变，就是出现了规制行政，大家学习行政法的时候，对于权利保障如果只学了秩序行政，那就是只学了一半的行政法，行政法的另一半是什么，就是规制行政，规制行政和传统的秩序行政有着相当的差异性。规制行政出现之后，在程序法上也面临着如何保障行政有效运作的问题。对于这样一个认知，我们也看一下西方的学者比较重要的研究，如有的美国学者认为 1946 年的《联邦行政程序法》已经过时，主要解决的是价值理性问题，公平、民主的问题，忽略了现代国家行政的特点。美国著名的行政法学者马肖教授的《行政国的正当程序》中提到了正当程序的三种模式：正当性模式、效能模式和趋向尊严价值的模式。这三种模式所对应的是行政任务的多元化，它面临解决的问题更复杂了，既要解决行政权防止滥用的问题，也要解决环境治理的问题、食品安全的问题、疫苗安全的问题，行政的任务呈现多元化。美国行政法上面对现实世界的变化，万变不离其宗，不管是对价值理性还是技术理性目标的实现，始终在正当法律程序这样一个框架内去展开，正当法律程序的三种模式的分析框架是基本不变的。但是正当性何在，这个是随着时代发展而变化的，这就是学术的基本传承与发展之间一个很好的值得我们去考虑的对照。

美国行政程序法律制度层面，在 1946 年《联邦行政程序法》之后，出现了一个较大的方向性的转变，即技治主义在行政领域的渗透。技治主义在美国是一个争议很大的话题，在美国人的文化里面老紧绷的那根弦上，始终是把防止权力滥用放在第一位的，就像最近比较火的助推问题。行政法学者也研究助推问题。助推的基本思路是政府提出建议，然后去影响你的选择，通过影响你的选择来实现目标，影响选择但不会命令你。政府不能代替你作选择，即使结果是好的，也不能代替你去选择。在助推问题的后面，大家也看到一个问题，目标、结果是好的就由此获得了对他人的支配权吗，支配权就具有正当性吗？个人幸福的获得，好的结果，应该由自身去作这种选择，这是一个很重要的问题，也是我们在思考关于国家个人里面必须要追问的一个问题，就是说好的结果的实现就赋予了我们一种支配性权力的正当性吗？技治主义很明显是通过技术理性来获得一个好的结果，但是在美国其实一直都是有争议的，就是因为它为支配性提供了正当性，这种服从，虽然出现了好的结果，那本质上是不是有幸福感呢？不一定。所以是幸福感更重要还是好的结果更重要？这些都是我们需要进一步去思考的问题。但是从国家有效实现治理目标来讲，技治主义确实体现得越来越明显。2011 年，奥巴马政府列出政府部门制定规章时要开展的评估清单，政府制定规章时要作各种评估分析，比如说一项经济管制方面的决策是否影响到了中小企业，是否对环境能源带来不利影响，对儿童会产生怎么样的影响，等等。无资助授权分析则要求联邦、要求州政府做什么事情，又不给提供资助的时候要分析州是否能够承担，等等。不管是处理政府上下级的关系，还是处理政府对外的关系，需要进行的分析都非常多。在诸多分析中我觉得非常好的一项就是必须提供可供选择的替代性方案。一项草案必须要在公布确定所选择方案的同时还要提供一份可替代性方案。确定性方案和替代性方案的所有分析都是一样的。规章制定者要解释，既然有可替代的方案，你为什么没有选它而是选择了确定性方案。那大家就会看到，实质是强制性要求政府在作方案选择的时候选择最佳方案，而不是作简单的可行性分析。可行性分析太简单了。你讲一二三四点，可以很容易地列出来，但是你要去作最佳选择，这个难度就很大了，通过可供选择的替代性方案这一机制，就解决了我们有可行性分析为什么它不管用的问题。美国在出台规章之前，所做的这种理性保障，我觉得非常值得我们借鉴。我们有太多这样那样的"工程"，匆匆上马，不论证，不分析，然后干到一半就停止，有的最后放弃，项目上马时缺乏充分的论证，最后造成巨大的损失和浪费。

针对行政国家出现的行政程序法立法，除了美国学者，欧洲也有一些代表性学者，如西班牙的巴恩斯教授，巴恩斯教授最著名的一个观点就是三代行政程序的分析框架。戚建刚教授和覃慧博士对此都有研究，大家可以找来看看。第一代行政程序，解决的是秩序行政的问题，就是行政处罚这样一类行政行为。这类行政行为它对于公民的权利有重大影响，比如金融监管，我们从去年开始，金融监管力度加大，大家经常会看到巨额罚单的开出，一张罚单几千万元、几亿元甚至几十亿元，数额非常巨大。当行政机关对金融企业开出几十亿元罚款的罚单时，我们怎么去保障银行的权利？你要听证，你要采用类似于司法的程序去保障其权利，第一代行政程序因而具有准司法性的特点。第二代行政程序就是准立法程序，行政机关在制定规则时遵守类似于立法程序的规则制定程序。第三代行政程序就是行政决策的程序，在决策制定过程中，通过政府与个人、企业的沟通与合作，形成共同认可的结果。进入 21 世纪以后，以互联网和大数据为背景，第四次浪潮正在悄然发生。大家看我列的两部法律，一部是法国的《公众与行政机关关系法典》，一部是欧盟的《欧盟示范行政程序法》。《欧盟示范行政程序法》中出现了政府信息的管理的内容。法国 2015 年修订的《公众与行政机关关系法典》，实际上也就是我们所说的行政程序法典，这部法典的名称就非常好地说明了公法的关注对象。公法关注什么？公法关注的就是个人与国家机关的关系。我们在和行政机关打交道的过程中，办一个企业要不要经过许可？还是登记就可以了？在企业的运行过程中要不要接受政府的监管？这就是个人和行政的关系。这部法典有四卷，第一卷是与行政的互动，既然是互动，就意味着，行政机关不是支配性的，也不是威权统治下的，互动关系就涉及参与、陈述权，涉及行政机关的审慎处理。第二卷是行政主体作出的单方行为，这部分主要解决的是行政机关如何针对特定当事人作出行政决定的问题。第三卷是行政文件获取和公共信息的再利用，同样出现了公共信息的再利用问题。大家有没有注意到欧洲和美国最近都发布了一系列关于电子数据的保护法令？关于数据的保护法令，都是在互联网和大数据时代新出现的法律现象。围绕这种法律的现象，我做了一个图（图略），初步提炼发现，围绕着大数据和互联网，我们的行政法进行着新一轮深刻的变化，我把这个变化提炼为四个板块。

第一个板块是开放数据运动。大家知道奥巴马总统上任后发布的第一个总统令是什么吗？是《开放透明政府备忘录》。他命令联邦政府把所有的政府数据库及其源代码开放给社会来使用。奥巴马在开放政府的推动这一点确实作出了非常非常大的努力，而且他的努力，实际上不仅仅是在美国，而且在世界范围内形成了开放数据运动。开放数据和我们今天所讲的政府信息公开的区别在哪里？在开放政府框架下，信息公开是最基本、最低层次的公开。开放数据在信息公开的基础上，进一步公开的是数据，是最原初的数据。政府信息是经过加工之后的数据，更多的载体是文件，而数据是最原始的，所以数据是更为重要的。此外，开放就意味着主动地、全部地公开。在政府信息公开中主动公开的信息占的比重只是一部分，还需要个体申请这样的程序才能够获得。而开放数据是把政府所有的数据在经过必要的处理之后全部主动地开放给社会，所以开放的深度和广度就完全不一样了。大数据时代来临之后出现了开放数据运动。为什么？我们今天没有时间展开，我觉得大家一定要读一读舍恩伯格的《大数据时代》这本书。舍恩伯格在这本书里面讲清楚了大数据的重要性就在于利用，而整个社会最主要的数据不在阿里巴巴、淘宝、腾讯这些大公司，它们有海量的数据，但它们的数据和政府的数据比较起来差得太远了。大数据时代，数据的价值就在于无限次的利用，但前提是，数据一定要能为社会充分自由地利用，才能把它的价值不断地挖掘出来。政府既然掌握着最大量的数据，那么，政府的数据能不能开放给社会使用？我想，在这个大数据时代，不管是从经济发展还是社会治理来说，我们想要在全球保持走在前列，就需要在制度上解决政府数据开放的问题，否则，很难在大数据时代下赢得先机。

第二个板块就是公私合作。已有行政法思考的是实体世界里的秩序实现的问题，互联网和大数据出现之后网络空间里的秩序如何实现？最近浙江发生了滴滴乘客遇害事件。这次事件之后，大家都在指责滴滴公司，在这个事件里需要我们深入思考的一个问题正是互联网空间的治理问题。我们要求滴滴公司审核司机有无犯罪记录等问题，但是滴滴说很难做到，因为得不到公安的数据。滴滴表示，面对司机提供的这些信息怎么去判断是不是真实的？那就只能和公安的数据库进行匹配。然后我们又看到一个细节，当警察需要滴滴客服提供司机相关数据时，滴滴客服说需要报批，因此警察也不能及时拿到滴滴手中的数据。没有数据公司的合作，公安打击犯罪的职能履行起来也很困难。这两个细节都向我们提出了一个需要我们思考的现实问题，互联网空间秩序治理，单凭政府一方或单凭企业一方都很难顺利实现。我们无论采用纯粹的公法方式还是采用纯粹的私法方式，都无法解决互联网空间的有效治理问题。那么答案是什么？大家想一想，是合作治理。所以在行政法我们正在研究的、拓展的一个板块就是互联网空间治理的路径问题，在行政法上体现为一系列问题。比如互联网平台作为第三方承担哪些行政法义务？平台作为一个私法主体，以营利为目的，这个法律主体地位是不变的，但为什么要承担行政法上的监管义务？具体又承担哪些监管职责？就像这次滴滴事件出来之后交通部门所作的那些表述，似乎没有责任，但滴滴作为一个公司首先他是一个民事主体，而在公共秩序的实现上政府应当是第一位的，这是必须要明确的。当然可能因为一些新生事物还没有来得及作出充分的回应，但是从职责上来讲这个是没有问题的，第三方只是加入这样的一个治理体系中。互联网时代之后如何从制度上保证实现公私合作治理，是立法需要解决的问题。

第三个板块就是放松管制和简化程序。放松管制是因为既然有了互联网和大数据，那我们在监管方式上完全就可以和过去的事前许可不一样，我们可以通过其他机制来替代事前许可所解决的问题。我们都知道，事前许可的问题太大了。办一个公司、办一个企业要盖几十个甚至几百个章，当今世界发展得这么快，特别是信息产业企业，基本上就死定了，所以我们要放松管制。但放松管制，又怎么保证交易的安全，怎么去防范风险呢？这就需要利用互联网和大数据来引入其他监管机制，如引入信用监管机制。入门的时候我们可以放松，事后通过不同部门之间的数据匹配加强事后监管，通过对企业、个人的信用进行监管，达到监管的目标。当然，信用监管和传统的行政手段不一样，没有办法用传统的行政法治提供的人身权和财产权的保障方式去解决信用监管问题中权利保障的问题。比如说我将一个企业列入行政黑名单、将一个公民列到了黑名单上，行政机关有没有处分你的人身权和财产权呢？没有！但是大家看企业上了黑名单，基本上就已经死定了。银行不可能贷款给它，没有人会跟它去做生意，这就是信用社会中信用减损对于信用主体就是最大的影响，所以在行政机关将信用主体列入黑名单的过程中就需要为它提供正当的法律程序保障。这种情形下，不能再依靠事后救济，事后救济无法对已经损害的信用进行修复，要在这个过程中提供正当的程序的保护。简化程序就是要充分利用大数据带来的便捷，尽可能提高办事效率，简化行政机关办事程序，方便老百姓获得更便捷的公共服务。

第四个板块就是行政的一体化。为解决行政部门化、碎片化的问题，我们更多探讨的是机构改革问题，探讨机构改革法治化的问题。我从研究程序的角度思考了一个问题：要解决九龙治水的问题，要解决"四个大盖帽管一顶草帽"的问题，是不是一定要通过组织的一体化来实现？我们能不能通过程序的一体化去解决组织碎片化的问题？组织的一体化面临的问题和挑战实在是太大了。大家都知道，我们自 20 世纪 80 年代以后到现在，前后经历了七次大的机构改革，反反复复。大数据的出现提供了解决问题的另一种思路和契机。为什么？因为我们可以在碎片化组织体制上，通过权力运行过程中管理数据的集中形成一种统一对外管理机制。比如一个企业要做一个飞机型号生产项目，本来需要跑很多部门，环境的、国土的等等，最后要到发改委去拿项目审批。我们通过大数据组建统一平台之后，这些分散的部门在一个平台上处理这件事，如同样的材料只需要提交一份，不再需要重复向每一个部门提交，那我们就通过权力行使过程的一体化解决了组织碎片化的问题。所以我想大数据带来了一个行政一体化的契机。这就需要我们在制度上解决打破部门之间的信息壁垒等一系列问题。在 21 世纪以来，正在酝酿着也正在发生着第四次行政程序的一些变革。

讲到此，我们看到，20 世纪行政国家的出现使得行政的现代化在国家治理现代化体系中占据核心地位。行政现代化的实现在法律上主要体现为行政程序法典化浪潮在世界范围出现，以解决政府权力运行的价值理性和技术理性的问题。我国在实现国家治理体系和治理能力现代化这样一个时代背景下如何通过制定行政程序法典去实现政府治理能力现代化这一目标呢？这是我第四部分想要跟大家探讨的问题。

四、我国《行政程序法典》的立法设想

1996年，我开始读博士，那年召开了第一届海峡两岸行政法论坛。论坛的主题正是两岸行政程序法的制定，台湾地区那个时候正在起草“行政程序法”。翁岳生老师当年留学德国，他在留学期间德国正在讨论制定《联邦行政程序法》。台湾地区的“行政程序法”2000年开始实施，基本是把德国《联邦行政程序法》移植过去。我们这边一直还没有启动国家层面的行政程序法立法工作。2008年的时候，我参与了《湖南省行政程序规定》的起草工作，现在共有17部地方行政程序规定。《民法总则》出来之后应老师有一个思路上的转变，希望借鉴《民法总则》的思路推出《行政法总则》。因为在制定《行政诉讼法》的时候，行政立法研究小组一开始并没有想制定《行政诉讼法》，当时是想制定一部《行政法通则》。因为我们要建立起新中国基本的法律体系，刑事法律基本上已经有了，民事的也基本上已经有了，那大家就说制定一个行政法的《总则》或者《通则》，后来发现这个难度太大了。江平老师提出很多国家都是先有程序法后有实体法，那我们可不可以像刑事和民事那样，先制定一个《行政诉讼法》，再考虑《行政法总则》或《通则》。这个提议被接受了，于是就有了《行政诉讼法》。

《行政诉讼法》出台后，学界的研究重点转向了行政程序法，但行政程序法的推动也不理想。于是一种观点觉得经过这么多年的努力我们可以回归到《行政法总则》。所以从去年到现在，学界一直在努力推动《行政法总则》。我个人觉得《行政法总则》和《行政程序法典》的制定并不矛盾。《行政法总则》中也包含程序内容，《行政程序法典》的基本思路则是秉持将程序作为核心问题，然后在这个核心问题的基础上可以灵活加入一部分实体的内容。灵活意味着实体的内容方面可以不完整。法典必须要考虑法律体系自身的内在结构，采用程序法加部分实体法内容，处理起来非常灵活。哪一部分实体内容成熟了我就可以制定，不必受到这个体系完整性的约束。《行政法总则》是在《程序法典》的基础上，将实体内容完整地规定在总则里面。那这个难度就相当大了，因为采用总则的方式就必须要解决体系的问题，解决结构完整的问题，这个分歧实在是太大了。所以我想我们第一步不妨还是聚焦于《程序法典》的努力。在这样一个指导思想下，我自己考虑的有这样的几编。

第一编，总则编。总则编主要规定的是立法常涉及的适用范围、定义还有基本原则等问题。基本原则就是一个实体的规定，尽管基本原则既有实体内容的基本原则，也有程序内容的基本原则，但基本原则主要还是一个实体上的问题。

第二编，主体编。主体编规定行政程序中涉及的各类主体，其中两类主体是最

主要的。一类是行政机关,包括行政机关的横向关系和纵向关系。横向关系如叶必丰老师近几年关注的区域行政法,珠三角、长三角、京津冀这样的涉及不同区域的政府之间的关系,就是区域行政法。区域行政法就是一个大的横向的关系。此外,还有小的横向关系,如政府不同工作部门之间的关系。纵向关系主要指上级和下级之间的关系,层级上省管什么、市管什么、基层管什么等等这样的纵向关系。处理行政机关之间关系的制度包括管辖、行政授权、委托、协助等。另一类是公民、法人或其他组织,包括公民、法人或其他组织的行为能力、享有的程序权利等。

第三编,规则制定编。规则制定编涉及两类规则的制定,一类是行政规范性文件,另一类是重大行政决策。关于行政规范性文件,司法部今年 6 月份刚出台了一个关于行政规范性文件的管理规定,主要内容为程序规定。对重大行政决策程序进行规范是党的十八届四中全会以来非常核心的一个问题,政府作出重大行政决策必须遵循五大程序。我想对其中的公众参与作一个简要的分析。阿尔斯汀教授的《公民参与的阶梯》是关于公众参与的一篇非常著名的论文。这篇论文把公众参与划分为三大类型、八个层次。在这篇文章中,公众参与被视为权力的再分配过程。公众参与有别于直接民主,只是一项程序性制度,公众并没有实体决定权。直接民主一人一票,全民公决,一人一票这是实体上的决定权。公民参与仅是一个过程,所以是一项程序性的权利。那为什么又认为是权力的再分配呢?这就是公众参与会直接影响结果,在参与的八个层次中,公民参与的最高层次就是自治。如果在一项公共政策制定过程中,比如说关于一个学区的确定,这是我们千万家长最关心的问题,如果我们让所有的家长、学校参与进来,最后我们确立的方案是根据大家讨论的结果形成的方案,那我们大致会看到参与实现了结果意义上的自治,这就是权力的再分配。通过过程的参与,实现结果上的实体意义上的权力的再分配。我们探讨听证会的问题,探讨公众参与的问题,往往很容易气馁,认为公众参与没有意义,没有价值,讨论它就是走过场,说了白说,这是因为我们还停留在低层次的参与,未能通过参与在结果上实现公众的诉求。

公众参与目前面临两大困局。一个是我们怎么能实现治理意义上的公众参与,即实现主导型参与。在主导型参与中,政府的角色是淡化的,如北京就有一个实验是解决胡同停车难的问题。在这个实验中,有停车需求的有如下几方主体:居民、单位、开餐馆的、临时办事的。实验中一开始就没有预定的方案,最后在街道的组织下形成了最终解决方案,方案从初稿到定稿,都是根据大家的讨论最终形成的,这就是一个点的实验,就是要解决公共治理意义上的公众参与。参与虽然是程序权利,但对于参与者而言通常还是希望通过参与干实事,还是希望通过参与达到实体目的，这对于政府来讲是个巨大挑战，会体现为政府话语权的削弱。但从实际效果上来讲，一定是更有利于社会形成良好共治。通过过程赋予结果正当性和认同度，正是程序正义的重要功能。罗尔斯在《正义论》这本书里对此有深入论述。在公共事务管理这一场景中，你会发现一个什么样的结果才符合实体正义，这一点很难形成共识。这一场景面临的困境与赌博、刑事审判等场景面临的困局是一样的。像在赌博的这种情况下，赌博的结果谁输谁赢，你说张三赢就是公平的，你说李四赢就是公平的吗？不存在，谁赢都有可能。大家愿意玩就是因为我也可能赢啊。在赌博场景中，罗尔斯说结果的正当性完全依赖于过程的正当性，所以这是一种纯粹的程序正义，即结果完全产生于形成结果的过程是否公平。分蛋糕的场景则与之不同，存在一个公平分配的结果，那就是平均分，你平均分就公正，你不平均分就不公正。我们可以设计一个程序实现这一公平分配的结果。罗尔斯设计的程序是让分蛋糕的人最后一个拿蛋糕，因为分蛋糕的人只有平均分才能保证自己最后拿的时候拿到的那块是他所能拿到的最大的。因为平均值对于他来讲就是他能拿到蛋糕的最大化，所以他就会去平均分，所以我们设计的这个程序能保证公平的实体结果出现，不会出错，罗尔斯将之称为“完全的程序正义”。即这个结果既通过程序获得了公正的结果，而且这个程序本身还保证了这个结果不会出错，所以它是一种完全的程序正义。刑事审判场景中则存在一种不完全的程序正义。一个凶杀案件发生了，就一定有一个杀人犯。杀人犯跑了，我们现在要去侦查，追诉并审判他。现在我们通过一定程序认定张三为嫌疑人，虽然客观上确实存在一个杀人犯，但我们很难绝对保证现在认定的张三就是那个客观存在的杀人犯。认定罪犯的程序并不能保证每一个案件都是和案件真正的罪犯完全吻合的，所以有法律真实与客观真实之分。我们追求客观真实，但很难证明认定的真实确实实现了客观真实，为什么？因为缺乏一个绝对的客观判断标准，不像分蛋糕是可以衡量出来的。蛋糕你有没有平均分，我拿尺子一量，拿秤一称就可以知道，所以这个是可以衡量出来的。但我们在刑事审判中，你怎么能衡量出来呢？我们也没有办法按照犯罪人学去判断，这个人长的这种长相，胳膊长得过膝的，按我们说他还是个帝王相呢！所以我们的程序是带有瑕疵的，是一种不完全的程序正义。

通过制定公共政策进行公共事务处理，其面临的困境跟赌博、刑事审判场景面临的困境是一样的。社会如此多元，你找不到一个客观标准，确定什么是公平正义的，每个人有每个人的看法。随着你的生活阅历日益丰富你会发现，你们在大学对很多问题的认识，当你们进入社会，当你们成家以后，当你们有了孩子以后，每一个阶段对社会、对同一个问题的认识都可能会出现截然不同的看法。大家可以慢慢去体会人生，你会发现在不同的年龄段，有不同的经历之后，对很多问题的认识会发生改变，所以我觉得这也是人文科学它的魅力所在。没有标准答案，每当你提出一种观点，你要去说服大家认同你、接受你，你就要去寻找一个能够让更多的人接受的答案。在公众参与这个事情上，你绝对不能说参与就是一项程序性权利，我已经让你参与了，我也没有错呀，最后决定权还是在于我，我在法律上是没有问题的。这种形式上的公众参与，未能赋予实体结果获得参与者的认同，仅仅是一种低层次的参与，而非公共治理意义上的公众参与。能不能实现这一意义上的公众参与，我认为这是国家治理中面临的一个巨大的挑战，也是我们讨论制定《行政程序法》时需要重点关注的问题。

第二个困境就是邻避困境，这个更难，而且不是一个法律能解决的问题。邻避困境大家都知道这在西方也是普遍存在的，就是不能在我的后院做什么，不能将垃圾处理设施弄得离我们家太近。你会发现公众参与在解决邻避困境问题时显得更无能为力。有些时候参与这些我们都做到了，但受影响的居民还是不肯放弃他的坚持，我就是不想让地铁站离我们小区太近，我就是不想在我们附近建一个垃圾站，就是不想在这建一个什么处理设施，邻避困境更复杂，不是一个法律能够解决的问题。邻避困境涉及重大权益影响，解决起来涉及的因素很多，比如奥地利使用利益平衡的方法来解决问题，在这里建一个垃圾处理设施，使居民的房产的价值和他的环境受到了影响，那怎么办呢？这就要进行利益的平衡。第一，保证垃圾处理设施的设置和运行符合标准，尽可能地减少负面影响。第二，同时对这个区域的环境进行一个整体的提升，就是将设置垃圾处理设施做的减分，通过别的加分项抵消了，甚至可能还提高了。比如我在这个地方建个小学，那学区房像北京就不得了了，房价一下子就完全不一样了。邻避困境的解决一定要有利益补偿，要进行利益平衡，公众参与为各方实现利益平衡提供了平台和渠道，是有助于邻避困境的解决的。没有公众参与，邻避困境问题的解决更复杂，更难处理。一点题外话，我觉得公众参与的问题反映出程序法的实施需要一系列配套机制。程序是很容易被破坏的，也是很容易不被遵循的，比如认认真真走过场。所以我们研究程序法的同学一定要有一个强大的心理素质才行，你会发现自己的努力到后来突然没有意义了，但它的意义作用可能又是长期能够显现的。比如我们在诉讼领域，我认为这个影响是最明显的。可能一年两年里我们的努力看不到效果，但是如果以 10 年、20 年、30 年，甚至 40 年的改革开放为周期往回看，今天人们的观念就跟过去完全不一样。所以程序的努力，我认为它是需要时间来汇聚点滴的。

第四编，单方行政行为编。与第三编制定规则的行为相对应，第四编和第五编均是关于具体行为的规定，在行政机关和特定的当事人之间形成一种法律关系。这种方式我又将之分为两种类型：一种是单方的行政行为，单方行政就是我们讲到的行政处罚、行政强制这样的以行政权的单方支配性为基础作出的决定；另一种是双方的合意行政行为，主要涉及行政协议和行政指导。此类行为寻求的是政府和公民、政府和企业之间双方的合意。第四编单方行政行为编主要涉及行政执法理念和多元执法方式的制度建构。我主要谈一些与传统的行政处罚、行政强制等行为方式不同的新思路。如将和解引入行政执法中，扩大简易程序的适用范围，还有如何回应电子化、信息化对行政执法方式产生的变化。假期的时候我到佛山去调研，在佛山现在能做到：如果领房产证，你可以到服务中心去，通过机器就可以完成这样一个事情。我们现在大量的公共服务、大量的行政事项的办理不再是人与人的对话了，而是人与机器的对话。人与机器的对话就产生了一种新的行为类型叫作“自动化行政行为”。2017 年，德国修改《联邦行政程序法》，对于自动化行政带来的程序上的变化以及相应的行为的实体上的变化都作了调整。所以现在自动化行政是一个新领域，感兴趣的同学也可以进行一些研究。还有这个多元执法方式，我们需要引入执法和解，这些其实都体现在执法观念的一个改变。过去我们执法更多地侧重于我们执法是为什么，违法必究，谁违法我就制裁谁。那我们的目的就是实现对违法个体的制裁，但其实这个观念在发生很大的变化。通过执法制裁个人不是主要目的，我们更主要是通过法律的实施能够达到客观的治理效果。我们制定食品安全法的目的是什么？保障食品安全。我们制定环境保护法的目的是什么？保护环境，我们能够呼吸到新鲜空气，喝上干净的水。所以我们在执法的过程中更多地需要考虑执法的效果。所以这样的话，我们可能在具体的执法资源配置上要作一些调整。在单方行政行为编中还会涉及证据制度、听取意见制度、说明理由制度、规范裁量权公正行使的一些制度等等。

第五编，合意行政行为编。合意行政行为编涉及行政协议和行政指导的内容。最高人民法院 2018 年 2 月份行政诉讼法司法解释里没有行政协议这部分内容，行政协议要单独出。《行政诉讼法》将行政协议案件纳入了行政案件的审理范围，但法官在审理这类案件时缺乏直接法律依据，而且行政协议在实践中的应用越来越多，需要完善行政协议的法律制度。行政协议制度在德国、我国台湾地区都是规定在行政程序法里面，属于行政程序法中的实体性内容。

第六编，政府数据编。政府数据编回应的是政府数据的采集、政府数据的管理、政府数据的开放利用这样的一些新问题。政府数据编涉及的内容比较多，包括确立数据的质量原则等基本原则。数据首先必须要真实，大数据有五个特点，IBM

公司把它归纳为“五个 V”，其中一个就是真实性，真实性就涉及数据的质量。政府发布的数据不能有水分，数据不能造假。因为我们的经济、社会活动通常要以这些政府发布的经济数据为基础，所以怎么来保证数据的真实性就很重要。还有数据在内部怎么整合的问题，我前面讲的行政的一体化，一体化的前提就是要进行整合，形成大数据以及怎么利用大数据形成精准的治理，并在政府数据开放的过程中有效保护个人信息隐私等问题。如在这个问题上，欧盟持严格的保护理念，欧盟颁布了一般数据保护法律；美国还是坚持数据开放的原则，所以在解决这个问题时欧洲和美国的表现是不同的。

第七编，法律责任编。我们前面探讨了诸多的程序制度，那么，行政机关违反这些程序制度产生的法律责任是什么？行政程序法主要规定的是行政机关应当履行的程序义务，没有完善的法律责任机制，大量程序义务很难切实得到履行，程序法保障公民权利，实现有效公共治理的目标就很难实现，因而，完善的法律责任机制是行政程序法的重要内容。违反法定程序的情形十分复杂，违反法定程序的责任机制需要区分程序违法的类型分别予以规定。如违反重大决策程序，不能简单一撤了之。

我的报告到此结束，谢谢大家！

新兴科技风险、责任伦理与国家监管

——以人类基因编辑风险为例

（2019 年 5 月 22 日）

张海柱*

一、问题的提出

科学技术是现代社会发展的重要推动力量，然而科技的快速发展与应用也会对生态环境或人类健康造成“潜在的副作用”。因此，现代社会很大程度上是一个“风险社会”，科技相关风险的生产与分配逻辑开始成为社会发展的支配性逻辑。随着科技自身的发展，不同时期科技风险研究的聚焦对象有所不同，经历了从早期的工业污染、有毒化学品危害到核电、转基因等高端科技的变化。而近年来，以基因编辑、人工智能等为代表的新兴科技或颠覆性技术逐渐涉入人类社会生活领域，对生态环境、人体健康、社会安全以及文化伦理等带来了巨大冲击或挑战，使人类社会面临着更多的未知、不确定以及“未预期后果”。如何对这种新兴科技风险进行有效监管已经成为学界、政府与社会关注的重要问题。

在各类新兴科技中，“人类基因编辑”尤具特殊性。一方面它代表了生物医学发展的最前沿，能够推动精准医疗的变革发展，具有重大的科学、经济与社会价值；另一方面，它直接以人体细胞特别是遗传基因作为操作对象，冲击了人之生命伦理，并因各种安全与社会风险而引发了学界和社会的广泛争议。2018 年底中国科学家贺建奎宣布“基因编辑婴儿”的出生更是引发了海内外舆论批评“刷屏”，使人类基因编辑的合法性以及风险监管的有效性开始直面社会质疑。有鉴于此，我们选择以人类基因编辑风险为例来考察新兴科技风险的监管及其改革问题。

* 张海柱，中国海洋大学副教授，主要研究公共管理，发表 CSSCI 论文 20 余篇，获评吉林省优秀博士论文奖。学术兼职：《中国公共政策评论》编委、《公共行政评论》匿名审稿人。

由于新兴科技议题多涉及复杂的专业知识，风险监管过程基本上为科学专家与技术官僚所垄断，从而形成了“专家治国”体制。包括我国在内的许多国家对人类基因编辑风险的监管基本上以“科学监管”特别是科学共同体的“自我监管”为主，而国家监管(或政府监管)力量弱化，社会公众的参与更是严重缺位。然而这种科学监管模式往往因科学自身的不确定性等局限而陷入监管困境，最终造成风险的隐匿与监管迟滞，“基因编辑婴儿”事件即是一个明显例证。因此，我们将在考察科学监管模式缺陷的基础上，基于“责任伦理”原则探讨国家主体介入风险监管的必要性以及风险监管模式改革问题。我们认为，在新兴科技风险不断生成与显现的背景下，国家主体需要承担起积极的风险预防职能以回应公众的风险忧虑、保障社会安全，而这也将推动“风险监管型国家”建设，这是未来时期我国国家治理转型的重要方向。

二、人类基因编辑:风险论争与监管框架

人类基因编辑研究热潮的兴起，主要是由于被业界称为“基因剪刀”的CRISPR-Cas9技术的发明和改进。该技术可以快速且高效地对包括精子、卵子在内的活体细胞中的DNA序列进行修剪、切断、替换或添加操作，而且具有精度高、成本低、操作简单等优势，极大地降低了基因编辑的“门槛”。由于基因编辑技术的独特性，它在人类疾病的精准诊断与精准治疗方面极具前景，尤其适合治疗艾滋病、地中海贫血等遗传性疾病，因而具有重要的科研与经济价值，被许多国家视为重要的战略性研究领域与产业之一。国务院于2016年印发的《“十三五”国家战略性新兴产业发展规划》，特别强调要推进基因编辑技术的研发与应用，促进其临床转化和产业化发展。

然而，人类基因编辑技术也并非完美，技术发展的不成熟以及技术自身的特性导致了安全、伦理、社会与法律等多方面的风险。首先，科学界普遍承认人类基因编辑的技术操作及其效果方面尚存在许多未知领域，基因编辑具有“不可逆性”并存在较大程度的“脱靶”现象，可能对人体健康造成潜在危害。对人类胚胎的基因编辑甚至可能危害人类的“基因完整性”与“人种完整性”。其次，对生殖细胞或胚胎的基因编辑涉及对人之自然形态与演化方式的改变，这种“扮演上帝”的行为被视为对人类尊严与生命伦理的挑战，因而在许多国家引发了激烈的伦理争论。再次，基因编辑技术的应用在社会层面上引发了对“基因强化”“优生学”乃至定制“完美婴儿”的忧虑，被认为可能引发基因歧视、基因垄断等新的社会不平等问题。此外，对生殖细胞或胚胎的基因编辑涉及后代人的权利问题，而且人类基因的法律地

位(作为财产、人格抑或资讯)尚不明确,因而也对现有法律构成了挑战。

基于对基因科技风险的担忧,相关领域科学家强调了“科学责任”与“自我约束”的重要性,主张在“风险得到更好的理解并且设计出适当的防范措施”之前,“推迟某些类型的研究”。2015年,几位基因编辑技术的发明者在《自然》杂志刊文,呼吁禁止该技术的临床研究与应用。同年在华盛顿召开的人类基因编辑国际峰会上,学界共同划出“红线”:禁止出于生殖目的而使用基因编辑技术改变人类胚胎或生殖细胞。与此同时,对早期人类胚胎或生殖细胞的基因编辑研究则被允许,前提是需要遵守一系列科学与伦理规范。

相较于国际范围内科学共同体较为一致的自我监管原则,不同国家在立法层面上形成了不同的监管态度。少数国家采取了禁止模式(例如澳大利亚、加拿大)或宽容模式(例如英国),更多国家则采取了中立模式,即允许从事相关基础研究但禁止生殖目的的胚胎或生殖细胞基因编辑临床应用。不过,出于对巨大科研与经济价值的考虑以及国际竞争的压力,许多国家的监管政策也在调整,在法律上有限度地放开人类基因编辑正成为趋势。

在我国,由于立法的滞后,法律层面并没有对人类基因编辑进行明确规定。现有的监管规范包括2003年卫生部颁布的《人类辅助生殖技术规范》,其中规定:禁止以生殖为目的对人类胚子、合子和胚胎进行基因操作。同年由科技部和卫生部制定的《人胚胎干细胞研究伦理指导原则》中规定可以以研究为目的对人体胚胎实施基因编辑和修饰,但必须遵守14天法则。可见,我国政府对人类基因编辑的监管态度基本上与国际科学界保持一致。在基因编辑临床研究申请审批上,2015年卫计委等部门发布的《干细胞临床研究管理办法》规定审批权限授予相关医院专家与伦理委员会,申请材料只需向卫生行政部门备案即可。由此,我国政府层面对人类基因编辑采取了较为宽松的监管立场。直到“基因编辑婴儿”事件发生后,卫健委在2019年2月发布的《生物医学新技术临床应用管理条例(征求意见稿)》中确立了对基因编辑技术临床应用的行政审批制度,实现了备案制向许可制的转变,增强了监管力度。

总起来看,以我国为代表的许多国家在人类基因编辑风险的监管上基本确立了以“科学监管”为核心的监管框架。这种科学监管包括两个方面。一方面,科学监管强调科学共同体的“自我监管”,主要体现为各种科学研究规范或指导原则的确立以及研究“禁区”的划定。该领域一些科学家明确表示“自我管理是最好的管理方式”。这种自我监管的约束性除了依靠研究者自律外,主要体现在基于同行评议的成果发表上。例如2015年中山大学黄军就团队从事的世界首例人类胚胎基因编辑的研究成果就因伦理问题先后被《自然》与《科学》杂志拒稿，而“基因编辑婴儿”事件发生后，一些业内专家对贺建奎的批评即包括“没先通过同行评审发表论文”。①

科学监管框架的另一方面体现为国家或政府监管机构对科学专家及其专业知识的依赖，即现代国家中的科学咨询制度。在该制度下，关于特定科技的风险评估被等同于科学评估，科学专家取代政府成为事实上的风险监管决策者。对人类基因编辑而言，监管权限事实上被授予相关专家与伦理委员会，国家或政府监管部门则更多扮演间接的指导与监督角色，这在我国得到了典型体现。然而现实中的伦理委员会的审查多流于形式，国家或政府监管部门的权威与责任很大程度上被虚置。只有出现严重问题后，政府部门才去追究伦理委员会的监管责任，这在贺建奎事件中得到了典型体现。然而对于人类基因编辑所具有的特殊风险以及不可逆性特征而言，事后问责显然已经远远不够。

三、科学不确定性背景下的风险监管困境

“基因编辑婴儿”事件在我国的发生，除了与相关研究人员自身的伦理意识欠缺以及伦理审查制度的执行不力相关外，还有着更深层的制度性与结构性原因。我们认为，这种深层次原因即为在国家监管弱化甚至缺位的情况下，科学监管模式的支配地位与科学不确定性问题的彰显产生内在张力，进而导致了科技风险监管的困境。

国家监管的弱化或缺位，一方面源于国家特别是后发国家长期奉行的“发展”逻辑。在此逻辑下，科技创新被视为经济发展与国际竞争的核心推动力量，国家本身则成为投资推动科技研发的重要主体。因此，发展型国家倾向于放松监管来为科技创新营造更加宽容自由的环境，面对潜在风险的监管意愿则明显不足，以免与开发政策相违背。另一方面，由于科技风险问题的专业性与复杂性，国家监管决策高度依赖于科学专家提供的专业知识。在此背景下，专家的政治地位不断上升，科学咨询机构甚至拥有了事实上的政策制定权。而作为理性行动者的国家监管部门也倾向于诉诸科学理性来推卸监管决策责任。也即，如果决策是依据科学结论作出的话，它意味着决策者只是遵循了事物的本质，他们就可以不承担政策选择失误的责任。

---

① 参见周吉银、王明旭：《“基因编辑婴儿”事件后的伦理重塑》，《中国医学伦理学》2019 年第 1 期。

如果科技应用引发的负面后果足够清楚，或者科学专家能够提供充分、确定的专业知识的话，科学咨询制度的确有助于提升风险监管决策的有效性。然而在以人类基因编辑为代表的新兴科技风险中，其关键特征在于科技自身的不确定性或"未知"问题高度彰显。这种"未知"既包括"已知的未知"，也包括"未知的未知"。前者是指可能的负面后果已知，但不清楚它何时发生、如何发生以及如何解决。例如人类基因编辑中的"脱靶"现象，目前技术尚无法有效确定与解决。后者是指连科技应用到底会产生怎样的后果也不清楚，即可能出现"非预期后果"。人类基因编辑可能对人体造成的确切影响只有经由人体试验才有可能获知，然而这种人体试验又是科研"禁区"，由此陷入技术安全性论证的悖论。正如贝克曾指出的，只有在"技术得到运用之后，我们才能从经验确定性的角度研究它的后果，在此之前，一切都只是推测"①。在此情况下，基于现有科学知识的风险监管决策只是用"已知"去掩盖"未知"，即"以有限的知识解释无限的现象、以确定解释不确定性、以安全控制之想象处理不安全的领域"②。

应当说，不确定性或未知领域的存在是科学研究中的常态现象，对未知的探索也正是科学进步的动力。然而，监管决策中的"科学"（监管科学）与纯粹的科学研究（研究科学）存在显著差异。面对科学未知问题，研究科学一般诉诸"更多的研究"予以解决。然而监管科学普遍面临"时间压力"，"为了回应公众对风险的担忧，监管者常被催促加快搜集和评估证据的进度"，在监管背景下，"一个需要等待更多数据支持的决策"就等于"一个不作为的决策"。由于风险监管决策的最大特征即在于它是决策于"未知"，监管决策机构往往持有"等待科学"的固有思维，然而这却易于造成风险应对的滞后。当科学知识足够充分或风险后果清楚暴露时，社会公共利益可能已经遭受无法挽回的损害，这也是当前对人类基因编辑合理性的主要质疑所在。

此外，监管科学与研究科学的不同在于，它并非单独由科学工作者在实验室中完成。相反，监管科学的"一个显著特征就是政府与产业界深入参与了知识的生产和证明过程"③。因此，监管科学质量的评价不能仅仅诉诸科学同行评议，还要接受"非科学"领域的监督，需要与政治社会价值、法律规范与伦理道德相符合。就此

---

① [德]乌尔里希·贝克：《风险社会》，张文杰等译，译林出版社 2018 年版，第 266 页。

② 周桂田：《知识、科学与不确定性——专家与科技系统的"无知"如何建构风险》，《政治与社会哲学评论》2005 年第 13 期。

③ [美]希拉·贾萨诺夫：《第五部门：当科学顾问成为政策制定者》，陈光译，上海交通大学出版社 2011 年版，第 108 页。

而言，科学“自我监管”模式只适用于研究科学领域，在监管科学中则存在明显局限。正因如此，有学者批评认为人类基因编辑风险的科学自我监管“过于狭窄地关注安全问题，而忽视了社会道德问题”。

总之，科学不确定性的存在表明了科学自身的“无知”，也表明了风险监管中“科学监管”模式的不足。贝克的风险社会理论明确指出，“在风险的界定中，科学对理性的垄断被打破了”[①]。因此，国家或政府监管部门需要正视科学不确定性的存在，科技风险的监管不能仅仅诉诸科学共同体自身。正如贾萨诺夫曾指出的，“认为监管机构可以仅靠同行评议及专家咨询就能解决自身科学方面不足的想法，未免过于乐观甚至天真”[②]。

不过在现实中，尽管科学本身存在缺陷或不足的观念已被广泛接受，然而风险监管机构仍然诉诸科学专家的咨询意见来为自己的决策进行论证，这一现象被称为“不确定性悖论”。这一悖论表明既有监管制度设计中对科学不确定性问题的忽视或回避，加之社会层面上普通公众易于接受“强国科技论述的逻辑”而缺乏对科技风险的警惕与反思，由此共同导致风险问题被“隐藏”，最终将形成所谓的“制度性隐匿风险的迟滞型高科技风险社会”。我们认为，“基因编辑婴儿”事件在我国的发生表明这种特殊风险社会形态在我国已经初步显现，因此有必要通过监管制度的改革予以回应，以走出风险监管困境。

四、责任伦理与新兴科技风险的国家监管

对于以人类基因编辑为代表的新兴科技而言，其显著特征在于风险后果的高度不确定性，此时“等待科学”成为国家监管机构“退居幕后”的重要理由。事实上，如果科技引发的危害后果确定的话，国家或政府作为民众福祉或基本权利的保护者，自然有责任采取积极手段进行应对，此时不会有人反对国家或政府的介入。然而在风险后果不确定（缺乏足够科学证据）的情况下，国家权力介入或强制干预是否还有其正当性或必要性？基于对国家权力扩张或滥用的警惕，这一点需要进行谨慎论证。我们则认为“责任伦理”原则可以为新兴科技风险的国家监管提供重要的理论支撑。

“责任伦理”概念由马克斯·韦伯提出，用以区分“信念伦理”。在韦伯看来，信

① ［德］乌尔里希·贝克：《风险社会》，张文杰等译，译林出版社 2018 年版，第 28 页。

② ［美］希拉·贾萨诺夫：《第五部门：当科学顾问成为政策制定者》，陈光译，上海交通大学出版社 2011 年版，第 2 页。

念伦理主要考虑的是行动者的行为意图，而责任伦理强调的是必须考虑行为的结果，并且责任伦理优先于信念伦理。不过，韦伯所谓的“考虑后果”并非结果论或功利主义（行为结果产生后进行利害计算），而是强调在行动之前就需要“事先”考虑可能的后果，“与其说它最关注的是如何获得最大效果，不如说它最关注的是如何防止最坏后果”①。

沿着韦伯的思路，德国哲学家约纳斯（Hans Jonas）提出了著名的“责任原则”。约纳斯所思考的是科技时代的伦理原则问题，他认为科技时代的特点在于“行为主体的整体性以及行为后果的长远性及不确定性”，此时无法清楚确认危害“肇事者”的身份及具体过失，因此传统的“义务”原则已经难以适用。在此情况下，约纳斯用“责任”进行替代，这里“责任”是指人们应当“自觉地意识到自己行动直接或间接导致的后果”，并为此承担一种“前瞻性责任”，从而区别于“事后问责”。约纳斯特别强调了科技的“远程效应”问题，也即，随着科学技术的快速发展，人们越来越难以预测技术的未来后果或对子孙后代会产生的影响。此时，需要建立一种“未来伦理学”，“如果一个决定是负责的，那么，此决定就不仅应考虑到行为的即时、直接后果，而且还应考虑行为的远程效应、行为的后果的后果的后果……”②

就我们讨论的科技风险监管而言，它正是“为了未来的安全而规制当下的行为”。由于科技风险本质上是一种“人造风险”，它源于人的决策或主动选择，而“责任与决定是相关的，作决定者须负责”。在当前的“大科学”时代，科学研究与技术发明不再只是专业领域内科学工作者的行为，政府、企业、社会组织等共同参与其中，因此这些主体应当成为科技责任的共同承担者。约纳斯的责任原理即是对整个人类提出的伦理要求，他认为对于科技时代出现的各种危机而言，“都难以归责给个人，不是‘你们’或‘我’，而是‘我们’必须共同承担集体作为的后果”③。

对于以人类基因编辑为代表的新兴科技而言，科学共同体作为风险责任承担者的角色得到了明确强调，然而国家主体的责任却在很大程度上被忽视。事实上，“大科学”时代的重要特征即在于“国家意志”开始涉入科学研究进程，通过科技产业政策的扶持与大量财政投入推动科学技术发展已经成为包括我国在内的世界主要国家的重要战略选择。在此情况下，国家事实上扮演了“风险制造者”的角色，由此必须为自己的决定承担主体责任。即便是约纳斯本人，尽管他将责任原理承担

① 何怀宏：《政治家的责任伦理》，《伦理学研究》2005 年第 1 期。

② 顾忠华：《第二现代：风险社会的出路？》，巨流图书公司 2001 年版，第 81 页。

③ 顾忠华：《第二现代：风险社会的出路？》，巨流图书公司 2001 年版，第 38 页。

主体诉诸整个人类社会，但是也认为"只有民族国家这种政治实体才能承担着对人类未来的最重大责任，也只有它才能有效地担负责任"①。

在责任实现方式上，约纳斯特别强调对科技负面后果的关注，他认为责任伦理的目标并非追求最大的"善"，而是避免极端的"恶"。约纳斯认为对科技潜在危害后果的"恐惧"不应被视为一种负面情感，而是一种"敬畏"价值，"基于对未来的恐惧，人类行动就变得不再鲁莽，而是小心谨慎地行事，肩负人的世间责任"②。这种"敬畏"或"谨慎"体现为对科技力量使用与掌握的"克制"甚至"放弃"，"根本不拥有所涉及的力量，也许更好些"。由于基因技术的特殊性，传统风险评估中的"权衡利弊"规则可能难以适用，正如德国伦理学家赫费指出的，"拿去冒险的是身体和生命的基本权利和人权"③，"不管预料到了什么有见识和功利的东西，等级都较低一些"④。

上述责任伦理原则在现实的风险监管实践中主要体现为风险预防原则（precautionary principle），它是指针对环境与健康领域可能出现的潜在危害，即便在科学评估证据并不充分或者未能完全确定的情况下，监管者也可以提前采取高水平的管制措施用以保护消费者安全。预防原则表明监管机构对待科学不确定性问题由"忽视"到"承认"的态度转变，此时"等待科学"本身就被视为一种不可接受的风险。具体来说，预防原则要求国家监管机构"以尽可能严格的监管方式来承担自己的责任"，此时必然带来国家安全保障职责的扩展，即从传统对"确定性危险"的防范或事后救助，到对"不确定性风险"的事前预防。

就此而言，我国科技部、卫健委等监管机构对"基因编辑婴儿"事件的事后问责虽然有其必要性，然而却在很大程度上忽视了风险的事前预防责任。前文分析表明，对于人类基因编辑等新兴科技而言，传统的科学监管模式已经无法有效满足风险监管的要求，此时迫切需要国家监管的"在场"以回应责任伦理的实践诉求。

---

① ［德］汉斯·约纳斯：《技术、医学与伦理学：责任原理的实践》，张荣译，上海译文出版社2008年版，译者序第13页。

② ［德］汉斯·约纳斯：《技术、医学与伦理学：责任原理的实践》，张荣译，上海译文出版社2008年版，译者序第11页。

③ ［德］奥特弗利德·赫费：《作为现代化之代价的道德》，邓安庆等译，上海世纪出版集团2005年版，第68页。

④ ［德］奥特弗利德·赫费：《作为现代化之代价的道德》，邓安庆等译，上海世纪出版集团2005年版，第68页。

五、结论与讨论:走向风险监管型国家

我们以人类基因编辑为例,讨论了针对新兴科技风险的监管模式及其改革问题。人类基因编辑作为案例的典型性在于它代表了科技创新的前沿领域,能够带给人类社会美好的“希望”,同时它又呈现出高度的风险与不确定性,因而引发了许多忧虑甚至“恐惧”。风险监管的任务即在于对这种“希望”与“恐惧”之间进行权衡,既不能过分约束从而阻碍科技创新的步伐,又不能过于放纵而使社会公众暴露于巨大风险之中。我们认为,现有的“科学监管”模式在科学不确定性彰显的背景下已经无法承担有效监管的任务,“基因编辑婴儿”事件的发生即是一个明显例证。

而基于责任伦理的要求,国家监管责任的回归显得尤为重要,它要求国家监管机构承担更为积极的风险预防职能以履行“前瞻性”监管责任。在具体的风险监管模式改革上,积极的风险预防职能一方面要求国家监管机构自身的改革。例如当前我国对人类基因编辑的监管主要基于“基础研究”与“临床应用”的界限划分分别由科技部与卫健委负责,然而人类基因编辑的特殊性在于“研究”与“应用”关联紧密、界限模糊,因此有必要考虑成立专门监管机构进行统筹协调以明确监管责任。另一方面,需要对既有的科学咨询制度进行改革,防止“科学独断”。不过,积极的风险预防职能并非要求国家监管机构自身的“独断”,而是在国家主体的协调下,通过一系列制度建设构建起科学、政治与社会进行科技沟通与风险对话的渠道和平台。正如贝克在思考风险社会的出路问题时所指出的,“科学研究有必要就特定步骤或计划的风险提前进行充满争议、剑拔弩张的讨论”[①],“这种讨论不仅应当出现在专业小圈子内部,而且还需要在制度的保障下,扩展至跨专业的局部公共领域”[②]。因此未来的监管改革既要重视科学专业知识的理性价值,又要通过社会讨论与公众参与来弥补科学的不确定性缺陷,从而兼顾科学理性与民主政治的回应性与责任问题。

国家对积极的风险预防职能的承认与承担不仅有助于各种新兴科技风险的有效治理,而且也将推动国家治理形态的整体性转型,即从传统的发展型国家向“风险监管型国家”的转变。风险监管型国家是对当前高科技风险社会情境的政治回应,它要求国家角色由传统的经济发展推动者、社会福利供给者等角色转变为新兴风险的治理者角色,由传统的危机应急(事后)思维转变为风险预防(事前)思维,并

① [德]乌尔里希·贝克:《风险社会》,张文杰等译,译林出版社 2018 年版,第 301 页。
② [德]乌尔里希·贝克:《风险社会》,张文杰等译,译林出版社 2018 年版,第 302 页。

以风险预防为基础对国家治理体系进行重构。这显然是一项复杂且艰巨的系统性改革任务，不过在我国，随着国家层面对风险问题的逐渐重视，这种改革议程已经初见端倪。2019 年 1 月“省部级主要领导干部坚持底线思维防范化解重大风险”专题研讨班的举办特别是习近平总书记在开班式讲话中所强调的“防范化解重大风险是各级党委、政府和领导干部的政治职责”[①]，均表明风险监管或防范开始成为国家治理最重要的战略任务之一，未来时期的改革进程与成效有待进行持续性观察与评估。

① 习近平：《提高防控能力着力防范化解重大风险　保持经济持续健康发展社会大局稳定》，2019 年 1 月 21 日，http://www.xinhuanet.com/politics/leaders/2019-01/21/c_1124021712.htm。

人民安全视角下政府供给范式的服务转型

（2019 年 10 月 11 日）

杨华锋*

2018 年，吉林长春长生疫苗事件再次唤起人民的安全记忆。尽管该事件中问责数十名高级干部，但其对人民安全信心的冲击，较之 2016 年山东疫苗事件更甚。步入新时代，社会主要矛盾发生历史性转变，人民对安全的需求日益增长。从行动者供给角度来看，如何满足人民安全的需求，包括个体发展、社群保障和政府供给三个方面。由于“人民”这一概念的政治性，其安全需求与供给往往也具有典型的政治性，同时安全作为一种公共产品，其有效供给端赖于政治市场的发展与培育。

囿于政治市场的自组织能力尚无法有效满足安全需求，我们聚焦于政府供给这一维度。[①] 在政府的安全供给过程中，行政的介入与干预往往扮演主导型的角色，从而埋下行政主导的潜在风险。行政主导下的安全供给与人民安全需求间存在不同程度和不同维度上的失衡现象，如何保障每个公民在共建、共享、共治中享有更有保障、更可持续的安全感，实现人民安全的秩序供给，恰如中共十九大报告将“坚持以人民为中心”和“坚持人民当家作主”作为新时代中国特色社会主义的基本方略一样，关键在于政府供给范式的服务转型，在服务型政府的价值追求中，践行以人民为中心、以人民安全为宗旨的总体国家安全观。

一、人民安全的价值意涵与需求维度

“人民安全”具有中国话语特色，与其相近的术语源于 1994 年联合国开发计划

---

* 杨华锋，教授，管理学博士、博士后。国际关系学院公共管理系副主任，主持系全面工作。曾任北京海淀区委研究室主任助理，入选中共北京市委组织部优秀人才培养项目。主要研究行政理论与治理创新等领域。主持国家社科项目、教育部人文社科项目及北京市社科项目等多项科研项目，出版专著两部，发表论文 40 余篇。

① 我们无意对人民安全供给行动者网络及供给效率进行排序，且个体安全意识、安全能力的提升以及社群对个体安全的保障与发展与政府有效供给是相互支撑、相互协调的融合体系，只是囿于时间与主题所限，个体与社群维度暂不展开讨论。

署发布的《人类发展报告》所提出的“人的安全”(Human Security)概念。[①] “人的安全”概念被普遍视为冷战结束以来,安全深化和扩大的范例。人类安全以个人为研究对象,挑战以国家为研究对象的传统观点。狭义上讨论“免于恐惧的自由”,广义上不仅包括免于恐惧的自由,而且还关涉“免于匮乏的自由”。由于对将个人构建为安全之目标的不同理解以及对国际安全的理想主义立场的分歧,致使其是否可作为一种分析范式尚未达成共识。有学者明确指出,“人的安全”在国际安全研究中缺乏作为分析框架的理论价值。[②]

诚然,人的安全与国家安全无法相互替代,但促进人的安全有助于社会稳定,继而巩固国家安全。国家既是人的安全的容器,也可能成为其障碍或威胁。实现人的安全,不能否定国家的主导作用,同时也要借助各类非国家行为体的力量。[③] 人的安全将“人”作为研究对象,意味着现实主义有责任解释如果国家不是实现民众安全的手段的话,它为什么会成为人的安全的研究对象。如果以国家为中心的安全,不以人的安全为最终目标,那么国家的有用性就会受到质疑,同样以国家为中心的安全论点也会遭到质疑。人的安全强调人的权利、利益和尊严的重要性,而这些即使不是为国家所削弱,也经常为国家所忽视。[④] 因此,人的安全是人类发展的根本目标与核心价值,其丰富与发展了传统的安全观念。

人的安全从传统的以国家为中心的集体视角转向以人为中心的个体视角,要求保护人民的福利和避免疾病、饥饿、失业、政治压迫和环境危机的威胁。以人为中心对安全研究领域的拓展,契合了 2014 年习近平主席提出的“总体国家安全观”所涵盖的范围。“总体国家安全观,以人民安全为宗旨,以政治安全为根本,以经济安全为基础,以军事、文化、社会安全为保障”[⑤],涉及国家安全的方方面面,其中以人民安全为宗旨是总体国家安全观的第一要义。也就是说,贯彻落实总体国家安全观,必须

---

① 1994 年联合国发布的《人类发展报告》,列举人的安全的七个要素:经济安全、粮食安全、健康安全、环境安全、人身安全、社群安全(传统文化和种族群体的存续以及该群体的人身安全)和政治安全(如享有公民与政治权利,免受政治压迫)。

② 参见[英]巴瑞·布赞:《“人的安全”:一种“还原主义”和“理想主义”的误导》,崔顺姬、余潇枫译,《浙江大学学报》(人文社会科学版)2008 年第 1 期。

③ 参见石斌:《“人的安全”与国家安全——国际政治视角的伦理论辩与政策选择》,《世界经济与政治》2014 年第 2 期。

④ 参见任晓、李燕星:《向人回归:中国的“人的安全”路径》,《国际安全研究》2014 年第 3 期。

⑤ 中共中央党史和文献研究院编:《习近平关于总体国家安全观论述摘编》,中央文献出版社 2018 年版,第 4 页。

切实保障人民群众的利益和安全，为人民群众安居乐业提供坚强的保障。①

自“总体国家安全观”提出后，无论是国家安全战略布局、国家安全立法，还是国家安全宣传教育、国家安全实际工作，都在努力贯彻落实“以人民安全为宗旨”的价值要求。人民安全是国家安全的基石和归宿，只有建立在人民安全的基础上，国家安全才能成为有源之水、有本之木。国家所有的安全问题，归根结底是由人民来感受、决定和评价的，国家长治久安，是人民幸福安全的重要保障；国家不安全，最直接的受害者就是人民。人民的生命安全、社会的和谐安定、国家的长治久安是国家治理能力现代化的集中体现。② 亦如刘跃进所言：“走出一条中国特色国家安全道路，就是一条以人民安全为宗旨，统筹国家安全方方面面的安全道路……总体国家安全观不仅要求系统而全面地认识和把控当前范围十分广泛的安全议题，而且要求在所有国家安全问题中确立‘以人民安全为宗旨’‘一切为了人民’的国家安全核心价值观。”③树立新的国家安全价值观，其安全意识与观念体系要发生重要改变。遗憾的是，当前对人民安全、国家安全的讨论，很大程度上还停留在公共安全、社会综合治理等方面。回顾中共中央政策文件可见一斑：中共十八大在加强与创新社会管理的栏目下谈“国家安全”；中共十八届三中全会在“公共安全体系”下讨论“国家安全”；“十三五”规划在“加强和创新社会治理”分章讨论“公共安全体系”与“国家安全体系”；及至中共十九大单独构成两篇，分别是国家治理维度上的“总体国家安全观”和社会治理层面中的“有效维护国家安全”，虽然其跳出了“十三五”规划所框定的公共安全领域，但依然镶嵌在社会治理格局之中。

可见，从宏观层面上看，对国家安全的讨论仍然主要遵循着国家中心主义的视角，但将其聚焦于微观层面，并与民生议题结合时，则集中彰显其人民中心的价值维度。主要体现在三个方面：

其一，生存维度的需求即人民的经济安全。从宏观视角看，坚持以人民为中心，把人民对美好生活的向往作为奋斗目标，保证全体人民在共建共享发展中有更多获得感，不断促进人的全面发展、全体人民共同富裕，是新时代中国特色社会主义思想的精神实质，体现在新时代坚持和发展中国特色社会主义的基本方略之中，也是破解发展不平衡、不充分的关键。④ 全面小康社会的逐步建成以及精准扶贫、

① 参见刘跃进：《把“以人民安全为宗旨”落实到国家安全各个领域》，《人民论坛》2017 年第 29 期。

② 参见李敏：《维护国家安全是人民根本利益所在》，《文汇报》2017 年 12 月 5 日。

③ 刘跃进：《总体安全为人民——学习习近平总书记关于总体国家安全观的重要论述》，《紫光阁》2018 年第 7 期。

④ 参见蔡昉：《十九大报告中的提高人民收入水平》，《就业与保障》2017 年第 23 期。

精准脱贫等举措的实施可视为是对极端贫困的宣战，是对人民生存需要和经济安全的维护。人民经济安全的实现离不开宏观经济走势的影响，关联经济基本面。据财政部统计资料显示，2018 年 1～5 月，供给侧结构性改革不断深化，经济运行延续稳中向好态势，经济发展质量和效益提高，为财政收入实现较快增长奠定了坚实基础；1～5 月全国财政收入同比增长 12.2%，其中税收收入增长 15.8%，主体税种增长较快。同时，财政反作用于经济，积极财政政策有效落实，有力地促进了经济社会平稳健康发展。[①] 这是经济安全的利好，但也有负面的影响。如，同期社会消费品零售总额增速持续下滑，2018 年 5 月同比增长 8.5%，扣除价格因素后，实际增长 6.8%[②]，是一年来增速最低点，更是创 2003 年 7 月以来新低，较前值大幅下降 0.9 个百分点。然而与之相对的，2018 年 1～5 月，全国政府性基金预算收入25722亿元，同比增长 39%。其中，国有土地使用权出让收入22251亿元，同比增长45.9%。[③] 同比增长率创 1987 年土地有偿转让以来前 4 个月同期卖地收入历史最高纪录、最快增速。倘若再与居民收入增速进行比较的话，那么会进一步增强人民的不安全感。2017 年，全国居民人均可支配收入25974元，同比增长 7.3%；其中，城镇居民人均可支配收入36396元，同比增长 6.5%；农村居民人均可支配收入13432元，同比增长 7.3%。与此同时，2018 年 1～4 月，全国新建商品房销售均价8585 元/平方米，同比上涨 8.7%；其中，全国 200 个县城新建商品房销售均价超9000元/平方米。

其二，生活维度的需求即人民的社会安全。人民的社会安全就其范围而言，包括社会治安、公共卫生、生活安全、生产安全、交通安全、群体性事件、恐怖袭击、民族宗教冲突、涉外突发事件、特殊群体安全事件等方面。随着经济社会形态转型的加剧，各种安全要素叠加，安全事件频发，特别是非传统、非常态的社会安全事件呈高增长态势，包括暴力恐怖、互联网犯罪、金融诈骗、邻避运动、食药安全等事件频发。保障人民的社会安全也就意味着不断改善改进以上安全领域的治理境况，提升安全治理能力与水平。在政府治理的层面上，也就意味着要强化制度安排的有效性与及时性，维系社会公平与正义。本质而言，社会公正是社会安全的基础，是制度安排的基本依据。维护社会公正也是缓解贫富差距的重要杠杆，社会公正有

① 参见财政部：《2018 年 1～5 月财政经济实现良性循环》，2018 年 6 月 20 日，http://www.mof.gov.cn/zhengwuxinxi/caizhengxinwen/201806/t20180620_2935656.htm。

② 参见国家统计局：《2018 年 5 月份社会消费品零售总额增长 8.5%》，国家统计局网，http://www.stats.gov.cn/tjsj/zxfb/201806/t20180614_1604561.html。

③ 参见财政部：《2018 年 5 月财政收支情况》，2018 年 6 月 14 日，http://gks.mof.gov.cn/zhengfuxinxi/tongjishuju/201806/t20180614_2929000.html。

利于形成良性互动的社会结构。只有维护并促进社会公正，才能有效地解决和缓解社会矛盾问题，确保中国社会的安全运行。①

其三，自由维度的需求即人民的政治安全。《人权宣言》主张：自由即有权做一切无害于他人的任何事情。② 对政治自由的理解，中西有别由来已久。有学者认为，中国与西方不同，西方自由是公共权力保护下的自由权利，要在社会中实现。而中国古代则从来没有把自由视为一种权利，而是认为它出自个人的天性，主张一种不受任何约束的包括公共权力甚至是社会自由自在的自我决定。与西方自由观不同，这种自由观是一种只要求个人的自由放任，而远离社会、反对权威干预的自由。“日出而作，日入而息，凿井而饮，耕田而食，帝力于我何有哉”反映了这种观念。③ 亦有学者主张，人民民主的产生是自由主义民主灾难的产物，人民民主是为了对冲自由主义民主给人类带来的灾难，拯救人类。人民主权不会自动实现，人民主权不是为资本权力所代表，就是为政治权力所代表，人民不会自动实现自己的权利。④ 这就产生两种不同的政治自由实践的路径。但不论是哪一种，都指出人民有着追求自由的诉求，并预示着公民参与政治的前景。正如中国改革开放 40 年的历程一样，恰恰是充分的政治参与和包容，刺激了活力、激发了创新。40 年的高速增长，成功的重要根源在于摆脱僵化的经济制度的渐进变革，并走向提高生产力和贸易激励的制度，增长经验正是由于摆脱了汲取性经济制度并走向更包容经济制度的基本转变，但高度威权的存在使之更加困难而不是更加容易。⑤ 所以，在全面深化改革的今天，如何更好地推进包容性制度的发展，如何更好地保障公民自由和参与改革，既是政治安全的需要，也是人民安全的需要。

二、作为公共产品的人民安全与政府供给范式

公共产品供给是政府治理合法性的主要源泉，也是维系其公共属性的判断标

---

① 参见吴忠民：《以社会公正奠定社会安全的基础》，《社会学研究》2012 年第 4 期。

② 《人权宣言》，也即《人权和公民权宣言》，法国大革命时期颁布，其第四条明确界定了自由的含义，认为“自由是指能从事一切无害于他人的行为；因此，每一个人行使其自然权利，只以保证社会上其他成员能享有相同的权利为限制。此等限制只能以法律决定之”。

③ 参见徐大同：《中国人民拒绝自由主义，接受共产主义的文化基因》，《政治学研究》2012 年第 3 期。

④ 参见杨光斌：《国家治理视野下的自由主义民主与人民民主》，《行政科学论坛》2017 年第 9 期。

⑤ 参见［美］德隆·阿西莫格鲁、詹姆斯·罗宾逊：《国家为什么会失败》，李增刚译，湖南科学技术出版社 2015 年版，第 315、321 页。

尺。如果说“人民”的概念主要应用在政治领域，那么“人民安全”的供给也就集中在政治市场。不过作为政治概念的“人民”，不能时时以其政治性而回避法律层面的规定，也只有将其与法律意义上的“公民”概念相结合，才能将其纳入可操作的框架之中，否则存在解释的空洞与抽象之虞。政治市场集中讨论政治主体围绕公共物品的供给与需求而形成的关系体系，围绕“人民安全”从事相应安全产品和服务的供给。之前，有关政治市场的讨论主要得益于经济学对国家治理研究的介入，相较于政治学、公共管理学等研究范式，经济学倾向于将国家想象成政治市场，特别是公共选择理论形成以来，对国家行为和政府偏好的研究，对政治市场中的行为、策略和选择的讨论，提出政治市场的主体性、市场性和政治性特征。不过囿于经济学的研究偏好，其虽然提及多主体性和政治性，但逻辑起点和关注焦点仍主要是市场特征。其他两个特征（主体性、政治性）处于从属地位。这一思维格局，导致经济学对揭示国家的政治性，亦即对国家权力运作机制的分析总是大而化之。[①]

一方面，人民安全具有政治性。人民安全有别于人的安全，主要在于政治话语或治理话语的国内面向。正所谓“民惟邦本，本固邦宁”，人民安全具有显著的国内政治倾向。在经济持续健康发展和社会总体和谐稳定的同时，全社会面临的安全形势也更加错综复杂，对和谐稳定提出了更高的要求，公众对安全感、幸福感的需求不断提升。安全和发展环境复杂多变，各种可以预见和难以预见的风险因素明显增多，维护国家安全和社会稳定关系发展全局和国家命运。[②]

毋庸赘述，安全是人类生存和国家发展的基本需求。这一需求的政治性也就关联到政治市场。“政治市场”作为一个学理性概念，20 世纪 60 年代以来一直被公共选择理论家广泛使用，它将政治看作是一种政治人相互交换所持资源的市场。如果将政治市场化约为企业家式国家，使企业家看起来像政客，官员看起来像企业家，而又由于政治不同于市场，政治市场存在运行失范的风险，企业家式国家更容易将这些风险因素转化为现实，出现政治市场越轨现象。[③]

另一方面，人民安全具有公共产品属性。“人民安全”更关注个人而非国家，主要包括生态环境、公共卫生和经济安全等方面。其供给主体除了国家，还有国际组织、地区组织、非政府组织及民间社团，需要多方行动者的协同与合作。诚然，保护人民安全不受威胁是国家的责任。各国致力于抵御外侮，内定民生，正是基于此

① 参见冯仕政：《政治市场想象与中国国家治理分析——兼评周黎安的行政发包制理论》，《社会》2014 年第 6 期。

② 参见钟开斌：《以安全社会建设增强人民安全感》，《学习时报》2017 年 11 月 6 日。

③ 参见张伟：《政治市场：民商阶层行为逻辑的新视角》，《经济社会体制比较》2015 年第 6 期。

道。从这个意义上来说，国家主权不仅代表着权力，而且还代表着责任与义务，即保障人民不受各类威胁的义务。如果权力被滥用或未能正当行使，国家不能履行其保护责任，政权合法性往往受到挑战。[①] 因此，现代社会，高度回应公众需求，有效增加安全公共品供给，已成为政府的天然责任。[②] 而"政府也正因为提供了具有公共性的物品而获得公共性和进一步增强其公共性"[③]。

就行政介入与干预而言，"以侵略性的物理力量侵入社会，即是干预。它意味着用强制取代了自愿行动"[④]。自愿行动本身隐藏一定的秩序、和谐和效率，而强制和干预虽然凸显着秩序供给，但也隐藏着一定程度的无序、冲突以及无效率，正如巴斯夏所说的，社会中存在着"看得见的和看不见的"成本与收益。行政的介入与干预可以从两个维度来阐释：资源汲取和政策支持。根据其各自的强弱程度，可以分为无为型政府、掠夺型政府、主导型政府和服务型政府四种范式。从国家治理现代化来说，不断提升国家安全治理能力与水平本质即在于不断提高政府服务供给的能力与水平，其行为偏好遵循着从掠夺型向主导型再至服务型的范式转型（见图1）。

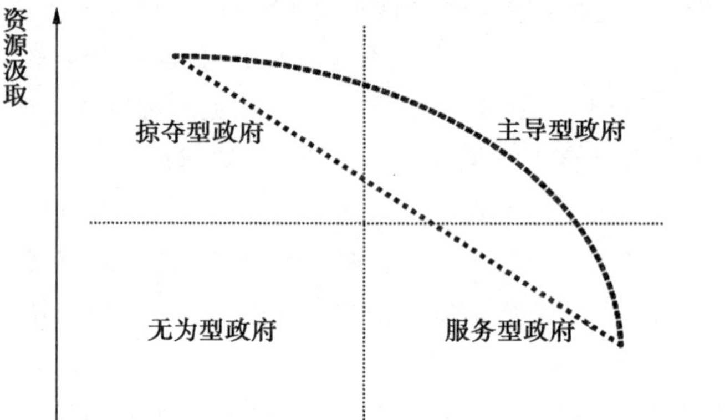

图 1　政府安全供给的偏好类型

① 参见何昌垂、玄理：《重塑国家之责：人的安全保护、冲突与治理》，《国际安全研究》2014年第 1 期。

② 参见人民日报评论部：《平安是基本的公共产品》，《人民日报》2013 年 6 月 3 日。

③ 张康之：《论公共性的生成及其发展走向》，《青海社会科学》2018 年第 3 期。

④ [美]穆雷·罗斯巴德：《人、经济与国家》，董子云等译，浙江大学出版社 2015 年版，第 825 页。

一是主导型政府或扶持型政府。即假设政府目标为社会福利最大化，既提供较多的政策支持，同时也汲取较高的资源禀赋。在这一假设基础上，基于行政理性主义的考虑，全能政府、福利国家也就成为自然偏好。主导型政府的假设往往始于规范性描述，旨在阐述福利最大化的政府应该扮演什么角色，供给什么产品。但在政府治理实践推进中，往往忽视了这一规范性讨论的初衷，而倾向于实证性地认为政府正在扮演这样的规范性角色。另外，这种基于市场理性不足、倾向行政干预的考虑还有一个面向，即集中于市场失灵的应对。然而，不容忽视的是，许多市场失灵并不是自然的而是人为的。并且在很多时候，政府本身就是市场失灵的始作俑者，这些失灵包括非自然垄断、大而不能倒的金融机构、与各类特权相关的租金、信息披露不充分或虚假信息披露等等。市场之所以失灵，恰恰是因为政府放任这些市场形成了导致市场失灵的环境。① 我们不能通过制造问题来为行政干预提供论据，许多干预政策的问世，囿于博弈力量的强弱对比，往往有着特定的政治目的或服务于特定的垄断利益集团，即便是某些干预政策促进了社会福利的提高，也往往是一种政策副产品。因此，囿于社会福利最大化的假设前提，主导型政府的分析范式所提出的建议往往与服务公众的目标背道而驰。

二是无为型政府或放任型政府。即假设市场可自行实现公共服务与产品的配置最优化，偏好于有限责任政府的想象，其政策支持与资源汲取程度都处于较低水平。相较于主导型政府行政理性主义的偏好，放任型政府遵循市场理性与社会理性主义。当然，放任型也是一种关于政府行为的规范性描述。现实中的政府是无处不在的，特别是第二次世界大战以后随着行政国家现象的不断蔓延，放任型的政府在现实政策实践中是不存在的。

三是掠夺型政府。即假设政府扮演掠夺者的角色，其政策支持力度较弱，但拥有较高的资源汲取能力与偏好。德隆·阿西莫格鲁(Daron Acemoglu)与詹姆斯·罗宾逊(James A. Robinson)曾提出了一个制度分析框架，用来解释国家繁荣和贫困的根源。他们认为，凡是建立包容性制度的国家和地区，经济都实现了长期的持续发展和人民生活的持续提高；凡是为汲取性制度束缚的地方，要么长期陷入贫困落后状态，要么增长无法维持而出现大起大落。② 这种汲取性制度也就是我们

① 参见[美]维托·坦茨：《政府与市场——变革中的政府职能》，王宇等译，商务印书馆2014年版，第350～351页。

② 参见范世涛：《包容性制度、汲取性制度和繁荣的可持续性》，《经济社会体制比较》2013年第1期。

所谓的“掠夺性”。掠夺性即意味着人民没有决策权或表决权,制度与政策体系成为一部分人掠夺另一部分人的工具。掠夺一旦制度化就具有隐蔽性、合理性甚至合法性,普通民众是难以识别的。从本质来上来说,掠夺是系统性地滥用公共制度谋取私利,或者系统性地破坏公共保护制度为私人受庇护人谋利。把监管机构拱手让与工商界游说集团,将国家安全和社会保障私有化。“在掠夺型政府中,组织的存在主要是为了掌控国家架构本身。”[①]就其表现形式而言,有三种情况:一是组织意义上的掠夺,如地方政府、政府部门或政府整体的掠夺,比如乱摊派、超过公共服务需要的费和税、通货膨胀等;二是政府部分官员的个人寻租行为;三是私人部门或私人通过政府权力进行掠夺,比如一些行业的行政垄断,对潜在竞争对手设定市场准入的限制等。“作为一个经济体系,掠夺型政府所有部门的建立都是为了吞噬本着公共目的建立的、大体上服务于中产阶级的公共体系。”[②]

不可否认,“掠夺型”看起来即令人反感,但作为研究者,我们应该客观地看待它,掠夺型假设对政府持怀疑态度,但更加准确地描述了政府在治理实践中的行为,因此在此基础上设计对策建议,才能更具可行性与建设性。对政府“掠夺之手”的抨击,不是为了提倡纯粹的放任自由,或鼓励无为型政府范式;相反,是为了在政治家、技术官僚追求个人利益的假设下,理解不同制度的运行机制以及在承认改革必须迎合政治利益和约束的条件下,探讨进行制度改革的战略。一般而言,掠夺型假设会寻找限制政府权力的方法,反对扩大政府的行动半径。应该看到,很多时候政治家的目标并非社会福利最大化,除非这一目标与其个人目标相一致。正如成功改革的条件是“政府的政治利益与社会福利相一致的时候”[③]。掠夺型假设可以提供实证性的公共选择理论,帮助分析公共行政的弊病与改进之策。这一假设有助于我们设计一些好的制度,使经济行为人免遭政治家的盘剥,这是主导型政府所没有的,同时又没有像放任型政府那样排除或忽略政府的作用。当然在掠夺型政府体系下的汲取性制度,并不意味着经济的不增长,在不会危及自身权力和利益的前提下,更高的增长就意味着有更多的资源可供权贵汲取。所以,在满足最低程度的政治集中条件后,汲取性制度常常带来一定的增长,比如 17～18 世纪的种植园经济曾经使加勒比国家成为世界最富庶的地区,而 20 世纪 30～70 年代苏联也经

① [美]詹姆斯·加尔布雷斯:《掠夺型政府》,苏琦译,中信出版社 2009 年版,第 132 页。

② [美]詹姆斯·加尔布雷斯:《掠夺型政府》,苏琦译,中信出版社 2009 年版,第 146 页。

③ [美]安德列·施莱弗、罗伯特·维什尼编著:《掠夺之手——政府病及其治疗》,赵红军译,中信出版社 2004 年版,第 5 页。

历了高速增长。[①]

四是服务型政府。即假设政府存在的目的在于不断优化公共服务供给，既提供较高的政策支持，又采取较低水平的资源汲取。增强政府公信力和执行力，建设人民满意的服务型政府，一直以来都是我们努力的方向。在我们看来，服务型政府建设要以掠夺型政府的假设为研究基础。“姑息掠夺型政府最终将导致国家经济遭遇失败。随着时间推移，将导致先进的、创新的、有用的企业被淘汰，争下游比赛，政府自己就是推手。掠夺者掏空了政府能力，使之无法进行统治。”[②]在批判与避免“掠夺”的同时也就实现了“服务”的建构。服务型政府是在人民本位和社会本位理念指导下，在整个社会民主秩序的框架下，通过法定程序，按照公民意志组建起来的以为公民服务为宗旨并承担着服务责任的政府。它和过去人们经常谈论的政府服务并不完全是一回事。同时，服务型政府也并不主张取消干预或管制，只要有行政，自然就会存在干预。区别在于服务型政府的干预和管制是为服务的达致而作出的。也就是说，它把管制纳入了总体的服务之中。而管制型政府的管制是为管制而管制，管制本身就是一切。[③] 在这个意义上，服务型政府与亚当·斯密(Adam Smith)及其信奉者提出的最小但必要的政府相类似，其职能主要是纠正市场失灵、弥补市场缺陷。政府的作用是处理纯粹公共产品、大型基础设施以及具有重大外部性的事宜等。服务型政府进行干预的主要工具是真实的政府支出，为确保较低的税收水平，政府支出必须维持最低水平。[④] 服务型政府本质上致力于构建一种具有包容性的政治经济制度，以此实现不同行动者体系间的相互支持，促进一种良性循环关系的生成。

三、掠夺型、主导型政府安全供给的序列偏好

理解国家安全以及提升国家安全治理现代化水平，离不开对安全状态、安全能力与安全感知三者关系的讨论。就总体国家安全来说，国家安全不仅要精准识别客观状态，而且还要拥有维护安全状态的治理能力。同时，除了客观状态、维护能

---

① 参见范世涛：《包容性制度、汲取性制度和繁荣的可持续性》，《经济社会体制比较》2013年第1期。

② [美]詹姆斯·加尔布雷斯：《掠夺型政府》，苏琦译，中信出版社2009年版，第147～148页。

③ 参见刘熙瑞：《服务型政府——经济全球化背景下中国政府改革的目标选择》，《中国行政管理》2002年第7期。

④ 参见[美]维托·坦茨：《政府与市场——变革中的政府职能》，王宇等译，商务印书馆2014年版，第183～184页。

力之外，还包括主体意识层面的主观感知。其中，状态即安全情势的客观状态，包括安全的风险、情势与态势；能力主要是指安全治理能力，可以分为政治统治与合作治理两个基本面向；感知则主要是主体感受，包括政府的感受和社会公众的感受。对安全的主体感知是很重要的，要防范安全风险，就必须要判断到底处于什么样的风险状态。感知风险既存在高枕无忧的偏差，也存在杞人忧天的过虑。中美贸易纠纷的演变不得不说是对安全风险识别与判断的严重滞后。而由于中美摩擦所对中国经济的影响趋势，又存在过分焦虑的安全判断。此二者都对安全构成直接或间接的影响。

从治国理政的政治目标来看，不同政府供给范式对安全供给的理性偏好存在差异，掠夺型与主导型的政府范式倾向于对三者关系进行线性排序，从而在政治安全的维度上呈现出安全供给的序列偏好（见图 2）。具体而言，在安全议题的三个分析维度上，我们追求什么样的安全目标，是衡量安全治理民主化与现代化的一项标准。从政府治理的视角来看，基于政治安全与政治合法性的考虑，在安全感知和安全状态两相比较的时候，希望呈现为“状态＞感知”，这样可以避免公众对安全风险的过度解读，避免公众恐慌和社会动荡。在治理能力和安全状态两相比较时，希望呈现为“能力＞状态”，这样治理方能够游刃有余，不至于捉襟见肘。在安全感知与治理能力两相比较时，希望呈现为“能力＞感知”，这样我们也就拥有满足公众安全需要的治理能力。根据传递性，于是也就有了“能力＞状态＞感知”的序列分布结果，即图 2 中 A、B、C 的分布。

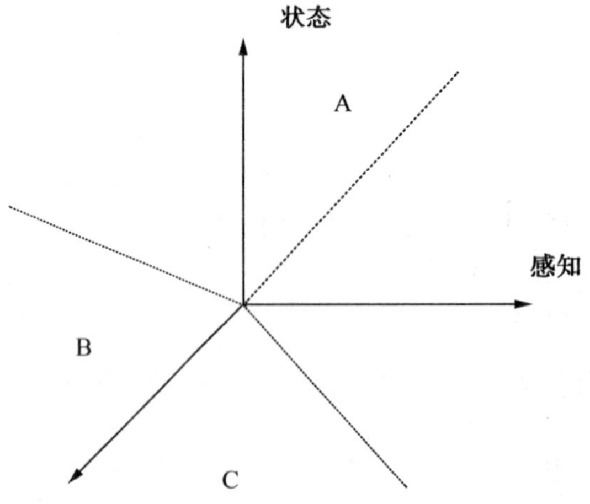

图 2　政治安全的序列偏好

感知可以是公众感知，也可以是政府感知，状态是一种客观的状态、国家安全风险的态势，能力是应对风险的能力、预防风险的能力、管制风险的能力。三者之中，状态是一种客观存在，初期难以左右，因此实现安全目标的途径主要也就有两个方向：提高能力和降低感受。

提高能力，包括政治统治能力和合作治理能力；降低感受，即通过信息的分享与传播以及公众议程的引导，垄断信息与议程设置。中共十九大报告中，在阐述如何有效维护国家安全时明确提出八项举措，即完善战略政策，统筹各项工作，健全体系，法治保障，提高能力，加强教育，形成合力。其中，在国家层面上，法治保障和战略政策是安全的制度供给，统筹意在提高协调性，完善体系意味着组织架构的有效供给，旨在“提高能力”。在社会层面上，教育、增强安全意识的目标是“形成合力”。此二者均系提高能力的范畴，而降低感受的维度并未展开讨论。但在社会治理过程之中，各种信息垄断、议程设置的选择性以及公民合法权利的被动“维稳化”却不断闪现，不同层面、不同程度上彰显着政府政治安全与社会人民安全二者的需求满足间存在偏差。

此种情境下，人民安全供给存在着前置性条件，即政治安全中的人民安全。在国家治理体系之中，治理行动者的权力源自他者的依赖，而权力和依赖的不平等关系，也就产生了权力不平衡。在安全治理实践中，政府与公民间也存在不对称权力关系，实践上造成权力不平衡，且公民处于权力弱势地位。因而人民安全的满足也就依赖于政府的服务供给，囿于权力结构的依赖性，人民对政府供给也就鲜有约束性。于是现实安全供给往往呈现出政治安全的偏好，人民安全的满足往往需要政治安全的前置性条件，即内嵌于政治安全之中。诚然，在民族国家结构依然健在的国际情境下，国际安全与国家安全仍然是各民族国家在交往互动时普遍珍视的一种重要价值乃至首要价值，人的安全或曰“人民安全”往往成为牺牲的对象。因而，安全服务的有效供给需要厘清政治安全与人民安全的关系问题。在总体国家安全观中，作为宗旨的人民安全与作为根本的政治安全二者到底是融合的还是分化的，对这个问题理解的不同将决定着安全服务供给的偏好与走势。

在掠夺型、主导型政府的模型假设中，安全供给首先要保证政治安全，政治安全与人民安全是主从关系，政治安全需求的满足是人民安全产品供给的前提条件。在服务型政府的模型假设中，将政治安全与人民安全同时考虑，并且将人民安全作为政治安全的基石，优先予以保障，人民安全的保障不设前提条件。一切以人民为依归。也可以说，在服务型政府的分析框架下，政治安全的本质内容就是人民安全。政府安全供给的发展轨迹遵循着从掠夺型到主导型再至服务型的转变，即

图 1所示曲线轨迹。服务型政府的基本属性要求应以维护人民安全为己任。就维系国家政治安全的内容而言，其包括思想、制度和活动三方面的安全。其中政治权力归属问题是根本问题，这是无须赘述的。需要关注的是，在内嵌着人民主权观念的社会主义国家之中，政治安全最本质和最核心的内容是全体国民政治权利的安全。也就是说，“虽说政治安全是国家安全的本质，经济安全是国家安全的基础，但在社会主义民主政治条件下，只有国民安全才是国家安全及其所包括的政治安全的核心，是包括政治安全活动在内的一切国家安全活动的根本目的”①。以药品安全为例，药品安全关系全体人民的健康，受到全社会高度关注。中央巡视组在反馈对原国家食品药品监督管理总局党组巡视的意见中指出，政治责任感不够强，以人民为中心的立场不够坚定。需切实提高满足人民群众对美好生活向往新要求的担当能力，切实增强危机和风险意识，防止因监管漏洞导致食品药品安全问题。② 亦如习近平对长春长生疫苗案件所作批示那样，“确保药品安全是各级党委和政府义不容辞之责，要始终把人民群众的身体健康放在首位，以猛药去疴、刮骨疗毒的决心，完善疫苗管理体制，坚决守住安全底线，全力保障群众切身利益和社会安全稳定大局”③。

四、行政主导下人民安全供给的潜在风险

总体国家安全观的工作要求是以防控风险为重要底线，防控风险的首要条件是识别风险。掠夺型、主导型政府范式下的安全供给在秩序供给的同时，也存在着潜在的安全风险。

首先，行政主导下的供给范式存在“攫取性”或“掠夺性”的政治风险。所谓攫取性，意指人民或者广大公众没有决策权或表决权，既没有选择当权者或统治者的权利，也没有选择政治制度或经济制度的权利。精英人物或者既得利益者在制度的选择或政策制定中起着重要作用，所选择的制度或者制定出来的政策成为一部分人攫取利益的工具。比如在经济领域，所有的经济制度或者经济政策都是由当权者、统治者或者精英人物制定出来的，他们通过各种垄断权、专卖权、市场控制等

① 刘跃进：《政治安全的内容及在国家安全体系中的地位》，《国际安全研究》2016 年第 6 期。

② 参见中共中央纪律检察委员会、国家监察委员会：《首轮巡视坚持以人民为中心价值取向　紧盯食品药品等行业安全》，2018 年 7 月 26 日，http://www.ccdi.gov.cn/toutiao/201807/t20180726_176426.html。

③ 参见《习近平对吉林长春长生生物疫苗案件作出重要指示》，2018 年 7 月 23 日，http://www.xinhuanet.com/politics/2018-07/23/c_1123166080.htm。

掠夺生产者,使得生产者只能够得到所生产产品的一少部分甚至得不到所生产的产品,结果就是生产性激励不足[①],从而使得经济发展迟缓或下滑。同时,在掠夺型或主导型政府范式之中,压力型体制与行政干预理性往往具有顽强的生命力,在此情境下,供给策略往往呈现出"唯上略民"的偏好。自上而下的管理压力往往会排挤掉自下而上的底层期待的活动空间。自上而下的绩效考核指标和任务指标,必然造成地方政府对公共事务的层层分解、级级转嫁。在不断揣摩、迎合上意的同时,忽略、轻视人民安全需求。2017 年京津冀地区煤改气政策的执行和部分城市清理所谓"低端人口"政策的出台均是例证。在行政主导的"命令与服从"机制之下,容易遮蔽政府与人民间"委托与代理"的政治契约关系,容易诱致官僚主义作风,导致形式主义蔓延,在政府安全供给与人民安全需求的中间,人为地制造过多中间环节。于是,各种领导指示、工作要求、规范文件铺天盖地流向基层一线,尽管其意在督促矫正,但事实上往往起到扭曲供需关系的恶果,在供给环节呈现出"掠夺性"的症候。于是具有使动性、简单性、统一性的专项整治方案频频出台,治理方式简单粗暴,治理理念倾向于效率主义。

需要警醒的是,政府的权威来源于被统治者的同意。法律和政府的目的是保护个人权利,政府垄断暴力的合法使用,其行为必须得到严格阐释、限定和限制,政府行为中不允许有丝毫的奇想或任意性,政府应该像没有个人喜好的机器人那样,把法律作为它唯一的动力。如果一个社会要成为自由社会,那么政府就必须受到控制。[②] 政府的正当目标即通过保护利益、反对人们彼此造成的邪恶,使得人类社会的存在成为可能。宪法是对政府而非个人的限制,它只对政府行为作出规定,它不是维护政府权力的宪章,而是保护公民不受政府侵害的宪章。[③] 在行政主导下,弱势群体缺乏有效的话语权,社会博弈能力较差,常常成为被调整、被牺牲的对象。而垄断利益集团或资本集团所受到的冲击则要缓和得多。比如,在煤改气、煤改电的事件中,如果是为了更好地保护生态环境,更应该给予特别关注的应该是污染企业的非法排放和非法排污,而不是首先想方设法去拆掉农村农民的炉灶。

其次,多重委托代理关系中存在代理人困境。从安全的制度体系的供给角度来看,汲取性的或曰"攫取性"的制度难以遏制利益集团的绑架行为,并且其对信息

① 参见李增刚:《包容性制度与长期经济增长——阿西莫格鲁和罗宾逊的国家兴衰理论评析》,《经济社会体制比较》2013 年第 1 期。

② 参见[美]安·兰德等:《自私的德性》,焦晓菊译,华夏出版社 2007 年版,第 109 页。

③ 参见[美]安·兰德等:《自私的德性》,焦晓菊译,华夏出版社 2007 年版,第 114 页。

的充分性掌握不足,也难以在最佳时机识别制度体系的攫取性演变。诚如赵施迪等人所说,“包容性制度持续的长短、制度包容性是否会向攫取性转变与统治者的理性程度有着密切关系,中央政权一旦被特殊利益集团俘获,王朝制度攫取性的膨胀就难以遏制”[①]。这也就为领导者理性提出了具体而现实的要求。在当前不断推进党政融合、加快建立执政党对一切领域与一切工作的领导体制过程之中,政党与政府、政党与社会、政府与公众之间的委托代理关系日趋复杂化。其中,人民是政治委托者,执政党是代理人;执政党是委托者,政府及其领导干部是其代理人;公民是政府执政行为之委托人,政府组织是其代理人。多重委托代理关系的存在,容易造成代理人在面对多重角色时无法有效避免角色重叠与冲突带来的管理风险,继而难以面对多重困境带来的伦理冲突。在安全服务供给体系中,“政府基本是被动的,它只是等着按选民和利益集团的意志行事,而政客和官僚们就像是中间商,他们为参与各方安排交易,并保护公共利益”[②]。“在市场经济主导的稳态社会中,政府供给规模是纳税人集团与消费者集团之间政治影响力相互作用的结果。消费者集团容易被组织起来,容易形成细分的子集团,而纳税人集团很难被有效组织起来,也不容易形成表达政治呼声的子集团,所以现实中的政府供给规模往往高于理论上市场均衡决定的最优政府规模。”[③]

细究政治均衡产生资源配置低效率的过程和原因,可见政治性配置的领域越广,公共性越差,社会资源配置效率损失越大。“政治价格”高的集团获得更多的“免费午餐”,这偏离了经济上的最优配置,产生了政治低效率。中国政府供给的“政治价格”是在社会各方政治影响力交互作用的“二级”垄断竞争性政治市场上初步形成,并经“一级”垄断性政治市场上的政治家最终确定。在民主制度健全、利益集团之间公平竞争的政治市场上,“二级”市场确定的“政治价格”是相对具有社会效率的。但在民主制度不健全,尤其是社会政治经济权利结构高度不对称的情况下,“二级”政治市场就很难发现社会有效的政治价格,从而“一级”政治市场上的政治权威在政治价格的形成机制中就必须扮演更加重要的角色。从长远来看,必须通过渐进的民主化健全“二级”政治市场的价格发现功能,但从中国当前的现实来看,更重要的是发挥政治权威的积极作用,同时限制政治权威的不当使用。短期目

① 赵施迪等:《中国封建王朝包容性制度向攫取性制度渐变之原因——王朝兴衰的新制度经济学分析》,《江海学刊》2017 年第 3 期。

② [美]兰迪·西蒙斯:《政府为什么会失败》,张媛译,新华出版社 2017 年版,第 41 页。

③ 汤玉刚、赵大平:《论政府供给偏好的短期决定:政治均衡与经济效率》,《经济研究》2007 年第 1 期。

标与长期目标并不具有绝对的冲突性，一方面政治权威积极作用的发挥必须以畅通的信息和民意传递渠道为前提，另一方面政治权威可以在很大程度上抑制"特殊"利益集团的扩散，同时放松对公益性社会团体形成的管制，以形成"二级"政治市场上的权力制衡。① "针对成本和收益的信息公开行为往往能推动民主的决策。如果政府不了解可能会发生什么结果，就很难作出理性的决策，甚至无法进行明智的选择。公众的审查能够推动理性决策，减少冒失的决策行为，同时简化政府制定规定的过程。"②因而，有效的公众审查、决策信息公开，是政府回应公众诉求，厘清委托代理关系避免代理人困境的必由之路。

最后，行政主导下的供给方式存在程式化和标准化的行动取向，缺乏"协商""参与"的内生机制。诚如前文所述，公众参与是对政府服务供给方式与结构的有效补充，传统以"政府"为中心、以"财政"为中心的行政指令与命令服从造成政策供给的协同性不足。在社会公共服务领域或人民安全需求环节，单一政策束在解决特定政策目标的同时，往往也会衍生出其他有待解决的问题。缺乏政策群的设计与协同供给，公共政策束的执行效果将难以预期。特别是在"掠夺型政府"和"主导型政府"向"服务型政府"转变的历史进程之中，基于农业社会的关系网络、工业社会的专业体系以及信息社会的网络式节点等多样性特征不断融合，社会事务的复杂性与不确定性日益高涨，工业社会的管理型政府范式在治理实践中难以为继。但其作为工业化以来最为发达的官僚体制与科学范式，其程式化、标准化的追求依然在发挥着巨大的作用，影响着治理行动者的思想与行为偏好，更加在制度上强化这一倾向。

然而，随着政府行为范式的转变，其从掠夺到主导，再到服务的过程，不仅意味着政府从统治转型到管理，而且意味着从管理转型到治理。这一过程意味着政府从管理者向服务者的转型，其遵循着从管理主义向合作主义转型的逻辑过程。在具体的安全服务供给方式上，也就意味着需要更多地参与、协商。不仅仅是供给主体的多元化，而且还是供给方式的多样化。安全供给与需求的动态均衡，也就意味着一种国家治理均衡。治理均衡是社会治理的理想状态，既满足了公平正义，也满足了效率效益，皆大欢喜。安全治理作为一种制度性安排，其目标就是要使各博弈者/行动者在理性选择的过程中不断趋近治理均衡。诚如，在政治市场之中，参与

---

① 参见汤玉刚、赵大平：《论政府供给偏好的短期决定：政治均衡与经济效率》，《经济研究》2007 年第 1 期。

② [美]卡斯・桑斯坦：《简化——政府的未来》，陈丽芳译，中信出版社 2015 年版，第 4～5 页。

政治活动的行动者也是理性的效用最大化者。政治市场必然会在供需双方力量共同影响下达至均衡。这种均衡是不同理念的调节，更是不同社会利益的均衡。该动态均衡中，中央政府、地方各级政府、直接利益相关者以及其他无直接利益群体都是安全产品供给体系中的一员，如此多元的主体构成，其参与方式、信息处理方式、合作行动的多样化必将呈现出供给方式的几何指数增长。同时，安全的相对性决定了安全治理均衡是临时的、短暂的，动态平衡是永恒的。当前的治理实践中，缺乏的就是有效协调各方的合作机制、持续作用的行动者权力网络以及行动者理性诉求与政治价值间的契合。

五、服务型政府安全供给：以供给侧改革改善人民安全境遇

从一定意义上来说，干预往往导致一种零和结果。正如有些学者坚信“自由市场必然带来自由、繁荣、和谐、效率和秩序；而强制和政府干预，必然导致霸权、冲突、人剥削人、无效率、贫困和混乱”①。如何践行人民中心论，政府的安全服务供给需要一场主动对接“群众点菜”的供给侧结构性改革。以人民为中心的基本方略是永恒的，需要调节的就是服务人民的方式。唯有积极地了解人民需求，才能提升服务供给的质量与品质。

首先，国家安全具有“多主体政治与多主体政治安全”的特点，因而在供给方式上，必须调整供给结构，促进供给主体与供给机制的多元化和多样化。诚如刘跃进所言，“政治主体有各自不同的政治安全需要。不同的政治主体常常具有不同的政治观念、政治意识、政治诉求和政治活动，同时也常常具有不同的政治安全需要、政治安全状态和政治安全手段……不同类型不同层次的政治主体，都有各自的政治安全需要，也都是在学理上不可忽略的政治安全主体，这就在‘主体’的角度上，使政治安全的外延超越国家政治安全而延伸到所有不同政治主体的政治安全上去了，这就是政治安全的多主体性”②。多主体政治的情境与特征，为民主与法治的发展提供了必要的基础。民主与法治恰恰是最有效地抑制掠夺型政府产生的要素。通过包容性制度的培育与发展，来约束政府汲取性制度的偏好，是国家治理现代化发展目标的历史要求。在包容性制度体系下，安全治理具有良好的柔性、弹性、回应性、适应性与前瞻性，是人民安全有效供给的制度性保障。人民安全的需

① ［美］穆雷·罗斯巴德：《人、经济与国家》，董子云等译，浙江大学出版社 2015 年版，第 941 页。

② 刘跃进：《政治安全的内容及在国家安全体系中的地位》，《国际安全研究》2016 年第 6 期。

求侧包括经济安全、人身安全/社会安全和政治安全；供给侧包括矫正各种社会要素的配置，扩大安全服务的有效供给，提高供给主体结构、策略结构对需求变化的适应性和灵活性。人民安全需求则是人民的生活需要和发展追求，在不同时期有着不同的特点与偏好。供给侧的改革首先要及时了解人民安全多样化的需求，尤其是落后地区、农村、弱势群体的需求表达。这就需要建构良好的政府与公民互动关系，需求表达机制、反馈机制要畅通，自上而下的调查研究与自下而上的诉求陈述要有机结合，最大化地解决信息不对称问题。合理配置资源，促进安全服务的多元供给。改变政府单一供给模式，培育发展社会供给、市场供给模式，努力实现行动者网络权力结构的均衡。围绕人民安全这一治理目标，改变传统行政主导下的简单粗暴，以柔性管理，更具弹性、回应性、适应性与前瞻性的治理方式，促进协商参与和社会自治联合体的形成，继而改善与优化安全服务供给。且一个良性的社会，人人都是安全建设的主体，身边的安全需要各方的共同努力。要从"政府包办"走向"多元参与"，坚持群众参与、社会共筑。政府是安全建设非常重要但不是唯一的主体，基层社区、社会组织、企事业单位、媒体、公民个人等也是安全建设不可或缺的重要主体。要积极引导社会舆论和公众情绪，动员全社会的力量来维护安全、促进安全，在全社会形成"人人关注安全，人人参与安全"的浓厚氛围。要知道，"人民是历史的创造者。有人民才有国家。国家是用来保障人民权利的。如果国家不能保障人民的权利就失去了存在的价值……执政安全体现为中国共产党执政地位（领导地位）的绝对巩固。而领导地位（执政地位）的巩固取决于人民的选择与授权。人民的选择与授权是中国共产党执政地位（领导地位）的唯一合法性来源"①。

其次，在供给质量上，提高安全要素生产率，促进有效供给。新时代的经济社会发展模式有了新的变化，注重转变发展方式、优化经济结构、转换增长动力，提出以供给侧结构性改革实现经济发展的质量变革、效率变革及动力变革，提高全要素生产率。那么作为最大公共产品的安全供给，也需要推进供给侧的改革，来满足人民群众的安全需要。可以说安全供给侧的改革是民生所系、民心所向。诚然，有效率的安全程度并不是要求绝对安全。在约束条件下，需求的不断提高也受限于供给侧的供给能力与水平。

在新时代社会主要矛盾转变的过程中，供给侧改革也是为了不断提升满足需求的能力。就供给与需求的关系而言，供给总是不断地去适应需求。一是安全供给的质量与结构，即安全政策质量和政府与社会协商结构的优化。二是激励与约

---

① 马振超：《当代中国政治安全的现实逻辑和终极价值》，《国际安全研究》2018 年第 3 期。

束机制的改进,既注重正向激励的开发,也关注负面约束机制的建立。如果社会制度允许有才能的人通过企业家活动和创新活动获得丰厚的报酬,那么这个社会就有希望繁荣昌盛起来。而一个人才涌向政府或者私人寻租行业的社会,则可能陷于停滞状态。人才涌向寻租部门而不是企业家部门的流动,会减少收入水平,更糟糕的是,这会降低创新、技术进步和增长的速率。因此,有利于人才向企业家活动配置的经济制度和其他制度,比如,保护产权免受政府的掠夺,会对经济发展具有很大的益处。[①] 三是引导自组织与协商机制的建立,推进安全政策评估的社会化与科学化,设立公众议程与政策议程有效衔接的政策机制与自适应平台。

最后,在供给策略上,精准识别利益诉求促进合作生产。安全既然是一种产品,那么就需要支付成本,维护安全是为促进发展服务的。比如环保领域对进口汽车综合税率的调节、对统一停工限产政策的调整,都是在谋求安全与发展间的平衡。过去讨论公平与效率时,常常聚焦于二者之矛盾,而有意无意间忽视二者之统一。在改革开放40余年之中,为了体现对经济发展效率的关照,衍生出对民主与效率二者关系的误读。民主与效率与其说存在冲突,倒不如说相互促进。其原因在于,如果各主体在制定一项公共政策时达成共识,其执行便会非常顺利,因为这项政策不是使人民被动地接受,而是受到人民的主动支持。另外,治理理论的假设具有多种合法性来源,例如,合法性不仅来源于对民主选举程序的遵循,而且还来自制定或执行政策时关键利益相关者的参与。来自利益相关者的合作保证了更高的效率。公民参与政策执行过程同样保障了效率。从这个层面来看,治理理论不重视效率和民主之间的取舍,它遵循的假设是,实现公共目标需要一定程度的信任和相互作用。公民参与能够克服公民社会中群体或个人在提升自身利益方面的能力差异。在这种意义上,公民参与会自动创造出共识。[②] 参与治理创造双赢局面,所有参与者将通过参与共同体事务而获得利益,合作生产,实现协同效应。国家安全常含长治久安之意。无论是国家治理层面,还是社会治理层面的国家安全,其事务之繁巨、影响之广远,绝非单一部门、特定领域与具体层级所能涵盖与达致的。新时代需要有效地改善与增进公私部门间、各级政府间及跨部门间的合作境遇,打造共建共治共商共享的国家安全治理体系。回首中共八大时所提出的群众路线,

① 参见[美]安德列·施莱弗、罗伯特·维什尼编著:《掠夺之手——政府病及其治疗》,赵红军译,中信出版社2004年版,第73页。

② 参见[英]乔纳森·戴维斯、[美]戴维·英布罗肖主编:《城市政治学理论前沿》,何艳玲译,上海人民出版社2013年版,第170页。

可谓是其时其地对政府与公民关系最好的表述，诚然后来因政治运动频发，治理理念与治理结构发生重大调整，致使当时之群众路线未能很好地实施与发展。时至今日，随着人民安全需求的不断高涨，重新关照与审视这一政府与公民关系也是必要的。

总之，不论是供给方式、供给质量，还是供给策略的调整，根源在于对“人民安全”理念的认识与行动的调适。随着新时代中国社会主要矛盾的变迁，政府与公民关系也面临新的挑战，人民安全需求与政府安全供给存在诸多亟须讨论之议题。特别是作为理性行动者而言，人民安全到底面临何种境遇，政府供给又面临何种压力，需要给予充分的重视与讨论。任何一种时代情境的变迁都不是孤立的、单一的，社会行动者的反馈也往往不是一种个体的自我反省以及他对个人境遇的认识，而是总的历史境遇在个体身上的反映，具体到政府与公民关系上，亦是如此，其是历史集体经验的一种表达。当将政府与公民关系嵌入服务型政府建设的价值体系中时，个体的境遇、集体的经验都喻示着只有人民安全需要的不断满足，才能有政治安全的可能。

六、结语

随着中国社会主要矛盾的变化，建设人民满意的服务型政府是推进治理体系与治理能力现代化的必由之路。“人民安全”是一切公共事务治理满意与否的判断标尺。尽管总体国家安全观的概念谱系中，政治安全是根本，人民安全是宗旨。人民安全是其第一要义，是中国特色社会主义国家安全道路的核心价值，保障人民安全利益是国家安全工作的根本目的。因而，国家安全工作归根结底就是保障人民安全利益，就是要坚持国家安全一切为了人民、一切依靠人民，为人民群众安居乐业提供坚强保障。人民安全是一切安全理论和安全实践的终极价值，其他方面的安全，包括政治安全，都是由其派生的，服从于、服务于人民安全。无论是保护环境、维护国家生态安全，还是做好社会保障，维护社会稳定，进行科技创新，都需要考虑人民的利益和安全。在人民安全不断得以实现的进程中，须知安全的相对性决定了人民安全供需关系的均衡往往是暂时的、短暂的，其常态是持续调整、非均衡的。政府对人民安全的制度供给、服务供给的效率和效能的提升，仰赖于理论界与实务界持续不断地对涉及人民安全供需均衡的政策议程、政策文本的讨论与分析，提升政策制定与执行的适应性、回应性与前瞻性，推动政府范式从掠夺型、主导型向服务型的转变，并在服务型政府建设不断推进的历史进程中实现可持续、有效的制度与服务供给，最大程度地满足人民安全需求。

网络空间安全问题与现状

（2018 年 10 月 28 日）

颜松远*

一、网络空间安全的基本概念

网络空间（Cyberspace）是人类继陆地、海洋、空间、外层空间之后的第五“生存空间”。1984 年，移居加拿大的美国科幻作家威廉·吉布森（William Gibson），写下了一个长篇的离奇故事，书名叫《神经漫游者》（*Neuromancer*）。小说出版后，好评如潮，并且获得多项大奖。故事描写了反叛者兼网络独行侠凯斯，受雇于某跨国公司，被派往全球电脑网络构成的空间里，去执行一项极具冒险性的任务。进入这个巨大的空间，凯斯并不需要乘坐飞船或火箭，只需在大脑神经中植入插座，然后接通电极，电脑网络便被他感知。当网络与人的思想意识合而为一后，即可遨游其中。在这个广袤空间里，看不到高山荒野，也看不到城镇乡村，只有庞大的三维信息库和各种信息在高速流动。吉布森把这个空间取名为“赛伯空间”（Cyberspace），也就是现在所说的“网络空间”。它由四个素组成：(1)通信线路和通信设备；(2)具有独立功能的计算机；(3)网络软件支持；(4)实现数据通信与资源共享。Cyberspace 意指由计算机创建的虚拟信息空间。Cyberspace 在这里强调电脑爱好者在游戏机前体验到交感幻觉，体现了 Cyberspace 不仅是信息的简单聚合体，而且还包含了信息对人类思想认知的影响。

---

* 颜松远，英籍华人，英国约克大学数学系数论专业博士，英国剑桥大学计算机实验室信息安全博士后。曾在英美多所大学任教授，并为武汉大学计算机学院特聘教授，湖北省特聘专家。长期从事计算数论和密码学方面的研究，擅长应用深刻的数论与计算复杂性理论为工具解决密码学中的重大问题，在基于计算难解性数论问题的密码设计与密码分析中进行了深刻而系统的研究，其成果居世界前列。先后出版的 6 本英文专著，均被广泛引用，并被列为国际上该领域的标准参考文献，其中 *Number Theory for Computing* 被译成波兰语和中文，分别在波兰（2006 年）和中国（2008 年）出版，*Cryptanalytic Attacks on RSA* 被译成俄语在俄罗斯出版。与山东大学校本部网络安全方向的教师保持着比较密切的合作关系。

自吉布森创造了“Cyberspace”一词后，随着信息技术的快速发展和互联网的广泛应用，“Cyberspace”的概念不断丰富和演化。2008 年 1 月 8 日，美国总统布什发布了第 54 号国家安全总统令，对“Cyberspace”进行了定义，指信息环境中的一个整体域，它由独立且互相依存的信息基础设施和网络组成，包括互联网、电信网、计算机系统、嵌入式处理器和控制器系统。除了美国之外，还有许多国家也对“Cyberspace”进行了定义和解释，但与美国的说法大同小异。我们通常把“Cyberspace”翻译成“网络空间”。在网络空间中，站长就是网站的管理员，有着运营整个网站的权限与技术能力。站长眼中的网络空间其实就是虚拟主机。

虚拟主机使用特殊的软硬件技术，把一台真实的物理电脑主机分割成多个的逻辑存储单元，每个单元都没有物理实体，但是每一个逻辑存储单元都能像真实的物理主机一样在网络上工作，具有单独的域名、IP 地址（或共享的 IP 地址）以及完整的 Internet 服务器功能。

虚拟主机的关键技术在于，即使在同一台硬件、同一个操作系统上，也可以运行着为多个用户打开的不同的服务器程式，互不干扰。而各个用户拥有自己的一部分系统资源（IP 地址、文档存储空间、内存、CPU 时间等）。虚拟主机之间完全独立，在外界看来，每一台虚拟主机和一台单独的主机的表现完全相同。所以这种被虚拟化的逻辑主机被形象地称为“虚拟主机”。

虚拟主机技术的出现，是对 Internet 技术的重大贡献，是广大 Internet 用户的福音。由于多台虚拟主机共享一台真实主机的资源，每个用户承受的硬件费用、网络维护费用、通信线路的费用均大幅度降低，Internet 真正成为人人用得起的网络。现在，几乎所有的美国公司（包括一些家庭）均在网络上设立了自己的 WEB 服务器，其中有相当的部分采用的是虚拟主机。

一台服务器上的不同虚拟主机是各自独立的，并由用户自行管理。但一台服务器主机只能够支持一定数量的虚拟主机，当超过这个数量时，用户将会感到虚拟主机的性能急剧下降。

虚拟主机技术是互联网服务器采用的节省服务器硬件成本的技术，虚拟主机技术主要应用于 HTTP 服务，将一台服务器的某项或者全部服务内容逻辑划分为多个服务单位，对外表现为多个服务器，从而充分利用服务器硬件资源。如果划分是系统级别的，则称为“虚拟服务器”。

现在虚拟主机联有近亿台的计算机，这些计算机不管它们是什么机型、运行什么操作系统、使用什么软件，都可以归结为两大类：客户机和服务器。

客户机是访问别人信息的机器。通过邮电局或别的 ISP 拨号上网时，电脑就被临时分配了一个IP地址,利用这个临时身份证,就可以在Internet的海洋里获取信息,网络断线后,电脑就脱离了Internet,同时IP地址也被收回。

服务器则是提供信息让别人访问的机器,通常又称为"主机"。由于人们任何时候都可能访问到它,因此作为主机必须每时每刻都连接在Internet上,拥有自己永久的IP地址。因此不仅要设置专用的电脑硬件,而且还要租用昂贵的数据专线,再加上各种维护费用如房租、人工、电费等等,是很难承受的。为此,人们开发了虚拟主机技术。

"虚拟主机"与"网站空间"其实是一个概念,它有两个作用,一是存放网站的各种网页文件,二是搭建网站正常运行的各种服务。

一般网站有静态与动态之分,静态的网页比较简单,无须服务器技术,只要一个浏览器就能正常访问,而动态网页就需要搭建Web服务器了,如Windows的ⅡS服务器和Linux的APACHE服务器,并且需要一些相关的服务才能让网站正常访问。正是动态脚本的出现才有现在各类网站的良好交互性,常见的动态脚本有ASP/ASP、NET/PHP/JSP等,不同的脚本需要不同的服务器支持,需要不同的配置。

有些公司会自己买服务器,主机托管,或者服务器租用,也就是花钱把自己的服务器(好点的电脑而已)放在网通、电信这样的通信单位,让全世界的人可以访问。

网络空间由交易、关系和思想本身构成,它们像一道永恒的波浪,在我们的交流之网上部署着。网络空间无处不在,又无处可寻,网络的世界不是肉体存在的世界。我们正在创造一个新世界,人人都可以进入这个世界,而不必考虑由种族、经济力、武力、出生地而带来的特权或偏见。我们正在创造一个新世界,人人、处处可以表达他或她的信仰,无论这种信仰是多么古怪,而不再害怕被强制沉默或强制一律。

然而,网络空间安全形势日益严峻,国家政治、经济、文化、社会、国防安全及公民在网络空间的合法权益面临严峻风险与挑战。

网络渗透危害政治安全。政治稳定是国家发展、人民幸福的基本前提。利用网络干涉他国内政,攻击他国政治制度,煽动社会动乱,颠覆他国政权以及大规模网络监控、网络窃密等活动严重危害国家政治安全和用户信息安全。

网络攻击威胁经济安全。网络和信息系统已经成为关键基础设施乃至整个经济社会的神经中枢,遭受攻击破坏,发生重大安全事件,将导致能源、交通、通信、金融等基础设施瘫痪,造成灾难性后果,严重危害国家经济安全和公共利益。

网络有害信息侵蚀文化安全。网络上各种思想文化相互激荡、交锋，优秀传统文化和主流价值观面临冲击。网络谣言、颓废文化和淫秽、暴力、迷信等违背社会主义核心价值观的有害信息侵蚀青少年身心健康，败坏社会风气，误导价值取向，危害文化安全。网上道德失范、诚信缺失现象频发，网络文明程度亟待提高。

网络恐怖和违法犯罪破坏社会安全。恐怖主义、分裂主义、极端主义等势力利用网络煽动、策划、组织和实施暴力恐怖活动，直接威胁人民生命财产安全、社会秩序。计算机病毒、木马等在网络空间传播蔓延，网络欺诈、黑客攻击、侵犯知识产权、滥用个人信息等不法行为大量存在，一些组织肆意窃取用户信息、交易数据、位置信息以及企业商业秘密，严重损害国家、企业和个人利益，影响社会和谐稳定。

网络空间是国家主权的新疆域和现代战争的新战场，网络空间安全日渐重要。2016年6月1日，《中华人民共和国网络安全法》正式实施。习近平总书记高度关注网络安全，认为没有网络安全就没有国家安全。国家互联网信息办公室于2016年12月27日发布并实施《国家网络空间安全战略》，是为贯彻落实习近平主席关于推进全球互联网治理体系变革的“四项原则”和构建网络空间命运共同体的“五点主张”，阐明中国关于网络空间发展和安全的重大立场，指导中国网络安全工作，维护国家在网络空间的主权、安全、发展利益制定。

二、网络空间安全的相关概念与问题

在网络空间里，由于看不见摸不着，人们会变得更加贪婪，更加无所顾忌，犯罪率会上升。营造良好的网络空间秩序与生态，保证网络空间的安全，是网络空间中“重中之重”的任务。

网络空间安全(Cyberspace Security)，为实施国家安全战略，加快网络空间安全高层次人才培养，国务院学位委员会、教育部决定在“工学”门类下增设“网络空间安全”一级学科，学科代码为“0839”，授予“工学”学位。目前，中科院信工所等都已设立此专业博士学位授权点。截至目前已有36所高校获准建立该学科的一级学科博士点

网络空间既是人的生存环境，也是信息的生存环境，因此网络空间安全是人和信息对网络空间的基本要求。另一方面，网络空间是所有信息系统的集合，而且是复杂的巨系统。人在其中与信息相互作用、相互影响。因此，网络空间安全问题更加综合、更加复杂。

网络安全的人才多种多样，包括立法人才、治理人才、战略人才、技术和理论研发人才、安全规划人才、宣传和教育人才、运维人才、防御人才等。

与该专业相近的信息安全专业的培养内容强调信息本身及其环境的安全，因此，教学内容多偏重于安全技术，培养的人才大多从事信息安全的科学研究、技术开发、安全规划、运行维护、安全防御等和技术比较相关的工作；保密管理专业是教育部特殊专业、国家控制布点专业，开设院校很少，培养的人才大多数从事保密理论研究、保密技术开发、保密组织管理、保密法规制定等工作。

网络空间安全专业的人才培养目标是，培养具有扎实的网络空间安全基础理论知识和基本技术，系统掌握信息内容安全、网络安全法律、网络安全管理的专业知识，政治素质过硬，较强的中英文沟通和写作能力，有技术，懂法律，会谈判的复合型人才。所培养的人才为网络空间安全的立法、治理、战略规划和舆情监管服务。

三、密码学是网络空间安全的核心理论

密码学（Cryptology）作为信息安全中的一个传统工具，在保证网络空间的安全中发挥着极为重要的作用。密码学是研究如何隐秘地传递信息的学科。在现代特别指对信息以及其传输的数学性研究，常被认为是数学和计算机科学的分支，和信息论也密切相关。著名的密码学学者 Ron Rivest 解释道“密码学是关于如何在敌人存在的环境中通信”，自工程学的角度，这相当于密码学与纯数学的异同。密码学是信息安全等相关议题，如认证、访问控制的核心。密码学的首要目的是隐藏信息的涵义，并不是隐藏信息的存在。密码学也促进了计算机科学，特别是在于电脑与网络安全所使用的技术，如访问控制与信息的机密性。密码学已被应用在日常生活：包括自动柜员机的芯片卡、电脑使用者存取密码、电子商务等等。

密码是通信双方按约定的法则进行信息特殊变换的一种重要保密手段。通信过程中，待加密的信息称为“明文”，已被加密的信息称为“密文”，仅有收、发双方知道的信息称为“密钥”。在密钥控制下，由明文变到密文的过程叫“加密”，其逆过程叫“脱密”或“解密”。在密码系统中，除合法用户外，还有非法的截收者，他们试图通过各种办法窃取机密（又称为“被动攻击”）或篡改消息（又称为“主动攻击”）。

一个密码通信系统如图 1 所示。

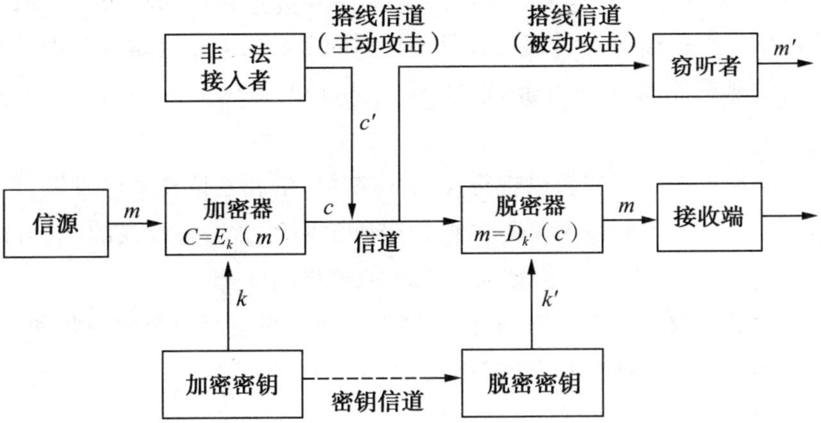

图 1　密码系统模型

对于给定的明文 m 和密钥 k，加密变换 E_k 将明文变为密文 $c=f(m,k)=E_k(m)$，在接收端，利用脱密密钥 k'（有时 $k=k'$）完成脱密操作，将密文 c 恢复成原来的明文 $m=Dk'(c)$。一个安全的密码体制应该满足：(1)非法截收者很难从密文 c 中推断出明文 m；(2)加密和脱密算法应该相当简便，而且适用于所有密钥空间；(3)密码的保密强度只依赖于密钥；(4)合法接收者能够检验和证实消息的完整性和真实性；(5)消息的发送者无法否认其所发出的消息，同时也不能伪造别人的合法消息；(6)必要时可由仲裁机构进行公断。加解密的具体运作由两部分决定：一个是算法，另一个是密钥。密钥是一个用于加解密算法的秘密参数，通常只有通信者拥有。历史上，密钥通常未经认证或完整性测试而被直接使用在密码机上。

密码学是一门跨学科科目，从很多领域衍生而来：它可以被看作是信息理论，却使用了大量的数学领域的工具。现代密码学所涉及的学科包括：信息论、概率论、数论、计算复杂性理论、近世代数、离散数学、代数几何学和数字逻辑等。现代密码学基础理论 RSA（因数分解）密码体制的原理与难度。大量的公开学术研究出现，是现代的事，这起源于 20 世纪 70 年代中期，美国国家标准局（National Bureau of Standards，NBS；现称国家标准技术研究所，National Institute of Standards and Technology，NIST）制定数字加密标准（DES），Diffie 和 Hellman 提出的开创性论文以及公开释出 RSA。从那个时期开始，密码学成为通信、电脑网络、电脑安全等上的重要工具。许多现代的密码技术的基础依赖于特定基算问题的困难度，例如因子分解问题或是离散对数问题。许多密码技术可被证明为只要特定的计算问题无法被有效地解出，那就安全。密码学算法与系统设计者不但要留意密码学历史，而且必须考虑到未来发展。例如，持续增加计算机处理速度会增进暴力攻击法（brute-force attacks）的速度。量子计算的潜在效应已经是部分密码学家的焦点。现代的研究主要在分组密码（block cipher）与流密码（stream cipher）及其应用。

密码在早期仅对文字或数码进行加、脱密变换，随着通信技术的发展，对语音、图像、数据等都可实施加、脱密变换。但是密码学同时也具有极强的“双刃性”，它既可保护网络的安全，也可攻击、破坏乃至摧毁网络的安全。

从网络防护和攻击两个方面，通俗易懂地介绍网络空间安全的现状和趋势，尤其是现代密码学的研究现状和发展趋势。

四、量子计算机与量子密码学

量子计算机投入使用后，RSA 密码体制将不再安全。

量子计算结合了量子力学与信息科学的先进技术，在不远的未来，量子计算将利用量子力学为电脑运算注入新的活力，大幅提速，现存问题将迎刃而解。随着量子理论与实践的不断发展，在大数据交叉分析、实验模拟、复杂数字因数分解、密码破译等方面，量子计算机已用事实证明其无可替代的作用。

将量子力学和计算问题相结合的思想是由费曼于 1982 年提出的，按照他的设想可以用标准量子系统（容易操控的系统）实现对复杂量子系统的模拟，进而解决经典计算机无法解决的量子问题，特别是量子多体物理问题（多体系统的希尔伯特空间随着系统尺寸指数增长，经典计算机无法有效处理）。虽然当时人们并不知道如何去实现这样一台量子模拟器的构想，但费曼的这一思想直接影响了后来量子计算的发展。1985 年，多伊奇提出了“量子图灵机”的概念，它类似于经典图灵机在经典计算机中的角色。量子图灵机在理论上告诉人们存在普适的基于量子力学的模型来实现计算。简单来讲，经典计算机能够实现的计算功能也可以在量子模型下实现。那么，相对于经典计算，量子计算有什么特别的优势？1992 年，多伊奇和乔兹萨给出了第一个量子算法，即多伊奇算法。在他们提出的这个问题中，量子计算相对于经典计算具有指数的加速。随后的 1993 年，伯恩斯坦、瓦齐拉民以及西蒙均提出了以他们名字命名的量子算法。这些算法都表明在解决某些特定问题时量子计算机相对于经典计算机具有优势。

是否能找到一个现实的论据，证明量子计算机比经典计算机更优越呢？1994 年，舒尔提出了著名的大数因子算法，这个算法表明量子计算机可以有效地求解大数因式分解问题。大数因式问题是指：给定一个整数 Q，它是 2 个质数的乘积，找出这 2 个质数。此问题是一个 NP 问题，到目前为止，还没有找到有效的经典算法，最好的算法其复杂度也会随着问题的规模指数增长。更为重要的是，大数因式分解问题的复杂性是目前广泛使用的 RSA 密钥系统的理论基础，舒尔算法不仅证明了量子算法的优越性，而且还动摇了现行的 RSA 密码系统的安全性基础。另一个非常重要的量子算法是格罗弗在 1996 年提出的对无序数据库的搜索算法，这一算法的复杂度为 π4N，而经典计算机的搜索复杂度是 N(N 为数据库的规模)。由于搜索算法本身的广泛性，格罗弗算法充分表明了量子计算的优越性。这些量子算法，特别是舒尔和格罗弗算法的提出，体现了量子计算的强大计算能力，在国家安全和商业价值方面都具有极大的潜力。

量子密码学现在已经开始得到应用。合肥与济南都在政府支持下启动了量子通信网，使用量子加密的方法传递密钥。三个独立研究机构首次实验证明利用量子幽灵式的特性来建构密码之可行性，这项研究提供了未来对付电脑骇客的防范之道。在这个最新——也是最安全——的资料加密解密架构(即量子密码学)中，研究者是采用一对纠缠(Entangled)光子，而这对粒子即使相隔远距离的情况下，仍有密切的互动关系(量子纠缠)。基于纠缠源(Entanglement-based)的量子密码学具有唯一的，不可被窃听的传输特性，如果有偷听者想窃取资料，量子之间的纠缠就会遭到破坏，从而导致发送的和被窃听的量子串携带的信息都失效。

简而言之，纠缠过程(Entanglement process)可以建立完整的，随机的 0 与 1 序列提供两端使用者传输资料，如果有骇客从中撷取资料，那么这个信息序列将被改变，用户就会发现有窃听者，并授权放弃被窃听的资料。这种数位随机序列，或称"金钥匙"，再和资料进行计算(如互斥或闸 XOR)，即加密程序，使得资料串形成一完全随机序列，这方法就是已知的一次性密码(one-time pad cipher)。同理，接收端也是靠着金钥匙来进行解密程序。

五、现状

网络空间的国际竞争方兴未艾。国际上争夺和控制网络空间战略资源，抢占规则制定权和战略制高点，谋求战略主动权的竞争日趋激烈。个别国家强化网络威慑战略，加剧网络空间军备竞赛，世界和平受到新的挑战。网络空间机遇和挑战并存，机遇大于挑战。必须坚持积极利用、科学发展、依法管理、确保安全，坚决维护网络安全，最大限度地利用网络空间发展潜力，更好惠及 14 亿中国人民，造福全人类，坚定维护世界和平。

目标：以总体国家安全观为指导，贯彻落实创新、协调、绿色、开放、共享的发展理念，增强风险意识和危机意识，统筹国内、国际两个大局，统筹发展安全两件大事，积极防御、有效应对，推进网络空间和平、安全、开放、合作、有序，维护国家主权、安全、发展利益，实现建设网络强国的战略目标。

和平：信息技术滥用得到有效遏制，网络空间军备竞赛等威胁国际和平的活动得到有效控制，网络空间冲突得到有效防范。

安全：网络安全风险得到有效控制，国家网络安全保障体系健全完善，核心技术装备安全可控，网络和信息系统运行稳定可靠。网络安全人才满足需求，全社会的网络安全意识、基本防护技能和利用网络的信心大幅提升。

开放：信息技术标准、政策和市场开放、透明，产品流通和信息传播更加顺畅，数字鸿沟日益弥合。不分大小、强弱、贫富，世界各国特别是发展中国家都能分享发展机遇，共享发展成果，公平参与网络空间治理。

合作：世界各国在技术交流、打击网络恐怖和网络犯罪等领域的合作更加密切，多边、民主、透明的国际互联网治理体系健全完善，以合作共赢为核心的网络空间命运共同体逐步形成。

有序：公众在网络空间的知情权、参与权、表达权、监督权等合法权益得到充分保障，网络空间个人隐私获得有效保护，人权受到充分尊重。网络空间的国内和国际法律体系、标准规范逐步建立，网络空间实现依法有效治理，网络环境诚信、文明、健康，信息自由流动与维护国家安全、公共利益实现有机统一。

原则：一个安全稳定繁荣的网络空间，对各国乃至世界都具有重大意义。中国愿与各国一道，加强沟通，扩大共识，深化合作，积极推进全球互联网治理体系变革，共同维护网络空间和平安全。

（一）尊重维护网络空间主权

网络空间主权不容侵犯，尊重各国自主选择发展道路、网络管理模式、互联网公共政策和平等参与国际网络空间治理的权利。各国主权范围内的网络事务由各国人民自己作主，各国有权根据本国国情，借鉴国际经验，制定有关网络空间的法律法规，依法采取必要措施，管理本国信息系统及本国疆域上的网络活动；保护本国信息系统和信息资源免受侵入、干扰、攻击和破坏，保障公民在网络空间的合法权益；防范、阻止和惩治危害国家安全和利益的有害信息在本国网络传播，维护网络空间秩序。任何国家都不搞网络霸权、不搞双重标准，不利用网络干涉他国内政，不从事、纵容或支持危害他国国家安全的网络活动。

（二）和平利用网络空间

和平利用网络空间符合人类的共同利益。各国应遵守《联合国宪章》关于不得使用或威胁使用武力的原则，防止信息技术被用于与维护国际安全与稳定相悖的目的，共同抵制网络空间军备竞赛、防范网络空间冲突。坚持相互尊重、平等相待，求同存异、包容互信，尊重彼此在网络空间的安全利益和重大关切，推动构建和谐网络世界。反对以国家安全为借口，利用技术优势控制他国网络和信息系统，收集和窃取他国数据，更不能以牺牲别国安全谋求自身所谓绝对安全。

（三）依法治理网络空间

全面推进网络空间法治化，坚持依法治网、依法办网、依法上网，让互联网在法治轨道上健康运行。依法构建良好网络秩序，保护网络空间信息依法有序自由流动，保护个人隐私，保护知识产权。任何组织和个人在网络空间享有自由，行使权利的同时，须遵守法律，尊重他人权利，对自己在网络上的言行负责。

（四）统筹网络安全与发展

没有网络安全就没有国家安全，没有信息化就没有现代化。网络安全和信息化是一体之两翼、驱动之双轮。正确处理发展和安全的关系，坚持以安全保发展，以发展促安全。安全是发展的前提，任何以牺牲安全为代价的发展都难以持续。发展是安全的基础，不发展是最大的不安全。没有信息化发展，网络安全也没有保障，已有的安全甚至会丧失。

第三编

文明互鉴　文化共享

当前印度政治经济发展的趋势及其影响

（2019 年 10 月 19 日）

陈金英*

老师们、同学们，大家好！我今天报告的题目是“当前印度政治经济发展的趋势及其影响”。主要内容是，2014 年来，印度极具右翼教派主义色彩的政党上台并巩固了其一党独大的地位。莫迪执政以来，在经济上坚持以“发展”为导向的经济改革，在政治上实行以“善治”为目标的行政改革，各方面政绩突出。

一、以“发展”为导向的经济改革

2015 年 9 月 25 日，莫迪在独立日庆典演讲中首次提出“印度制造”战略。随后，政府成立了由莫迪及数位内阁部长、各邦及产业界领袖共同参加的工作组，负责“印度制造”战略的具体规划。该战略的重点是在经济发展的 25 个产业领域创造就业并提升技能，这些产业领域分别是汽车制造、汽车配件、航空、生物技术、建筑、国防制造、电力机械、电子、食品加工、IT、皮革、媒体及娱乐业、采矿、石油开采、医药保健、港口和航运、铁路、可再生能源、高速公路、太空、纺织服装、火力发电、旅游服务、体育健身。

“印度制造”战略的出台是莫迪政府将印度打造为制造业大国的一项重要战略。1991 年市场改革以来，印度经济增长迅速，形成了以服务业为核心的经济发展模式，但其制造业规模始终维持在较低水平。2015 年，印度制造业产值在 GDP 中所占比重仅为 16%，相形之下，中国则超过 35%。为实施“印度制造”战略，莫迪政府围绕土地、劳工和投资制度进行了改革。

1.修改征地法案。2013 年，印度议会通过《土地征收、修复和安置中公平补偿

---

* 陈金英，复旦大学政治学博士，现任上海外国语大学国际关系与公共事务学院教授，印度研究中心执行主任。主要从事比较政党研究、发展中地区发展的政治经济学的教学和研究工作，曾入选“中加交换学者”和上海市“浦江人才”。

和透明性权利法案》（简称《土地征收法案（2013 版）》），取代 1894 年的《土地征收法案》，规范土地征收及为征地对象提供补偿、修复和安置的原则和程序。法案的目的在于为公私合作关系模式驱动下的大规模工业化进程中的土地征用制定规则，并将透明度原则引入为兴建工厂、建筑、基础设施而征收土地的程序之中。

2.修改劳工法律体系，提高在印度经商的便易程度，以大幅度吸引外资。印度与劳动雇佣相关的法律体系共包括 45 部联邦法律和 150 部左右各邦政府制定的法律，其中最受关注的是 1926 年的《工会法》、1947 年的《劳资纠纷法》和 1948 年的《工厂法》等。1991 年以来的经济自由化和私有化改革总体上未曾对劳动力市场的规制产生明显影响。国际社会普遍认为，印度的劳动法律体系内容庞杂且相互冲突，其劳工标准甚至较大多数经合组织国家更为严苛。

3.税收制度改革。2008 年，辛格总理曾提出两年内在印度实施统一的商品及服务税体系的增值税税率计算法，但这一目标未能实现。莫迪上台后，将 2016 年 4 月设定为实施商品服务税的最后日期。商品服务税是对印度所有进出口的商品和服务征收的间接税。《商品及服务税法案》旨在简化税收管理，以统一的联邦税取代 29 个邦征收的多种复杂税，消除多样的、高额的、多重的邦与邦之间的税，包括抽税和双重征税，并提高中央政府和各邦的税收。此项税制改革还将对运输、材料存货和产品库存产生积极影响，尤其是在跨境贸易方面，能够通过避免监管检查点来简化各邦间的进出境活动。由于《商品及服务税法案》涉及宪法相关条款的限制，又称“宪法第 122 条修正案”，需议会两院不少于 2/3 的议员出席并投票，同时在两院分别获得投票议员的半数以上同意方能得以通过。2014 年 12 月，莫迪政府提出该法案，并于 2015 年 5 月在人民院通过。2015 年 9 月，印度财政部长阿伦·贾特里（Arun Jaitley）宣布，因缺少政治支持，政府放弃召集议会特别会议批准商品服务税的计划。目前该法案搁置在联邦院。

二、以“善治”为目标的行政改革

莫迪在上台之后，将官僚机构的改革列为政府的首要任务。2014 年 5 月，他对新政府内阁成员列出了 10 项当务之急，具体包括：重建对官僚机构的信心；鼓励官僚机构观点创新并自由地开展工作；提高政府透明度；将教育、医疗、水、能源和道路作为政府的优先事项；优先实施以民众为导向的政策；建设基础设施和实行投资改革；系统解决政府内部的跨部门问题；解决经济问题；以时间限制的方式执行政策；保持政府政策的稳定性和持续能力。具体地说，莫迪以促进善治为目标的官僚机构及其运作模式改革主要集中于以下几个方面：

1.改变官僚机构的作风，提高中央政府的效率。莫迪上台后曾多次在内阁会议上把官僚机构作风的改变和政策执行的改革作为治理改革的重点，并向政府各部部长及高级官员征求改善治理的方法。上台伊始的首次内阁部长会议后，莫迪政府就对各部门下达了11点指示，其目标在于使民众更加便捷地与政府打交道，提高中央政府的效率和治理水平。具体内容有：简化流程，更多地依赖通信技术以促进信息流动；决策过程更为灵活，将文件传递的层级减至最多四级，减少将争议性议题提交至总理办公室或内阁秘书长的层级；改善工作文化，促进提高服务质量，各部至少废除10项过时的、导致效率降低的规则或流程；提高效率；快速反应，直接与总理办公室沟通，解决国大党政府时期各部门产生分歧而总理办公室和内阁秘书长充当旁观者的问题；部门之间应该采取合作型的决策和协商机制；各部门明确应对11点要求的行动计划；记录保持，根据保管记录的规则保管所有文件及文档；及时处理公众的不满和投诉；状态审查，分析并汇报国大党政府第二任期时所确定目标的进展状况；清除政府运行的混乱状态。

2.削减带有指令性计划特征的政府机构，改变权力运作方式。莫迪上台伊始即废除了一些过时的政府条例，并将此前历届政府遗留下来的一些带有指令性或临时性的政府机构撤销或合并，尤其是国大党政府时期的四个政府机构——内阁自然灾害委员会、内阁价格委员会、世贸组织事务委员会和印度身份识别委员会。前者的相关事务交由内阁秘书下属的相关委员会，后三者则全部并入内阁经济事务委员会。而在此之前，他还撤销了所有的9个授权部长小组和21个一般部长小组，其目标仍在于简化政府工作流程，提高政府效率。

3.改善联邦与邦之间的合作关系。印度人民党成立之初倾向于将一个强大的中央政府作为印度大国梦想的一部分。随着时间的推移，印度人民党也产生向邦级政府分权的倾向。由于政党的多元化，印度许多邦政府与中央政府之间的关系并不融洽。例如，旁遮普邦的阿卡利党政府对国大党执政的中央政府一直持怀疑态度。印度人民党执政的邦更是经常将国大党执政的中央政府视作批评的对象。莫迪上台后表示，中央政府在某些方面将授予邦政府更多的权力来调整中央政府的一些政策，以适应邦的发展需要，在邦与联邦之间建立更为高效、更少指令性的合作关系，推行合作联邦主义。计划委员会的取消和邀请各邦首席部长参加全国印度改革协会就是其中的举措之一。此外，根据财政委员会的建议，中央政府将大幅度减少其在社会福利发展方面的开支，并授予邦政府决定如何使用中央政府在福利项目上的拨款的权力。

莫迪的改革方式既来自对国大党执政时期政府某些运作模式的纠正，也来自他在古吉拉特邦的执政经历。这些改革措施明显地表现出两个特征：一是直接指令官僚机构，权力高度集中。二是激活总理办公室的活力，确立总理权威。莫迪上台后，他本人的执政风格和在印度人民党内的地位使其实现了对政府的绝对控制，总理办公室的权力得以恢复。一方面，与国大党执政时期“党高政低”的格局相比，在由莫迪领导的印度人民党政府的党政关系中，政府处于绝对的领导地位。党的第一代元老安阿德瓦尼未能进入议会党团和中央选举委员会，在党内的地位进一步边缘化。而除他之外的几乎所有党内资深领导人都进入了内阁，权力的天平明显偏向于政府一边。印度人民党新任主席与莫迪关系密切，有长期的合作关系，从而进一步巩固了莫迪作为党内唯一权力核心的地位。另一方面，以莫迪为核心的总理办公室直接出台重大政策规划，掌握了对高级官僚的任命权，削减了各部部长的权力。莫迪本人在印度人民党内及政府内部的强势地位使其成为英迪拉、甘地之后30多年来的印度首位强势领导人。

三、莫迪执政以来政绩盘点

由于政府对各行业外商投资比例限制的放宽，“印度制造”和“数字印度”等战略的相继出台，国际社会对印度政府推进经济改革的信心上升。据《金融时报》和会计师事务所安永发布的调查报告，2015年上半年，印度吸引外国直接投资（FDI）达310亿美元，超过中国的270亿美元，成为吸引外资最多的国家。其中印度制造业吸引的外国直接投资于2015年上半年开始疾速增加，同比上升221%，增速为七年来之最快，在所有外国直接投资中占比达46%。外国直接投资在除基础设施建设外的几乎所有制造业领域都出现快速增长，其中以汽车产业、航空航天及清洁技术等行业最为显著。报告显示，市场巨大、劳动力成本低以及劳动者技能提高成为印度吸引外国直接投资最重要的三个因素。

2015年8月31日，《今日印度》公布了2015年莫迪政府上台后第二次民意支持度的调查结果。结果显示，17%的受访者对莫迪总理政绩的评价为优秀，40%受访者的评价为良好，只有28%的受访者和13%的受访者分别认为一般和很糟糕。这一结果总体上和2014年莫迪当选之初的民意支持度相当。在莫迪代表了何种形象这一问题上，41%的受访者认为莫迪代表了发展，16%的受访者认为他代表印度教民族主义，14%的受访者认为他代表的是善治，13%的受访者认为其代表了宗教不宽容，8%的受访者认为其代表包容性领导。同样的问题，在2015年3月的调查中，相应数字分别为40%、16%、12%、18%和6%。与此同时，仅17%的受访者认为政府很快能改善经济发展的形势（与2014年9月的65%相比较），认为印度的经济状况在接下来的 6 个月中不会有明显变化的受访者比例从 2015 年 3 月的 23%升至同年 8 月的 47%。显然,这一调查反映了莫迪上台后选民的期望与现实之间的差距。综观莫迪执政以来的政治经济改革,可以发现,政府除了在改进官僚机构作风、提高效率方面有所突破外,还未真正打开印度经济发展的新局面;政府在土地、劳工、税收三大经济改革的重要领域都遭遇挫折。《征地法案》和《商品及服务税法案》依凭印度人民党在人民院的多数地位而顺利通过,却又先后在国大党占主导的联邦院被搁置。在社会影响最为广泛的《征地法案》改革上,莫迪政府最初希冀以谋求社会动员,与地方政党达成共识等方式推动该法案通过,立场非常坚定。随着地方议会选举的到来,尤其是比哈尔邦议会选举的临近,莫迪政府担心反对党对其“违背穷人利益”的攻击使印度人民党背上“为资本家服务”的恶名,影响地方选举的结果,逐渐软化了在该法案问题上的态度,转而寻求将征地改革交由各邦完成。根据印度《宪法》第 254 条第 2 款,各邦可以在获得中央政府/总统同意的情况下,就中央与邦共有权力清单上的事项进行立法。2013 年联合进步同盟政府的《征地法案》出台前,西孟加拉邦、查谟和克什米尔、泰米尔纳杜、安得拉邦、古吉拉特邦、喀拉拉邦、喜马查尔邦、哈里亚纳邦皆在 1894 年《征地法案》基础上通过了各自的法律版本。在联邦院受挫后,莫迪尝试绕过议会,通过对各邦施以“分而立法”的策略来落实其《征地法案》,即以授予地方政府制定自己的《征地法案》的方式,将反对党的抵制归于无效。莫迪表示,政府将引入条款使得各邦能够分别就征地问题立法,如果他们愿意,可以保留土地所有者的同意条款和社会影响评价条款。正是这两个条款被批评导致许多重大基础设施项目的征地被延误。目前,围绕莫迪政府的《征地法案》版本,印度人民党执政的各邦均表示欢迎,其他地方政府态度不一。国大党执政的邦,比哈尔邦、德里及特里普拉邦政府都希望该法案流产。查谟和克什米尔邦、旁遮普邦的执政党作为印度人民党的盟友,并不支持修正案;安得拉邦和特伦甘纳邦由于分邦后急需土地用于建设,对该法案表示支持;而奥里萨邦、北方邦、泰米尔纳杜邦和西孟加拉邦对联合进步同盟政府的《征地法案》和莫迪政府的《征地法案》均不满意,处于与印度人民党的讨价还价中。同样,《商品及服务税法案》原计划于议会夏季会期交由联邦院讨论通过,但因议会内的党争,议会整个夏季会期未能在任何法案上取得进展。就在政府宣布商品及服务税改革遇挫前一周,印度全国爆发大范围罢工,反对莫迪的劳动法改革。

考虑到印度人民党和国大党在下议院的分布态势以及印度民众对莫迪本人的广泛支持,不仔细分析莫迪政府的执政风格,便难以理解目前印度政府与议会之间的艰难合作关系。在古吉拉特邦执政期间,莫迪就是主要依赖印度人民党在该邦的多数地位和政府官僚机构推动政府的重要改革措施；然而在联邦政府层面，印度人民党并未在议会上下两院均占多数优势，这就要求印度人民党不得不同反对党合作。上任之初，莫迪表示，新政府与各政党有合作的强烈意愿。随着具体政策分歧的出现，执政党与反对党的关系演变成指责和攻击，莫迪几乎不再参加作为政党沟通和合作机制的议会会议。在印度人民党拉贾斯坦邦首席部长和莫迪政府外交部长均受牵连的腐败案件问题上，莫迪政府无意对国大党的要求作出任何让步，更授意由印度人民党控制的议会在夏季会期期间将 25 名国大党成员的议员资格暂停五天，两党关系陷入僵局。印度人民党与国大党在议会内部关系的恶化，是议会整个夏季会期陷入党争而在立法问题上毫无进展的主要原因。

除执政党未能努力寻求与反对党合作之外，印度政党政治中的无原则斗争也致使任何一届政府都将在重大改革上面对来自反对党的抵制，这也是莫迪之所以未能如外界所期望的那样在政治和经济改革领域刮起旋风的原因。印度政府对改善投资者信心和促进经济发展十分重要的关键政策法案——《保险法案》和《商品及服务税法案》——的讨论长达 10 年之久。2004～2014 年国大党执政时，印度人民党的反对使这两个法案没能通过。印度人民党上台时，法案却又遭到国大党的反对。以《保险法案》为例，国大党在其执政时期曾提出要将外商投资的比例从 26％提高到 49％，受到瓦杰帕伊领导的印度人民党的反对。2014 年莫迪上台后，重提提高保险业外商投资比例一事，又在议会遭到反对。《商品及服务税法案》也同样如此。该法案最早由国大党领导的联合进步同盟政府提出，2011 年提交议会讨论时，由于印度人民党的反对未能通过，时任古吉拉特邦首席部长的莫迪也在反对之列。此次莫迪政府在《商品及服务税法案》上指责国大党玩弄政治，这一指责显然对两党都适用。无原则的党争不仅导致议会无法在有关经济和社会发展的重要法案审议上取得进展，而且还浪费了立法机关的制度资源，使议会成为政治表演的场所和街头政治的发源地，而不是进行理性、审慎的辩论、审议、立法和监督的代议机构。正如阿玛蒂亚·森所言，在像印度这样的议会民主国家，仅有政治领袖的意愿不足以推动实质性的政策变革。这一点之所以重要，是因为行政部门虽然有意愿却未必有能力去推动政策变革，因而执政党政府的政策失败或许不能反映其本意。

印度过去 68 年经济发展最大的失败是未能实现制造业领域的就业。莫迪的“印度制造”不仅仅是修订产业政策，而且要使印度成为创造就业机会的沃土。而就业机会的产生通常与土地、劳动力和资本的复合关系相结合。作为世界上增长最快的经济体和最大的西方式民主国家，印度的政治往往能够对抗经济指标。过去10年中，以福利分配为政策核心的联合政治深深嵌入印度的政治体系中，难以轻易发生变化。高举“发展”旗帜上台的莫迪政府，积极实行以提高官僚机构效率和建设合作性联邦主义为核心内容的行政改革和以促进经济增长为目标的经济改革，契合了印度当今面临的“治理”和“发展”改革趋势。然而，能否超越选举政治的压力，避免陷入民粹主义政策路线的窠臼，仍取决于未来印度政党政治的结构和发展议题在何种程度上为社会所接受。

2015年印度人民党在比哈尔邦议会选举的失败，使莫迪政府遭受重挫。作为莫迪上台后提出的诸多战略口号中的核心部分，“印度制造”要避免失败，要求执政党在更大范围内寻求共识。缺少这一点，诸如土地征用制度改革、劳工改革等重大的经济改革措施都不可能成功。经济增长涉及政府执行、创新、供给、责任和创造就业机会等诸多方面的问题，具体表现为联邦和邦在教育、技术、医疗、电力、土地和劳动力等领域的合作。没有中央政府和邦政府的协同合作，在土地、劳工和税收制度方面进行改革，莫迪政府的“印度制造”就不可能走远。

好，谢谢大家！